Chwynnu

I Macsen ac Ian

SIONED WILIAM

Chwynnu

yLolfa

Diolch i Meleri Wyn James a phawb yn y Lolfa,
a diolch i Iolo Williams am ei gyngor hollbwysig,
ac i Caryl Parry Jones hefyd.

Argraffiad cyntaf: 2015
© Hawlfraint Sioned Wiliam a'r Lolfa Cyf., 2015

Cynllun y clawr: Dorry Spikes

Rhif Llyfr Rhyngwladol: 978 1 78461 180 4

Dymuna'r cyhoeddwyr gydnabod cymorth ariannol
Cyngor Llyfrau Cymru

Cyhoeddwyd ac argraffwyd yng Nghymru
ar bapur o goedwigoedd cynaladwy gan
Y Lolfa Cyf., Talybont, Ceredigion SY24 5HE
e-bost ylolfa@ylolfa.com
gwefan www.ylolfa.com
ffôn 01970 832 304
ffacs 01970 832 782

Pennod 1

Pwysodd y dyn ar ei raw, a thynnu ar ei sigarét. Ar foncyff cyfagos, syllai robin goch arno, ei lygaid bach deallus yn sgleinio'n berlau duon. Syllodd y gŵr yn ôl ar y deryn bach am eiliad, a nodio'i ben yn gwrtais. Edrychodd y ddau draw at y llwyni anferth o fieri a danadl poethion yng nghornel bella'r rhandir.

'Deuparth ffordd ei gwpod, robin bach,' meddai'r dyn wrth y deryn, 'deuparth ffordd ei gwpod.'

Yna plygodd ei gefn ac aeth yn ôl at ei waith.

Safai Gwen Walters o flaen y drych ym maddondy ei fflat fach yng Nghaerdydd, ei hwyneb yn fflamgoch a hanner cant o forgrug brwdfrydig yn martsio i lawr ei chefn. Tywalltodd ddŵr i'w dwylo a gwlychu cefn ei gwddf. Iesgob, roedd yr *hot flushes* 'ma'n ddigon i wylltio'r saint! Treuliai Gwen oriau bellach yn gwisgo neu'n tynnu haenau o ddillad, yn trio'i gorau i gadw rhyw fath o reolaeth ar dymheredd ei chorff. Un funud roedd hi'n crynu mewn sawl cardigan drwchus, y nesa roedd hi'n dyheu am oerfel y ffenest agored, fel ci caeth mewn car berwedig ar ddiwrnod o haf.

Ochneidiodd yn ddwfn a phwyso'i thalcen yn erbyn y gwydr oer. Roedd ganddi dipyn ar ei meddwl. Yn un peth, doedd hi ddim yn edrych ymlaen at y daith lan i'r gogledd yn y tywyllwch. Ac yn ail, roedd hi'n gorfod treulio Nadolig diflas gyda'i thad ym Mhenrhyndeudraeth. Pam yn y byd na allai fod wedi trefnu pethau'n well, a hithau'n fenyw broffesiynol yn ei hoed a'i hamser? Dylsai fod wedi ffeindio rhywun i gadw cwmni i'w thad ac achub ar y cyfle i ddianc i'r haul. Annw'l, roedd hi'n gweithio'n ddigon caled – roedd angen brêc arni.

Ond yna fflachiodd atgof yn ei phen o lygaid trist ei thad yn syllu arni'n gyhuddgar. Ochneidiodd eto. Na. Doedd hi, Gwen Walters, hanner cant a dwy, ddim yn un a allai anghofio'i chyfrifoldebau'n rhwydd. Ac roedd hi'n dal i deimlo fel plentyn ysgol pwdlyd pan fyddai'n meddwl am ei thad.

'Ocê,' meddyliodd, 'y peth gora i mi neud ydi gyrru yn fy nghardigan ac agor y ffenast os aiff pethau'n drech na fi.'

Cododd Gwen ei llaw i ffarwelio â'r creadur bochgoch yn y drych a'i throi hi'n benderfynol am y drws ffrynt. Ond er mor hyderus ei cherddediad, teimlai Penrhyndeudraeth yn bell, bell i ffwrdd yr eiliad honno.

Roedd hi'n noswyl Nadolig ym mhentre Tongwyn ym Mro Morgannwg ac roedd y ddaear wedi ei gorchuddio â thrwch annisgwyl o eira. Edrychai fel clawr bocs siocledi drud. Nid bod angen eira i wneud i'r pentre arbennig yma edrych yn bert. Tyrrai pob math o ymwelwyr i Dongwyn i fwynhau gweld y tai to gwellt a'r pwll hwyaid, ac i yfed cwrw da a mwynhau lluniaeth pedair seren yn y Green Man. Hoffent ryfeddu at waliau trwchus y dafarn a'r trawstiau duon a oedd yn frith o hen declynnau fferm a llestri piwter.

Atynfa arall fawr y pentre oedd yr eglwys hynafol a'i phaentiadau wal unigryw. Roedd rhain wedi cynyddu o ran enwogrwydd ers i Huw Edwards eu dangos ar ei raglen *The Wales I Know and Love* ar BBC2 (ac yn Gymraeg, wrth gwrs, ar S4C), i gyfeiliant Cerys Matthews yn canu fersiwn *reggae* o 'Arglwydd, Dyma Fi' gan chwarae'r banjo a gwisgo sombrero.

Ond mae modd cuddio llu o bechodau tu ôl i wyneb prydferth. Roedd hi'n wir bod ficer yn dal i wasanaethu yn yr eglwys, ond am nad oedd yn gallu fforddio byw yn yr hen ficerdy Tuduraidd (a oedd, ar ddechrau'r gwanwyn, yn drwch o flodau *wisteria* porffor), lleolwyd y ficerdy newydd ar gyrion ystad o dai modern, reit yn ymyl y ganolfan garthffosiaeth. Yn hytrach na bod ym mynwes ei braidd, cafodd y ficer ei hun ynghanol disgiau lloeren, cerddoriaeth fyddarol a lliaws o geir ail-law. Doedd hyn ddim yn peri gormod o boendod iddo, gan ei fod yn gredwr mawr mewn symud ymlaen a moderneiddio'r Eglwys yng Nghymru. Hoffai lanw ei eglwys â mentyll amryliw, emynau modern a'r math o grefydd a elwid yn *happy clappy* gan y wasg Seisnig boblogaidd. Dyn danheddog, brwdfrydig ydoedd, a gwir fyddai dweud bod calonnau rhai o'i blwyfolion yn suddo wrth ei weld yn troedio'n hyderus tuag atynt ar hyd llwybrau'r pentre.

Nid oedd yr hen blasty lle bu'r sgweiar gynt yn byw ym meddiant un o deuluoedd hynafol Morgannwg erbyn hyn chwaith, gan fod aelod ieuenga'r teulu arbennig hwnnw bellach yn mwynhau haelioni Ei Mawrhydi, ar ôl chwarae ei ran mewn sgandal dwyn arian o goffrau'r parc saffari a fu'n ffynnu ar dir y plasty. A pheidied ag anghofio, wrth gwrs, am y digwyddiad anffodus gyda'r cipar, y crocodeil a'r trip ysgol Sul o Gaerffili. Bellach symudwyd y llewod i Sw Bryste, canslwyd yr ŵyl roc flynyddol ac fe werthwyd y plasty i gonsortiwm o ysgolion bonedd. Nawr roedd y tŷ dan ei sang o blant ariannog a oedd un ai wedi methu cael lle yn ysgolion bonedd gorau Prydain neu wedi eu diarddel ganddynt. Roedd gan y merched gudynnau melyn a lliw haul parhaol ac roedd cylchgrawn *Hello!* yn ymweld yn gyson i dynnu lluniau'r boneddigesau dwbwl baril.

Roedd brodorion gwreiddiol Tongwyn wedi symud allan o'r hen dai ynghanol y pentre i *semis* cyfforddus ar y cyrion.

Yn eu lle daeth mewnfudwyr o Gaerdydd oedd am ddianc rhag bywyd rhwystredig y ddinas ac oedd yn chwilio am le mwy tangnefeddus i osod eu gwreiddiau. Ac roedd tai to gwellt a therasau Sioraidd Tongwyn yn berffaith. Er, wrth gwrs, bod angen 'cymaint o waith arnyn nhw'! Cyfnewidiwyd y boeleri trwsgwl am Agas sgleiniog a'r soffas plastig am ddodrefn Shaker. Diflannodd yr Artex a'r *stone cladding* ac yn eu lle daeth paent Farrow and Ball a phapur wal yr Ymddiriedolaeth Genedlaethol.

A'r enw mwya o blith y trigolion newydd hyn oedd Dylan Morgan, a drigai yn Fferm y Wern, hen dŷ hir Cymreig ar gyrion y pentre. Ar yr eiliad arbennig honno, a hithau'n noswyl Nadolig, roedd Dylan wrthi'n tynnu blewyn hir a thywyll mas o'i drwyn. Yn ddiweddar, roedd llwyni o wallt wedi dechrau tyfu yn y mannau mwya annisgwyl – yn ei glustiau, ar gefn ei ddwylo, yn ogystal ag yn ei drwyn. Ac roedd yn waith caled cadw trac ar bob blewyn. Wrth edrych yn y drych, roedd Dylan yn eitha hapus, ar y cyfan, â'r hyn a welai yno. Gwallt yn dechrau britho a chrychau o gwmpas y llygaid? Oedd, ocê – ond uffach, roedd e'n dipyn o *silver fox* deniadol o hyd. Y llygaid yn dal i fod yn las, las a digon o wallt ar ei gorun (wedi ei liwio'n gelfydd gan Charlene yn Ken Picton). Doedd y nodwydd Botox ddim yn ddieithr i Dylan chwaith ac fe ddeliwyd yn llym ag unrhyw frychau ar ei wyneb drwy gyfrwng casgliad go helaeth o *serums, exfoliators* a *facial scrubs.*

Cynhyrchydd teledu llwyddiannus iawn oedd Dylan. Roedd ei gwmni, Castell TV, yn creu oriau o raglenni i S4C, yn ogystal â sianelau yn Lloegr ac ar hyd Ewrop. Doedd ganddo ddim taten o ots am ansawdd ei raglenni – dim ond eu bod nhw'n ffynonellau busnes. Rhaglenni byw oedd orau ganddo. Hoffai Dylan yr egni a'r adrenalin yn y galeri ffilmio, a'r hwyl yn y stafell werdd ar ôl y sioe. Ond *spectaculars* cerddorol oedd ei ffefrynnau – yn bennaf am ei fod yn mwynhau hob-nobio gyda'r sêr.

Roedd Dylan wedi dod yn bell iawn o'r tŷ teras bach yn y Cymoedd lle cafodd ei fagu. Hwyliodd drwy'r ysgolion Cymraeg y cafodd ei anfon iddynt gan ei rieni di-Gymraeg (a oedd eisiau'r gorau iddo), yna ymlaen ag ef i Adran Ddrama'r Brifysgol yn Aber, gan fanteisio ar bob pripsyn o'r hyn a gynigiwyd iddo yno. Roedd â'i big ym mhopeth yn Eisteddfod yr Urdd ac yn swog o'r radd flaenaf yn Llangrannog a Glan-llyn. A thrwy hynny y gwnaeth y cysylltiadau fyddai'n ei gario i frig y goeden gyfryngol Gymraeg. Roedd gan Dylan ddigon o chwaeth i adnabod dawn ysgrifennu neu actio gwerth ei ddatblygu. Ar ben hynny, roedd ganddo *ego* 'run maint â Bannau Brycheiniog ac roedd ei ddyhead i lwyddo yr un mor fawr hefyd. A chan nad oedd ganddo'r mymryn lleia o gydwybod, a'i fod yn barod i fwlio a thwyllo'i ffordd i'r top, roedd yn anochel y byddai'n llwyddiant ysgubol.

Ers dwy flynedd bellach, roedd Dylan wedi symud i fyw i Dongwyn gydag Astrid, ei ail wraig. Yn ystod y flwyddyn gynta, gwirionodd ar fywyd y pentre. Ymunodd a'r tîm criced, cymerodd ran flaenllaw ar y pwyllgor i godi arian i adfer yr hen eglwys ac fe drefnodd *hog roast* yn ei ardd ar gyfer y Cymry Cymraeg niferus oedd yn byw yn yr ardal. Ac roedd yn uchel ei gloch yn y Green Man am fanteision gweithio o adre a phwysigrwydd rhythmau natur yn ei fywyd. Mewn cyfweliad yn *Golwg* i ddathlu deng mlynedd ar hugain yn y busnes dywedodd:

'O, odw, wi'n teimlo nawr 'mod i mewn cysylltiad â'r pethe pwysig. Rhyw ffeindio ydw i eu bod nhw'n BWYDO i fewn i 'ngwaith – fy nghadw i'n wastad, rhoi gwreiddie i fi. Ac, wrth gwrs, nawr 'mod i wedi dechre cerdded mwy hefyd, mae'r cyfan yn dod i daro'n deg. Does dim byd gwell na chrwydro wrth i'r haul godi, a chlywed yr adar yn canu ar doriad gwawr. Mae'r wraig a finne'n hoffi cerdded y llwybre o gwmpas y pentre yn y bore bach, yn mwynhau'r tangnefedd.'

Doedd neb yn y swyddfa wedi digwydd sylwi ar y tangnefedd newydd yma pan oeddent ym mhresenoldeb tymhestlog Dylan. A pharodd e ddim yn hir, beth bynnag. Mae'n wir y bu pob dim yn fêl i gyd eleni eto i Dylan dros un o'r hafau mwya perffaith a gafwyd ym Mro Morgannwg erioed. Hoffai yrru draw i'r stiwdio neu i'w swyddfa yn y Bae yn ei *convertible* – y to i lawr, Ray-Bans tywyll ar flaen ei drwyn a'i wallt trwchus yn sgleinio yn yr haul. Âi 'nôl i Dongwyn gyda'r nos i fwynhau peint bach yng ngardd y Green Man neu farbeciw ar y *patio* adre a Sancerre bach *cheeky* yn yr awel felfedaidd.

Ond wrth i'r ail haf hwnnw droi'n hydref, fe gollodd y siwrneiau drwy'r Fro i Gaerdydd eu swyn. Doedd Dylan ddim wedi sylwi o'r blaen mor dywyll oedd y boreau, nac yn wir mor hir oedd y nosweithiau. A chan ei fod yn hydref arbennig o wlyb hefyd, fe ddechreuodd gael digon ar yrru drwy'r glaw. Doedd troedio'r llwybrau o gwmpas Tongwyn ddim cymaint o hwyl os oeddech chi'n llafurio drwy'r mwd a'r baw. Ac roedd y pentre'n teimlo mor fach yn sydyn! Pawb yn gwybod busnes ei gilydd a gormod o alw i fewn am lasied o win, jyst pan oedd rhywun yn setlo am y nos yng nghwmni *box set* bach neis. Ar ben hyn i gyd, roedd Dylan wedi dechrau blino ar Astrid yn swnian byth a beunydd am fabis ac yn gwneud môr a mynydd o'r 'adeg iawn' i genhedlu. Roedd Dylan yn bôrd, ac yn chwilio am hwyl.

Ac a dweud y gwir, roedd e wedi cael tipyn bach o lwc. Fe ddaethai dau ysgrifennwr ifanc ato bythefnos ynghynt gyda sgript ddoniol a deifiol a theimlai Dylan ym mêr ei esgyrn y gallai weithio gefn wrth gefn yn Gymraeg a Saesneg. Roedd yn siŵr y gallai ddenu ei hen fêt Gwyn Maskell i gymryd y brif ran – a fyddai'n agor drysau ar ddwy ochr Clawdd Offa. Roedd

Gwyn ag e'n 'mynd yn ôl yn bell', ys dywedai'r Sais – cydletya yn ystod eu cyfnod yn y coleg yn Aber, yna cydysgrifennu sioe gomedi anarchaidd i S4C 'nôl yn y nawdegau. Er bod Gwyn bellach yn LA, roedd Dylan yn siŵr y byddai'r hen gyfeillgarwch yn iro'r olwynion.

Roedd y cyfarfod gyda'r ysgrifenwyr yn hwyl aruthrol – lot o chwerthin uchel a chyfeiriadau (dychmygol yn achos Dylan, beth bynnag) at gael 'drinks yn y Groucho gyda Ricky Gervais'. Wrth gwrs, doedd gan Dylan ddim syniad bod y bois ifanc yn hollol ddirmygus ohono mewn gwirionedd, ac yn ei weld fel rhyw fath o ddeinosor yn ei jîns a'i got ledr.

Ys dywedodd Llŷr Wyn wrth ei gyd-sgrifennwr, Dan Tuds, 'Wel, coc oen ydi o – ond mae gynno fo'r cysylltiadau.'

Fe gaen nhw wared ar Dylan cyn gynted ag y gallen nhw. Ac wedi'r cyfan, fe ddylai Dylan fod yn ddigon cyfarwydd â'r math hwn o ymddygiad – roedd yntau wedi siafftio digon o bobol yn ei dro. Ond roedd Dylan wedi cynhyrfu cymaint, fe brynodd opsiwn ar y sgript – rhywbeth na wnaethai erioed o'r blaen, gan fod yn gas ganddo wario'i arian ei hun ar ddim byd. Roedd wedi ebostio Gwyn yn syth, ac er nad oedd wedi clywed 'nôl ganddo eto, roedd yn ffyddiog y byddai ateb cadarnhaol yn dod yn fuan. Doedd neb yn meddwl am waith dros y Nadolig. Ddim hyd yn oed yn LA. Ac yn goron ar y cyfan, roedd e newydd orffen sgwrsio gyda Seren Aur – ugain mlwydd oed, bronnau anferth ac yn awyddus i gwrdd â Dylan yn y flwyddyn newydd i 'drafod ei gyrfa'. Roedd Dylan yn teimlo'n sionc iawn wrth iddo syllu arno'i hun yn y drych. Oedd, roedd yn mynd i fod yn chwip o Nadolig da.

Roedd Gwen Walters (ysgrifenyddes bersonol Dylan Morgan) bron ar ddiwedd ei thaith i gartre'i thad ym Mhenrhyndeudraeth. Bu'n siwrnai hir a diflas, gyda Gwen yn agor a chau'r ffenest ac yn diffodd a thanio'r gwres am yn ail yr holl ffordd i'r canolbarth. Bu'n rhaid iddi stopio am seibiant yn y Little Chef yn Llanelwedd. Ond erbyn iddi newid ei blows a chael 'molchad yn y tŷ bach teimlai dipyn yn well. Ar ôl paned ddiflas a oedd yn blasu fel siafins hen garped, gyrrodd Gwen ymlaen tuag at Benrhyndeudraeth. Fe wellodd pethau wedi hynny gan fod y crys T cotwm oedd amdani'n rheoli gwres ei chorff yn fwy effeithiol na'r gardigan wlân.

O'r diwedd, parciodd ei char o flaen tŷ digon cyffredin o'r tridegau – un o'r *semis* bondigrybwyll a adeiladwyd ar hyd a lled tiroedd Prydain rhwng y rhyfeloedd oedd diwedd y daith. 'Addfwynder' oedd yr enw a roddwyd i'r tŷ mewn llythrennau bras ar y gwydr uwchben y drws. Ond prin oedd yr addfwynder yn atgofion Gwen o'r cyfnod pan fu'n byw yno, ac roedd llai fyth yn perthyn i bresenoldeb cefnsyth ei thad, a atebodd y drws heb wên na chyfarchiad tyner.

'Mi wyt ti yma, felly,' oedd yr unig groeso a gynigiwyd wrth i Gwen groesi'r trothwy.

'Mae'n oer 'ma, Tada.'

'Tydw i'm yn teimlo hi'n oer. Ma gin i siacad gynnas. A 'dio'm werth cynnau'r boilar i un. Ddaw o 'mlaen yn y bora, i mi gael dŵr siafio.'

Llusgodd Gwen ei bagiau i fewn – cês bach i ddal dillad a geriach a bag llawer yn fwy, yn llawn pethau i geisio dod â thamaid o foethusrwydd i'r deuddydd llwm oedd o'i blaen: prydau parod o Marks a photel o siampên a oedd, diolch i'r nefoedd, yn ddigon oer o hyd ar ôl bod ym mŵt y car yr holl ffordd o Gaerdydd.

Ar ôl gosod y nwyddau yn yr oergell, camodd Gwen i fewn i'r stafell fyw. Yr un olygfa a welai bob tro – papur wal a dodrefn llwydfrown, diflas. *Antimacassars* hen ffasiwn, powlen o *pot-pourri* a gollodd ei arogl dros ddegawd yn ôl. Llestri Mam-gu ar y dresel (yn llychlyd braidd. Gwelodd Gwen hyn a theimlo'r euogrwydd arferol.) a chopi o'r *Radio Times* ar agor ar y *pouffe* lledr – y rhaglenni dewisedig wedi eu marcio'n daclus mewn beiro coch. I ddathlu'r ŵyl, safai tair carden Nadolig ar y silff ben tân, tra bo'r grât, lle dylid gweld fflamau'n dawnsio, yn rhythu arni yn ei noethni.

'Tydw i ddim yn un am y Dolig, fel y gwyddost ti,' meddai ei thad yn amddiffynnol wrth weld wyneb ei ferch.

'Ia, ond Tada…' dechreuodd Gwen.

'A tydio'm iws addurno a finna ar ben fy hun.'

'Na… ond —'

'A dw't ti'm yma'n hir, wyt ti?'

'Nac'dw, ond fydd o yma i'w fwynhau wedi i mi fynd…'

Tawelwch.

'Pam mae o fel hyn bob tro?' meddyliodd Gwen. 'Dim ond newydd gyrraedd ydw i a 'dan ni'n ffraeo'n barod.' Anadlodd yn ddwfn. Roedd hi'n benderfynol o beidio â cholli ei thymer. Cododd ei phen a gwenu ar ei thad.

'Ylwch, pam na wna i bicio i'r garej, 'nôl tamaid o lo? Ella fydd 'na goedan fach ar ôl. Bysa tamaid o dân yn braf, oni fysa fo, Tada?'

'Dwn i'm wir. 'R holl lanast 'na.'

'Fe gliria i'r cwbwl, wir i chi. Ac os rown ni ddigon o ddŵr i'r goedan fydd hi'n iawn. Wnaiff hi ddim gollwng ei nodwydda. Wel, ddim gormod, beth bynnag. Ac mae 'na goed celyn yn 'rardd, on'd oes? Basa tamaid o gelyn yn edrych yn hyfryd ar y silff ben tân.'

Roedd Gwen yn ymwybodol ei bod hi'n swnio braidd yn ffals ond roedd hi'n benderfynol o lonni pethau rywsut. A chyn i'w thad gael cyfle i'w hateb, rhuthrodd am y car.

Roedd y garej yn orlawn – dynion despret yr olwg yn prynu pethau munud ola. 'Ond pa wraig fyddai eisiau copi o'r *AA Great Britain Road Atlas,* neu glawr blodeuog i'r olwyn ddreifio?' synfyfyriodd Gwen wrth iddi aros i dalu am y glo a bocs mawr o *firelighters*. Er mawr syndod iddi, roedd yna goeden fach blastig ar ôl, yn newid ei lliw bob hyn a hyn.

'It's fibre optics,' meddai'r bachgen wrth y til, 'my gran's got one.'

'Jest y peth i godi calon,' meddyliodd Gwen. Os oedd y fath beth yn bosib yn nhŷ ei thad. Pan gyrhaeddodd hi 'nôl, roedd e wrth y sinc, yn golchi tamaid o gelyn o dan y tap.

'Hen beth budr ydi o,' meddai, ond roedd Gwen yn ddiolchgar iddo am wneud ymdrech o fath i ymuno yn ysbryd yr ŵyl.

Aeth i fyny i'r llofft i gadw ei chês. Roedd y gwely'n teimlo fymryn yn llaith ac fe aeth Gwen ati i gynnau'r hen *fan heater* yn y gornel a phenderfynu nôl potel dŵr poeth i drio crasu'r cynfasau. Gwelodd yr un hen lyfrau ar y silffoedd, eu dalennau'n felyn ac ambell un wedi llwydo. Roedd *William Jones* yn smotiau du i gyd. Daeth diflastod sydyn drosti ac eisteddodd yn drwm ar y gwely, y llyfr yn dal yn ei llaw. Sut yn y byd allai hi fyw drwy'r diwrnodau nesa yn y tŷ tawel yma yng nghwmni sarrug ac oeraidd ei thad?

Fflamiodd golygfa wahanol iawn yn ei dychymyg. Ym mhentre Tongwyn byddai Astrid yn glyd mewn cegin yn llawn aroglau hyfryd, a charolau o Gaergrawnt ar y radio. O flaen y goeden Nadolig oedd wedi ei haddurno'n chwaethus, byddai Dylan yn agor potel o siampên. Ond torrodd sŵn ei thad yn gweiddi o'r gegin ar draws y ffantasi hon a diflannodd y gegin hardd a'r siampên oer gan adael Gwen ar erchwyn y gwely tamp yn fwy diflas nag erioed.

'Gwen! Wyt ti isio te 'ta coffi?'

Doedd dim aroglau coginio yn y gegin a doedd hi ddim cynhesach yno nag yng ngweddill y tŷ.

'Tydw i'm yn un am bryd gyda'r nos, wsti,' meddai ei thad yn ddiflas. ''Di rhywun ddim isio mynd i drafferth pan fydd o ar ben ei hun.'

Clywodd Gwen ei hun yn defnyddio'r un llais gorlawen ag o'r blaen. 'Ylwch, Tada, dw i 'di bod i M&S ar y ffor' yma ac mae gin i lwyth o betha lyfli i ni fyta. Caserol bach heno, yna cinio Dolig go iawn fory! *All the trimmings*, yndê! A be am wrando ar y gwasanaeth 'na o Cambridge ar y radio – carolau a ballu. A fetia i fod gin S4C lwyth o betha da ar y teli heno 'ma.'

Tynnodd Gwen gorcyn y siampên wrth iddi siarad, a heb edrych i gyfeiriad ei thad fe drodd am y cwpwrdd cornel a'r gwydrau crisial a fu'n anrheg briodas drigain mlynedd ynghynt ac nas defnyddiwyd erioed.

'Gwen!'

Rhewodd llaw Gwen ar glicied y cwpwrdd.

'Yli, os wyt ti am ddefnyddio rheina, ma isio rinsio nhw gynta.'

Trodd Gwen yn ddiolchgar tuag at y sinc a glanhau'r gwydrau mewn dŵr poeth a sebon. Arllwysodd y swigod euraid i mewn iddynt.

'Dolig Llawen, Tada.'

'Ac i titha, 'ngenath i.'

Yfodd Gwen yn awchus gan deimlo'r swigod pefriog yng nghefn ei gwddf a mwynhau'r teimlad o ryddhad ddaeth yn eu sgil. Syllodd ar ei thad yn sipio'r ddiod yn ddrwgdybus a sylweddolodd yn sydyn fod yr ymweliad hwn yn anodd iddo ef hefyd, a'i fod yn ei ffordd rwystredig ei hun yn ceisio estyn croeso iddi. Cymerodd Gwen lymaid arall o siampên. Yna sgwariodd ei hysgwyddau a gwenu ar ei thad.

'Reit 'te, Tada. *Beef goulash* ynte *chicken forestière*?'

Yn Nhongwyn, safai Astrid yn y gegin gynnes yn union fel y dychmygai Gwen. Un o Vienna oedd hi'n wreiddiol ac roedd hi wedi syrthio dros ei phen a'i chlustiau mewn cariad gyda Dylan pan gwrddon nhw ar raglen adloniant ryngwladol a ffilmiwyd yn yr Almaen dair blynedd ynghynt. Cynllunydd colur oedd Astrid a thrwy gydol yr wythnosau ffilmio anodd, mewn tywydd garw ac oerfel rhyfeddol, llwyddodd hi i dylino *egos* anferth y cyflwynwyr, nad oeddent yn hapus (o gwbwl) eu bod, am dâl gwarthus o bitw, yn gorfod brwydro gyda'r elfennau bob dydd ar furiau tymhestlog y castell anghysbell lle ffilmiwyd y gyfres.

Un prynhawn, fe frasgamodd Dylan i fewn i'r lori goluro yn disgwyl dagrau a phwdu mawr gan ei gyflwynwyr a ffeindio, yn hytrach, rhyw fath o *oasis* tangnefeddus ac un o'r merched prydferthaf a welodd erioed yn goron ar y cyfan. Tywynnai canhwyllau persawrus ar y silffoedd, roedd peiriant *espresso* yn stemio'n braf yn y gornel ac roedd Astrid, y dduwies benfelen gyda'r llygaid mawr glas, y corff rhyfeddol a'r llais melfedaidd, yn swyno pawb a ddeuai o fewn cyrraedd iddi.

Roedd Dylan yntau wedi ei swyno ac fe fuodd yn cwrso Astrid yn ddyfal nes ennill ei chalon yn llwyr. A phan ymbiliodd arni i'w ddilyn yn ôl i Gymru, roedd hi'n barod iawn i wneud. Wrth gwrs, roedd yn rhaid iddo ddelio gyda Meriel, ei wraig, cyn setlo pob dim, ond mater bach oedd hwnnw – roedd ganddo gyfreithiwr heb ei ail, wedi'r cyfan. Ac ar ôl ysgariad rhyfeddol o gyflym (a thaliad fymryn yn uwch na'r disgwyl i Meriel), symudodd Dylan ac Astrid i'r ffermdy hynafol ym Mro Morgannwg.

Fe fwriodd hi ati'n syth i ddysgu Cymraeg, a chan ei bod hi'n rhugl mewn sawl iaith yn barod doedd hynny ddim yn ormod o sialens iddi. Doedd rhoi'r gorau i'w gwaith ddim yn ei phoeni chwaith, gan ei bod yn dyheu am fod yn fam ac yn edrych ymlaen hefyd at fod yn wraig i Dylan.

I ddechrau roedd popeth yn ddelfrydol – priodas nefolaidd ar un o draethau Bali, blodau *frangipani*, dillad gwynion a'r ddau'n droednoeth ar y tywod. Yna 'nôl yng Nghymru, y ddau mewn cariad, blwyddyn gyntaf gyffrous, haf crasboeth eleni, digon o hwyl yn y gwely ac Astrid yn cael rhwydd hynt i greu cartre delfrydol. Roedd arogl cwyr gwenyn, coffi da a phobi bara yn rhan annatod o fywyd bob dydd yn ffermdy'r Wern.

Ond yn ddiweddar, doedd pethau ddim cystal – roedd tymer Dylan yn anwastad, ac roedd e fel petai'n mwynhau bychanu Astrid o flaen ei ffrindiau yn ystod y swperau crand a gynhelid yn y ffermdy. Doedd Cymraeg Astrid ddim cweit yn ddigon da i ddeall manion mwya astrus y clecio di-baid o gwmpas y bwrdd swper a doedd ganddi ddim diddordeb, beth bynnag, yn y byd cyfryngol oedd yn sail i'r cyfan. Doedd ganddi ddim syniad pwy oedd comisiynwyr y BBC nac S4C a llai fyth o awydd i ddeall yr ensyniadau sbeitlyd a'r mân siarad oedd yn rhan mor bwysig o'r sgwrs. A dyna oedd unig sgwrs ffrindiau Dylan.

Os rhywbeth, roedd y menywod a ddeuai i'r tŷ yn fwy anodd siarad â nhw. Ychydig iawn ohonynt oedd yn famau – ac, os oeddent, roedd ganddynt lu o *nannies* i warchod y plant. Doedd gan yr un ohonynt ddiddordeb mewn coginio (a dim lot mewn bwyta, a dweud y gwir) ac yn sicr nid oedd ganddynt y pripsyn lleia o ddiddordeb mewn cadw tŷ.

'Heb godi clwtyn llawr na Hoover ers blynyddoedd, cariad – mae Dasha, croten *lovely* o Latvia, yn gwneud popeth i fi!'

Roedd cysgod y briodas gynta'n anodd i'w osgoi hefyd. Roedd gan Dylan a Meriel ferch ddeg ar hugain oed, ac roedd Rhian yn fam i ddau fachgen bach. Nid bod yna lawer o Gymraeg rhyngddi a'i thad. Doedd hi ddim wedi maddau i hwnnw am adael ei mam, a doedd ganddi ddim byd i'w ddweud wrth Astrid chwaith, a oedd bron â bod yr un oedran â hi. Draenen arall yn ystlys Dylan oedd Huw, gŵr Rhian. Sosialydd pybyr oedd ef, yn gweithio fel cyfreithiwr dros hawliau sifil ac yn casáu Toris, bancyrs a chyfryngis. Bu'n gefn aruthrol i'w wraig ac roedd wedi dod â chadernid a sicrwydd i'w bywyd ar ôl plentyndo rhacslyd yng nghwmni rhieni chwit-chwat. Ac er bod Dylan yn cyfeirio ato fel 'Mr Blydi-Hunan-Blydi-Cyfiawn', mewn gwirionedd roedd Huw'n foi annwyl iawn. Ymddangosai'n greadur hollol ddieithr i Dylan, gan ei fod yn un o'r bobol brin hynny oedd yn trio'i orau i fyw yn ôl ei egwyddorion.

Cofiwch, mae gan bob un ohonom fan gwan, a hoffter Huw o grysau T dychanol, nad oeddent cweit yn ddigon llac i ffitio dros ei fola, oedd hwnnw. Doedd dim byd yn well ganddo na diosg ei ddillad gwaith a newid i jîns a chrys T (ac arnynt sloganau fel 'GCHQ – Always listening to our customers' neu 'Frack off' ac 'I speak Welsh – get over it'), ac yna ymlacio o flaen y tân gyda photel oer o lagyr. Doedd dim dwywaith bod Rhian yn dwlu arno, a'i fod wedi ei gwneud hi'n hapus iawn. Ond roedd y tensiynau rhyngddo ef a'i dad yng nghyfraith yn gwneud achlysuron teuluol yn anodd iawn.

Gwridodd Astrid wrth feddwl am y tro diwetha iddi weld Rhian a Huw, yn nhŷ bwyta Mimosa ym Mae Caerdydd rhyw bythefnos cyn y Nadolig. Pharodd y mân siarad rhyngddynt ddim yn hir cyn i Huw a Dylan droi at ddadlau ffyrnig am wleidyddiaeth ac i Rhian ac Astrid ddechrau gwthio'r bwyd o gwmpas eu platiau'n ddiflas.

A heno, ar noswyl Nadolig, roedd rhywbeth arall yn poeni Astrid. Pam y bu Dylan yn treulio cymaint mwy o amser yn y fflat yn y Bae nag yn y tŷ yn y Fro yn ddiweddar? Doedd hi ddim am feddwl yn rhy galed am yr hyn oedd yn ei gadw yno. 'Wedi'r cyfan,' meddai llais bach cyhuddgar wrthi, 'mae e wedi gadael un wraig yn barod, on'd do fe?'

Felly, er bod Gwen yn llygad ei lle am y goeden brydferth, y carolau ar y radio a'r tŷ hyfryd, digon isel ei hysbryd oedd Astrid y noson honno. Wrth iddi gamu tuag at yr Aga i droi'r cawl cartre oedd yn ffrwtian yn dawel, teimlai'r awydd am wydraid mawr o win i godi ei chalon. Tynnwyd ei sylw'n ¹dyn gan y cardiau a ddaeth drwy'r post. Roedd un cerdyn post Nadoligaidd yn eu plith, a chanddo ysgrifen fawr, egnïol ar y cefn:

Mor neis dy weld di wythnos diwetha! Am noson!!!! Dw i yn Gstaad tan y flwyddyn newydd ond beth am wneud e eto cyn bo hir? XXX

Tynhaodd llaw oer o gwmpas calon Astrid. Pwy ddanfonodd y cerdyn? A phryd y cafwyd y noson yma? Oedd Dylan yn gweld rhywun arall? Y rhywun oedd yn ei gadw yn y fflat yn y Bae mor aml? Ai dyma pam roedd mor fyr ei dymer yn ddiweddar?

Clywodd Astrid sŵn Dylan ar y grisiau ac fe wnaeth benderfyniad sydyn, gan guddio'r cerdyn ym mhoced ei ffedog Cath Kidston. Roedd yna esboniad hollol resymol, mae'n siŵr, ond âi Astrid ddim ar ei ôl nawr. Doedd hi ddim am sbwylo'r Nadolig. Wrth i Dylan gamu i fewn i'r gegin yn rhwbio'i ddwylo ac yn wên o glust i glust, fe wenodd Astrid yn ôl a phenderfynu peidio â meddwl am ddim ond plesio'i gŵr a chael Nadolig mor dangnefeddus ag y medrai. Ac roedd gwên Dylan yn argoeli'n dda.

'Beth am gracio potel?' gofynnodd yn llawen.

Wrth gwrs, doedd Astrid ddim i wybod taw'r hyn oedd wedi dod â gwên anferthol i wyneb Dylan oedd y ffaith ei fod wedi trefnu dyddiad pendant o'r diwedd i 'drafod gyrfa' Seren Aur. Mewn gwesty moethus yn Llundain. Lle na fyddai neb yn eu hadnabod. Wrth i Dylan gofio maint bronnau'r ymchwilydd ifanc, estynnodd yn awchus am y botel win.

Yng Nghaerdydd roedd cyn-wraig Dylan yn gorffen printio llythyr. Llyfodd Meriel yr amlen a'i gosod ar bentwr taclus o lythyrau tebyg. Pob un ohonynt yn amlinellu hoffter Dylan o gocên, alcohol a merched ifainc, a hynny mewn manylder hynod o liwgar. Ar ddiwedd pob llythyr roedd ensyniadau am ddulliau 'creadigol' Dylan o osgoi talu trethi a dwyn arian wrth gadw cyfrifon ei gwmni cynhyrchu. Gwasgodd Meriel y llygoden ac fe brintiwyd copi arall o'r llythyr. Yr un olaf am y tro. Ar ôl hyn roedd hi'n mynd i arllwys glasied mawr o Prosecco. Roedd unrhyw un oedd yn unrhyw un yn y cyfryngau yn mynd i dderbyn copi o'r llythyr dienw hwn ym mis Ionawr. Yn ogystal â'r awdurdodau treth. Yna fe fyddai'r sibrydion yn dechrau. Ac roedd Meriel yn gwybod na fyddai hynny'n beth da o gwbwl i Dylan. Taflwch chi ddigon o fwd at y wal ac fe fydd peth ohono fe'n siŵr o sticio.

'Fe fydd fy ngherdyn i wedi cyrraedd erbyn hyn,' meddyliodd yn hapus, gan drio dychmygu'r olwg ar wyneb Dylan wrth iddo geisio esbonio'r cynnwys a'r cusanau awgrymog i Astrid. Anrheg Nadolig fach iddi hi ei hunan oedd hon i Meriel, cyn i'r dial mawr ddechrau yn y flwyddyn newydd. Llyncodd Meriel gegaid sylweddol o'r hylif pefriog.

'Ha!' meddyliodd gan wenu. 'Fe geith e uffarn o sioc pan ddaw'r llythyre 'na i'w swyddfa. Wi 'di hala un at y *runner* hyd yn o'd! Blydi, blydi diawl. *Thank God I've got a lunch on Boxing Day with the girls. Lovely little restaurant.* Mor neis ca'l tipyn bach o *female solidarity.* Be wnethen i heb y *girls* wi jyst ddim yn gwbod. A diolch byth am ga'l mynd at Rhian a'r *boys* fory. O leia ma 'da fi rywle teidi i fod dros y Dolig.'

Er, mi fyddai'n rhaid iddi ddygymod â Huw, wrth gwrs. Gwyddai Meriel yn iawn sut feddwl oedd ganddo ohoni. Er iddo fod yn gefnogol iawn ohoni pan adawodd Dylan (wel, caniatáu i Rhian fod yn gefnogol iddi, a bod yn fanwl gywir), roedd yn amlwg ei fod yn ei hystyried yn hunanol ac yn hollol arwynebol.

'Gwell i fi fod yn ofalus i beidio â tanco'r Chardonnay eleni,' meddyliodd Meriel. Suddodd ei chalon fymryn. Roedd hi bob amser yn teimlo fel plentyn oedd wedi methu arholiad wrth siarad gyda Huw. Efallai ei fod ar dân eisiau helpu pobol eraill ond doedd e ddim mor barod i wneud ymdrech i fân siarad gyda'i fam yng nghyfraith.

'O wel, mae ei galon yn y man iawn, sbo...' myfyriodd wrth godi'r amlenni a'u rhoi i'r naill ochr. Llonnodd wedyn wrth feddwl am ei hwyrion. Bu'n gwarchod y *boys* neithiwr. Roedd y ddau'n dwlu ar eu mam-gu ac roedd hithau wrth ei bodd yn eu sbwylo, er bod Rhian a Huw wedi blino gofyn iddi beidio â llanw boliau'r ddau gyda losin jyst cyn amser gwely.

'Mami, ti'n gwbod bod yr holl siwgir 'na ddim yn dda i'w dannedd nhw!'

'O, dere mla'n, Rhian, 'na beth yw bod yn fam-gu, ontyfe – cyfle i sbwylo'r *boys*. Ond olreit, os ti'n gweud.'

A rhoi winc ar Osian a Twm i'w hannog i guddio'r losin yn eu bagiau tan i Rhian a Huw fynd allan. Yna byddent yn gwledda a chwtsio tra bo'r *boys* yn eu pyjamas, a Meriel yn ymwybodol taw dim ond yng nghwmni'r ddau fach hyn y byddai'r cwmwl du'n codi fymryn.

Er i ddwy flynedd hir fynd heibio ers yr ysgariad, roedd Meriel yn bell o fod yn iawn mewn gwirionedd. Bu'n diodde o iselder ysbryd ofnadwy, a'i lloriodd yn llwyr am dipyn. Ond drwy gymorth Rhian a'i hwyrion, ei hen ffrind Beca a chriw da iawn o ffrindiau ('*ladies who lunch*') yng Nghaerdydd, roedd hi'n teimlo fymryn yn gryfach. Ond roedd awydd dial arni o hyd. A'r hyn oedd yn wych am y cynllun, yn ei meddwl, oedd taw dim ond dweud y gwir am Dylan yr oedd hi'n ei wneud. Yfodd Meriel sawl cegaid a thaflu golwg arall ar y pentwr amlenni, pob un wedi ei selio a'i stampio, yn barod i'w hanfon. Rhes o fwledi yn disgwyl iddi hi eu saethu.

Ar frigyn moel, eisteddai'r robin goch a'i ben yn ei blu, ei goesau'n crynu yn nannedd gwyntoedd oer y gogledd. Roedd yr eira'n drwch ar lawr a phob nant ac afon wedi eu cloi gan fysedd miniog y rhew. Doedd 'na ddim siw na miw i'w glywed. O dan yr eira roedd y ddaear yn cysgu. Chwyrnai'r draenogod a'r llyffantod yn hapus yn eu cartrefi coediog a swatiai'r mochyn daear o dan ei dwmpath bawlyd o bridd. Gwasgodd y fuwch goch gota i dyllau mwya cuddiedig y coed. Ac yng nghrombil y ddaear, closiodd y cwningod at ei gilydd yn un cwlwm cynnes, blewog. Ond ym mherfedd cysglyd y creaduriaid hyn oll, roedd rhywbeth newydd yn araf ddeffro.

Pennod 2

Gyrrodd Gwen 'nôl o Benrhyndeudraeth a theimlo'i chalon yn codi gyda phob milltir.

'Toedd petha ddim cynddrwg ag yr oeddwn i wedi ofni,' meddyliodd. 'Diolch i'r nefoedd am y siampên ac am S4C! Mi oedd Tada 'di'i sodro i'r teli am ddau ddiwrnod. Ac o leia doedd dim rhaid i ni siarad...'

Ond er nad oedd pethau cyn waethed ag yr oedd hi wedi ei ddisgwyl, roedd Gwen yn hynod o falch o gael troi trwyn ei char tuag at y de. A chan ei bod hi'n cael diwrnod llawer gwell (ar ôl bod yn llyncu tabledi homeopathig i drin yr *hot flushes*), heb yr un sôn am y morgrug, fe aeth y siwrnai dipyn yn gynt. Ychydig oriau'n ddiweddarach, ar ôl stopio am baned a theisen yn Aberhonddu (a oedd dipyn neisiach na'r baned siafins carped a gafodd yn y Little Chef ar y ffordd lan), agorodd Gwen ddrws y fflat. Daeth sŵn mewian wrth i Waldo'r gath sleifio tuag ati ar ei bawennau melfedaidd.

'Helô, pwdin,' meddai Gwen, gan ymestyn i lawr i fwytho'r blew meddal ar gefn ei wddf.

Dechreuodd Waldo ganu grwndi yn unionsyth a diolchodd Gwen am y canfed tro fod ganddi gwmni'r gath i leddfu'r unigedd pan ddeuai adre i fflat wag. Roedd y teclyn bwydo wedi gweithio'n wych tra'i bod yn y gogledd ac ymddangosai Waldo ar ben ei ddigon, diolch byth.

'Ond ti'n unig, on'd wyt ti, Waldo bach?' gofynnodd Gwen iddo wrth agor tun newydd o fwyd cath a newid y dŵr yn ei soser fach.

Roedd hi wedi gwneud pob ymdrech i greu nyth gysurus

iddi'i hun yn y fflat. Lampau cynnes i daro golau euraid i bob twll a chornel, casgliad hyfryd o lestri *art deco* oren a gwyrdd ar y silffoedd (a ffeindiwyd mewn ffeiriau a siopau ail-law, gan mwya), ynghyd â channoedd o lyfrau – pob un ohonynt fel ffrind da iddi – a phrintiadau lliwgar ar y waliau hufennog. Ambell ddarlun go iawn wedi ei brynu ar ôl safio cyflog, a theimlad o gysur a chynhesrwydd ymhob stafell. Gwahanol iawn i'r tŷ oer ym Mhenrhyndeudraeth.

Aeth Gwen ati i hwylio swper – roedd hi bob amser yn gwneud ymdrech i fwyta'n dda. Byddai'r Sais yn ei galw hi'n dipyn o *foodie* ac roedd ei chegin yn llawn llyfrau coginio safonol gan Elizabeth David, Claudia Roden a Marcella Hazan – a'i darganfyddiad diweddara, Yotam Ottolenghi. Llanwodd ei phlât gyda salad oren, garlleg a ffenigl, *chutney* tomatos gwyrdd cartre, darn da o *pecorino con tartufo* a'r bara (ceirch, cwrens a hadau carwe) a brynodd yn Aberhonddu, a setlo 'nôl i wylio'r newyddion ar y teledu gyda gwydraid mawr o win coch.

Roedd Gwen dros ei hanner cant ond yn dal i wisgo fel petai hi yn ei blwyddyn gynta ym Mhantycelyn 'nôl ym 1982. Dewisai ffrogiau plaen o Laura Ashley a John Lewis, esgidiau o Clarks ac ambell sgarff flodeuog i ychwanegu mymryn o liw i'r nefi bondigrybwyll. Gwallt lliw llygoden frith oedd ganddi erbyn hyn, llygaid gwyrdd a syllai'n betrusgar drwy sbectol hen ffasiwn ac wyneb na ddeallodd gyfrinachau'r bocs colur erioed. Petai Gok Wan yn digwydd pasio, fe allai fod wedi gwneud tipyn gyda Gwen, gan fod ganddi gorff lluniaidd a chroen hufennog, ifanc yr olwg. Ond cuddio wnâi Gwen tu ôl i'w dillad dinod a'i sbectol drwchus.

Gwell oedd ganddi ddianc i fyd llyfrau na delio gyda chymhlethdodau'r presennol. Roedd Gwen wedi adeiladu mur amddiffynnol o'i chwmpas ers dyddiau'i phlentyndod. Wedi iddi golli ei mam, doedd hi ddim am i unrhyw beth arall frifo cymaint. Roedd ei thad hefyd wedi dianc i'w fyd oeraidd ei hun, a daeth Gwen i arfer â'r syniad o fywyd fel profiad ynysig, hunangynhaliol. A chan ei bod hi'n swil ac yn rhy barod i ddianc yn ôl i'w nyth gysurus, doedd neb erioed wedi llwyddo i dreiddio drwy'r gragen galed o'i chwmpas.

Yn rhyfedd iawn, hoffai Gwen weithio i Dylan. Gallai fod yn ffeind iawn wrthi, ac roedd bob amser yn barod iawn i ymddiheuro ar ôl colli'i dymer. Wrth gwrs, roedd ysgrifenyddesau fel Gwen, a oedd yn hynod o drefnus a phrofiadol, yn ddiplomataidd ac yn barod i weithio oriau hirion, yn anodd i'w ffeindio. A deallai Dylan yn iawn ei bod hi'n drysor prin. Roedd Gwen ei hun yn hoffi'r gwaith hefyd. Y tendio i ddyddiadur cymhleth Dylan, y wefr o fod yn rhan o'r byd teledu bywiog, cael dod i nabod y sêr a mynychu cynadleddau yng Nghaergrawnt, Caeredin a Cannes. Roedd y bywyd hwn yn fwy cyffrous nag y gallai Gwen fod wedi ei ddychmygu pan oedd yn blentyn diflas ym Mhenrhyndeudraeth. Nawr roedd hi'n gallu fforddio unrhyw lyfr yr oedd hi awydd ei ddarllen, yn gallu mynd ar wyliau cerdded mentrus neu hedfan am benwythnos yn ninasoedd Ewrop ac aros mewn gwestai moethus. A phlesio'i hun.

Doedd Gwen ddim yn unig. Hoffai ei chwmni ei hun yn well na neb arall, a dweud y gwir. Roedd hi'n fwrlwm o ddiddordebau: yn hoffi darllen (tan oriau mân y bore weithiau), cerddoriaeth, cerdded yn y wlad ac ymweliadau cyson â'r sinema. A chwiltio ym mherfeddion y nos pan âi pethau'n ddu arni. Na, doedd hi ddim yn unig, ac roedd ganddi gylch o ffrindiau da oedd yn gefn iddi pan fo raid. Roedd ganddi wythnos arall o wyliau ar ôl ac roedd hi'n benderfynol o fwynhau pob munud ohoni. Ciniawau blasus, diwrnod yn Llundain i weld arddangosfa yn y Tate Modern, cwpwl o drips i'r sinema a digon o gyfle i bori drwy'r pentwr llyfrau oedd yn disgwyl amdani ar erchwyn y gwely. Nefoedd.

'Dere mla'n, Ifan! Shiffta 'i, wnei di!' gwaeddodd Arwyn Davies ar ei fab. Roedd eisiau mynd draw i'r capel arno. Gwyddai y byddai Miss Huws a Tomi wedi bod yno i gynnau'r boeler a thwtio dros awr yn ôl, ond doedd Arwyn ddim am fod yn rhy hwyr i gyfarch y ffyddloniaid wrth y drws.

'Beca, fe fydd yn rhaid i fi fynd,' dywedodd wrth ben ôl ei wraig, a oedd yn twrio ar waelod y cwpwrdd dillad yn trio ffeindio rhywbeth parchus (oedd yn dal i'w ffitio) i'w wisgo i'r cwrdd. Syllodd honno'n ddiflas ar y deunydd blodeuog yn ei dwylo – ffrog a wisgodd tra oedd hi'n disgwyl Ifan oedd hon, yn ddigon mawr i guddio'i bola, gobeithio, er nad oedd ganddi gystal esgus am yr holl floneg oedd wedi ymgasglu yno'n ddiweddar. Ond er ei bod hi dipyn dros ei phwysau erbyn hyn (gormod o gacs cartre), roedd gan Beca wyneb prydferth iawn o hyd. Ymdebygai ei llygaid brown dyfnion a'i haeliau cryfion i un o'r sêr ffilmiau hynny o'r Eidal a oedd mor boblogaidd ym mhumdegau'r ganrif ddiwetha – Sophia Loren neu Gina Lollobrigida, efallai. Carai Arwyn hi gyda chwant oedd yn ei ryfeddu weithiau. Roedd ganddi'r ddawn o hyd i droi ei fola'n jeli, gydag un fflach o'r llygaid melfedaidd a'r wên siriol honno a oedd yn goron ar y cyfan.

'Fe ddown ni ar dy ôl di,' meddai Beca. 'Ma isie i fi ddodi'r cig yn y ffwrn, beth bynnag. A smwddo hwn,' ychwanegodd yn ddiflas. 'Faint o'r gloch ma'n nhw'n cyrraedd, gyda llaw?'

'Tua un wedes i wrth Dylan,' atebodd ei gŵr.

Sythodd Beca. Doedd hi ddim yn edrych ymlaen at y cinio yma o gwbwl. Doedd hi ddim yn rhy hoff o Dylan Morgan ar y gorau, ac ers iddo adael ei wraig roedd ganddi lai fyth o olwg ohono.

'O, wel,' ochneidiodd wrth neb yn arbennig, 'fe fydd yn rhaid i hwn neud y tro. Alla i ddim cystadlu gydag Astrid, beth bynnag,' meddai'n uwch wrth ei gŵr.

'Pwy isie cystadlu sy?' atebodd Arwyn a rhoi clamp o

glatsien ar ben ôl ei wraig. 'Wi'n lico menywod â bach o gnawd arnyn nhw.'

'Yyyy, Dadi!'

Ymddangosodd Ifan o'r diwedd, ei drwyn yn crychu wrth weld ei rieni'n swsan. Ac yntau'n wyth mlwydd oed, a chanddo'r un llygaid brown â'i fam, credai taw gwastraff amser oedd y nonsens rhamantus 'ma, yn enwedig rhwng pobol fel ei rieni a oedd, wedi'r cyfan, bron â bod mor hen â deinosoriaid. Roedd, fel y disgwylid, yn dal i fod yn ei byjamas, a chyn i Arwyn frysio i lawr y grisiau, plannodd sws gyflym ar ben ei fab ac ymbil arno i wisgo.

'Sai'n meddwl bod pyjamas Angry Birds yn addas ar gyfer ysgol Sul,' gwaeddodd ar ei ôl a chau'r drws ffrynt yn glep.

Cerddodd Arwyn yn frysiog tua'r capel. Bu yntau'n dipyn o bishyn yn ei ieuenctid. Roedd ei wyneb caredig, agored yn dal i godi tymheredd rhai o'i blwyfolion benywaidd – y llygaid gleision yn llawn consýrn a chysur y wên barod. Rhedodd Arwyn ei law drwy'r llwyn o wallt ar ei ben a oedd, ar ei waetha, yn trechu pob ymdrech i'w gadw'n fflat. Yn wir, pan fyddai'r copa brown a llwyd ar ei fwya anystywallt, edrychai Arwyn fel petai wedi dal ei fys mewn soced drydan – fel rhyw wyddonydd gwallgo yn un o gomics ei fab. Ond golwg ddiflas oedd ar wyneb Arwyn wrth iddo gamu drwy ddrws y capel. Gwyddai na fyddai'r cinio gyda Dylan ac Astrid yn un rhwydd o gwbwl. Byddai gweddi fach amserol yn syniad, meddyliodd. Roedd yn siŵr y byddai Duw'n deall.

Gyrrodd Dylan y Lexus ar hyd yr M4. Doedd yntau ddim yn edrych ymlaen at y cinio mwy na Beca ac Arwyn. Er ei fod yn hoff iawn o'i gyfaill gwylaidd, teimlai rywsut fod Arwyn yn ei adnabod yn rhy dda. A gwyddai'n iawn sut feddwl oedd gan Beca ohono.

Eisteddai Astrid yn dawel wrth ei ochr, yn poeni o hyd am y cerdyn ddaeth i'r tŷ ar noswyl Nadolig. Pwy oedd wedi ei ddanfon? Roedd y cwestiwn wedi bod yn pwyso arni drwy gydol yr ŵyl. Wrth iddi goginio'r ŵydd ar fore Nadolig, wrth iddi agor y presantau (drud ond braidd yn amhersonol) o dan y goeden ar ôl cinio ac wrth iddi sipian Merlot yn y Green Man ar ddydd San Steffan. A oedd Dylan wedi dechrau gweld menyw arall? Oedd e wedi dechrau gweld Meriel eto efallai? Ai dyna pam yr oedd wedi bod i ffwrdd gymaint yn ddiweddar?

'Bron yno,' meddai Dylan wrth iddo yrru'r car lan y cwm ôl-ddiwydiannol lle'r oedd Arwyn a Beca wedi setlo ers rhai blynyddoedd. 'Twll o le, ontyfe,' ychwanegodd.

Syllodd Astrid drwy'r ffenest heb weld dim. Roedd ei meddwl yn bell i ffwrdd, ac ni chlywodd yr un gair chwaith o'r fonolog sbeitlyd a ddilynodd.

'Alle Arwyn fod wedi ca'l gyrfa nêt fel actor, ti'n gwbod. Fe oedd seren fawr blwyddyn ni yn y coleg. Ond na, fe fynnodd e hala cwpwl o flynyddoedd diflas yn ailhyfforddi a dewis fan hyn o bobman i fod yn weinidog. Ddealla i mohono fe fyth... 'Ma ni, 'te,' meddai wrth barcio'r car tu fas i'r Mans. '*On with the motley.*'

A hoeliodd wên fawr ar ei wyneb wrth weld Arwyn yn agor y drws ffrynt a cherdded tuag atynt.

'Taten arall, Dylan?' Llwyddodd Beca i roi min bygythiol i'r frawddeg.

Bu'r sgwrsio dros ginio yn anesmwyth a herciog. Roedd Astrid yn anghyfforddus ar y naw, yn enwedig gan ei bod hi flynyddoedd yn iau na Beca ac Arwyn ac yn ymwybodol iawn o'u hagosatrwydd at Meriel. Ac roedd y piano'n frith o luniau o'r pedwarawd hapus yn eu dyddiau coleg. Gwnaeth Beca bwynt o ofyn am hanes Rhian a'r plant o flaen Astrid, a mynegi ei thristwch bod pethau mor wael rhyngddi hi a Dylan.

'Peth ofnadwy yw colli nabod ar 'ych plant,' meddai. 'Ddylet ti ddim gadel i unrhyw beth ddod rhyngoch chi.'

Cochodd Astrid a hoelio'i llygaid ar y bwyd.

'Ma croeso i Rhian a'r bois yn tŷ ni unrhyw bryd,' meddai Dylan yn amddiffynnol. 'A beth bynnag, y llipryn o ŵr 'na sy 'di bod yn corddi'r dyfroedd. Ma hi'n berson gwahanol ers iddi briodi fe.'

'Wel, ma isie ta'cu ar y cryts bach 'na,' meddai Beca gan daro'r jwg grefi i lawr ar y bwrdd mor galed nes i'r hylif seimllyd dasgu i bobman.

Cododd Arwyn i 'nôl clwtyn.

'Na, na, paid â ffysan,' meddai Beca'n frou. 'Af i.'

Dihangodd i'r gegin, yn falch o gael esgus i fynd. A chan ei bod hi'n berson caredig yn y bôn, dechreuodd deimlo pigiadau cydwybod wrth iddi dwrio yn y sinc am y clwtyn glân. Gwyddai nad oedd hi'n bod yn hollol deg ag Astrid, ac roedd yn ymwybodol bod Arwyn wedi bod yn gweithio'n galed i gadw'r ddysgl yn wastad dros y bwrdd cinio. Wrth wasgu'r clwtyn uwchben y sinc, penderfynodd Beca drio'n galetach i fod yn groesawgar. Wedi iddi sychu'r grefi, felly, gofynnodd i Astrid am arferion Nadolig Awstria. Gwenodd honno arni'n ddiolchgar a dechrau sôn am y bisgedi sinsir a'r addurniadau persawrus a roddid ar goed bythwyrdd yn ei chartre hi pan oedd yn blentyn.

'A dy'ch chi ddim yn bwyta cino Nadolig ar y dydd ei hun?' gofynnodd Arwyn.

'Na, ry'n ni'n bwyta pysgodyn mawr ar noswyl Nadolig,' atebodd Astrid yn eiddgar. 'Ym, sori, fi ddim yn gwybod y gair Cymraeg am *karpfen*?'

'Sai'n gwbod beth yw e chwaith, bach,' meddai Arwyn yn garedig.

'Ond beth am y stwffin a'r sosej?' meddai Ifan yn syn. 'A shwd allwch chi ga'l Nadolig heb dwrci?' ychwanegodd, a'i lygaid fel dwy soser fawr.

Chwarddodd pawb, a llaciodd y tensiwn fymryn.

'Beth am bwdin?' gofynnodd Arwyn.

'A choffi cryf,' ychwanegodd Beca wrth weld Dylan yn estyn am wydraid arall o win.

Tywyllodd wyneb hwnnw, a dwrdiodd Beca'i hun yn fewnol. Doedd hi ddim wedi bwriadu swnio'n feirniadol. Ond allai hi ddim peidio, rywsut, wrth siarad gyda Dylan.

'O flaen y tân, falle?' Triodd Beca gymodi rhywfaint.

'Ie, grêt,' meddai Arwyn yn gyflym gan weld yr olwg ar wyneb ei gyfaill, 'ond falle dylen ni fynd am dro bach cyn iddi dywyllu, a chael pwdin pan ddown ni 'nôl?'

'Arhosa i gatre i gliro, 'te, os nad o's ots 'da chi,' atebodd Beca yn falch. 'Wi isie rhoi trefen ar bethe cyn y cwrdd nos. Ac fe osoda i'r tân a thorri'r deisen tra bo chi mas.'

Fe gynigiodd Astrid aros i helpu hefyd, ac felly dim ond Arwyn a Dylan aeth allan i'r oerfel i gerdded y llwybr cul a oedd yn arwain i dop y cwm.

Roedd hi'n noswylio'n hynod o braf ond ni lwyddodd prydferthwch yr awyr goch i leddfu'r tawelwch anghysurus.

'Ma Astrid yn groten neis…' dechreuodd Arwyn, gan obeithio ysgafnhau pethau.

'Odi,' atebodd Dylan yn swta.

Crwydrodd y ddau heb siarad, i fyny'r llwybr, heibio i dir y rhandir ar un ochr a'r nant fach oedd yn drwch o rew ar yr ochr arall. Wedi iddynt gyrraedd pen y rhiw fe allent weld goleuadau'r cwm islaw yn disgleirio'n glir oddi tanynt.

'Wi'n dod 'ma'n amal i feddwl am bregeth…' dechreuodd Arwyn eto.

'Wel, sai 'di gweld lot o'r Ysbryd Glân 'na prynhawn 'ma!'

'Dyl—'

'Pwy ddiawl ma dy wraig di'n feddwl yw hi?'

'Wel…'

'Sdim clem 'da'i shwd o'dd pethe rhwng Meriel a finne!'

'Na, wrth gwrs, ond…'

Roedd llygaid Dylan yn fflachio.

'Gwed wrtha i, Arwyn – be sy mor rong ar fanteisio ar y cyfle am dipyn bach o hapusrwydd?' Dewisodd Dylan anghofio am Seren.

'Dim, wrth gwrs, ond ym… Meriel…'

'O'dd pethe'n *kaput* gyda hi flynyddo'dd yn ôl!' Roedd Dylan yn gweiddi nawr, ei wyneb yn goch a phoer yn casglu bob ochr i'w geg.

'Grynda, Dylan…'

'Beth? A paid â dechre pregethu arna i, *for God's sake*.'

'Na… na…'

'*Come on… spit it out!*'

'Ocê, grynda. Wi'n falch dy fod ti'n hapus ond…'

'Ond beth? Y?'

'Wel, fe gas Meriel amser digon caled ar ôl i ti fynd ac at Beca drodd hi fwya, felly 'na pam ma hi'n ffeindio fe'n anodd…'

'… i fod yn deg â fi.'

'O dere mla'n, ma'n rhaid i ti ysgwyddo peth o'r —'

'Na, na, grynda… Fel mae'n digwydd, fe dries i'n blydi galed i achub 'y mhriodas i ond o'dd pethe'n anodd. Meriel yn yfed gormod, fi lan at 'y nghlustie mewn gwaith. Lot o fils i'w talu. Ma bywyd yn gymhleth.'

Eto, dewisodd Dylan anghofio am y llu o ferched ddaeth cyn Astrid, ac am y nosweithiau hir ac unig a wthiodd Meriel tuag at gysur y botel.

'Ti'n gwbod beth? 'Set ti'n deall yn well 'set ti mas yn y byd yn byw bywyd go iawn, ddim yn cwato fan hyn fel yr wyt ti.'

'Cwato?' meddai Arwyn yn syn.

'Ie, cwato,' atebodd Dylan. 'Fi'n byw bywyd *full pelt* a ti'n 'i osgoi e.'

'Dyw e ddim yn teimlo fel'ny i fi,' atebodd Arwyn yn dawel.

'O, *come on*! Jiw jiw, ti o'dd seren y flwyddyn, *mun*. Allet ti fod mas yn LA gyda Gwyn nawr, yn lle pydru yn y twll 'ma.'

Bu seibiant. Syllodd y ddau i lawr ar oleuadau'r cwm.

'Ma'n ddrwg 'da fi,' meddai Arwyn o'r diwedd. 'Drion ni estyn croeso i ti ac Astrid 'ma heddi ond ma'n amlwg ein bod ni 'di methu. A wi'n flin am 'ny.'

Daliai Dylan i syllu arno'n flin.

Aeth Arwyn ymlaen. 'Ti'n iawn, wrth gwrs – sdim hawl o gwbwl 'da ni i dy feirniadu di.'

'Nago's.'

'Ond grynda, nid "cwato" wi'n neud fan hyn. Dilyn fy ngalwedigeth wnes i, a wi ddim yn difaru neud 'ny o gwbwl.'

Chwarddodd Dylan a siglo'i ben. 'Wi'm yn dy gredu di. Wi'n credu bo ti'n gwrthod cyfadde'r gwir.'

Atebodd ei gyfaill yn dawel, 'Sai erioed 'di bod mor hapus. Alli di weud yr un peth?'

Diflannodd yr haul yn sydyn tu ôl i'r mynyddoedd gyferbyn, gan baentio'r cymylau'n binc. Cerddodd y ddau yn ôl i'r tŷ heb yngan yr un gair pellach. Ac er iddynt drio sgwrsio'n brennaidd dros y deisen a'r coffi o flaen tanllwyth o dân yn y Mans, roedd pawb mewn gwirionedd yn ysu am i'r prynhawn ddod i ben.

Wrth i Arwyn bregethu i'r ddau neu dri ddaeth ynghyd i'r cwrdd gweddi yn hwyrach y noson honno, teimlai'n gryfach nag erioed ei fod wedi gwneud y dewis cywir. Er nad oedd ei gynulleidfa'n fawr, a bod yn rhaid iddo wasanaethu mwy nag un capel, roedd yn hollol gadarn ei ffydd. Yma yr oedd e i fod.

Doedd Dylan ddim yn teimlo hanner mor dangnefeddus wrth yrru 'nôl i'r Fro. Yn enwedig pan sylweddolodd fod

Beca wedi siarad am Meriel drwy gydol yr amser y bu hithau ac Astrid yn clirio'r llestri. Roedd Astrid yn ei dagrau yr holl ffordd adre.

'Diolch i'r nefoedd bod y gwylie 'ma ar ben,' meddyliodd Dylan. 'Rhwng blydi, blydi Arwyn a Beca, ac Astrid a'i blydi babis, a Rhian yn gwrthod ateb y blydi ffôn i fi, fydda i'n falch o fod 'nôl yn y gwaith fory.'

Ac roedd hi'n ddiwrnod ffilmio – sioe gerddorol yng Nghanolfan y Mileniwm. Y math o beth roedd Dylan yn ei hoffi orau. Cododd ei galon wrth feddwl am yr hwyl oedd o'i flaen. Ond wedyn cofiodd am y peth arall oedd wedi ei ypsetio'n ddiweddar. Rai dyddiau cyn y Nadolig, tra oedd yn cerdded ym Mhenarth ar ôl cinio bach neis ar yr Esplanade, fe gwrddodd â Rhys, ei hen ffrind ysgol, a'i deulu. Ceisiodd gofio pryd welodd e Rhys ddiwetha. Flynyddoedd yn ôl, mae'n siŵr. Wel, roedd e a'i wraig Anwen wedi pesgi digon, beth bynnag, a'r ddau'n methu cuddio'u syndod wrth glywed bod Astrid yn wraig iddo. Ac ar ddiwedd y sgwrs anghyfforddus, fe glywodd e'r groten hyna, Llio, yn dweud wrth iddynt gerdded i ffwrdd, 'Mae e mor hen, mae e'n *disgusting* – o'dd hi'n edrych fel 'i FERCH e.'

Gwasgodd Dylan y sbardun yn ei dymer a saethodd y car ymlaen ar hyd yr M4. Gwylltiodd wrth feddwl am yr holl fenywod beirniadol yn un dyrfa fawr hunangyfiawn.

'Pwy ffwc ma'n nhw'n meddwl y'n nhw?'

Ochneidiodd mor ddwfn nes i Astrid sylwi.

'Jyst meddwl am y gwaith fory,' eglurodd wrthi.

Llyncodd y Lexus y milltiroedd yn awchus wrth iddo nesáu at Dongwyn.

Fore trannoeth, roedd Gwen wrthi fel lladd nadroedd yn gwneud yn siŵr bod pob dim yn barod i Dylan yn y galeri symudol a oedd wedi ei barcio tu fas i Ganolfan y Mileniwm. Ei hoff ddŵr (Eidalaidd, pefriog), ei hoff fyrbryd (cnau Brasil o Wally's yn yr arcêd), ei hoff ffrwyth (*satsumas* o Sbaen) a'i hoff feiros (Berol du) – y cyfan mewn rhes daclus o flaen ei sedd. Doedd hi ddim am ordro'r coffi'n rhy fuan – gwyddai fod yn gas gan Dylan goffi llugoer.

Penderfynodd ffonio Ffion, yr ymchwilydd, i wneud yn siŵr bod yr artistiaid i gyd yn iawn.

'Odyn, ma pawb 'ma, Gwen,' atebodd Ffion, 'er, cofia, o'dd golwg y diawl ar Bethan pan gyrhaeddodd hi bore 'ma. Noson ar y teils nithwr, weden i. A grynda, ma'r *manager* 'na sy 'da hi'n dipyn o ddiawl hunanbwysig. Wi'n edrych mla'n at 'i weld e a Dylan yn sgwario lan at 'i gilydd. Sôn am ddau darw mewn un ca', myn yffach i. O jiw, well i fi fynd – ma Rhydian moyn ei goffi. Gwyn, lla'th sgim ac un siwgir, os o's diddordeb 'da ti.'

Chwerthin wnaeth Gwen wrth ddiffodd y ffôn. Roedd hi'n bryd picio draw i'r Ganolfan i 'nôl coffi Dylan. Roedd heddiw'n mynd i fod yn ddiwrnod hir. Sioe'n llawn sêr oedd ar y gweill, y gynta o gyfres o bedair rhaglen. Byddai hon yn cynnwys Shân Cothi, Côrdydd, Only Men Aloud a Rhydian. Ond yr atynfa fawr oedd Bethan Davies, cantores o Gwm Tawe oedd yn fyd-enwog, nid am fod ganddi lais fel angel ond oherwydd fod ganddi gorff fel Marilyn Monroe a chudynnau toreithiog o wallt melyn. Fe'i harwyddwyd gan gwmni mawr o Lundain tra oedd yn blentyn ac roedd wedi gwneud enw mawr iddi'i hun yn canu mewn cyngherddau i'r Teulu Brenhinol ac i elusen Help for Heroes. Lle bynnag yr oedd yna sgwad o filwyr, roeddech chi'n siŵr o weld Bethan, ar ben tanc, mewn *combat fatigues* (roedd ganddi rai arbennig, wedi eu gwneud gan Julien Macdonald) yn canu, gyda deigryn yn ei llygad gan amla. Opera ysgafn a chaneuon Andrew Lloyd Webber oedd ei harbenigedd. Ac ambell gân werin Gymraeg fel 'Ar Lan y Môr' neu 'Bugeilio'r Gwenith Gwyn'.

Cyrhaeddodd Dylan galeri'r stiwdio symudol mewn uffern o dymer wael gan ei fod wedi cael hymdingar o gweryl gydag Astrid am fabis dros frecwast. Roedd hi'n swnian eisiau iddo gael profion am nad oedd golwg cenhedlu arni ar ôl dros flwyddyn o drio. Cythruddwyd Dylan gymaint gan y sgwrs, aeth i natur wyllt.

'Gwranda, cariad, ma 'da fi blentyn yn barod felly mae'n amlwg taw nid FI yw'r broblem.'

A rhoi uffern o glatsien i'r drws ffrynt wrth adael y tŷ, cyn gyrru'n wyllt draw i Fae Caerdydd. Yna, bu'n rhaid iddo chwilio am le diogel i adael y Lexus gan fod ei faes parcio arferol yn llawn. O'r diwedd, cafodd le yn y *multistorey* ond roedd ei dymer mor ddiawledig wrth barcio, llwyddodd i grafu ochr y car. Felly, erbyn iddo gyrraedd y tryc tu fas i'r Ganolfan roedd yn gandryll.

Taflodd allweddi'r Lexus i lawr ar y ddesg, yfodd ei goffi heb ddiolch amdano na chyfarch gweddill y tîm ac fe ddechreuodd yr ymarfer yn syth heb unrhyw fân siarad. Eisteddai Gwen yn y cefn yn barod i ateb y ffôn os oedd raid. Dim ond lleisiau Dylan, Suzanne, yr arolygydd sgript, a Barbara, y torrwr lluniau, oedd i'w clywed wrth i'r ymarfer fynd yn ei flaen.

I ddechrau aeth popeth yn iawn – roedd y goleuo'n plesio a Steff, y cymysgydd sain, yn gweithio'n galed i roi chwarae teg i bob offeryn a phob llais. Roedd tîm da ar y camerâu hefyd ac roedd yn amlwg bod Dylan yn hapus â'r hyn a welai. Dechreuodd pawb ymlacio. Cynigiodd Dylan gneuen Brasil i Suzanne tra oedd yn disgwyl i'r band gyrraedd y llwyfan i ddechrau ymarfer. Roedd honno'n denau fel styllen, gan ei bod yn byw ar ei nerfau, a gwell oedd ganddi ddiflannu am ffag na stwffo cnau. Ond derbyniodd Barbara (a oedd tua dwywaith maint Suzanne) yn llawen, cyn llowcio Mars bar cyfan gyda'i phaned. Fe gafwyd cwpwl o glecs hyd yn oed, a rhannodd Dylan ambell jôc yng nghlust Iwan, y rheolwr llawr bochgoch a oedd yn un o'r goreuon yn y diwydiant (er ei fod yn edrych yn debycach i ffarmwr defaid yn ei drowsus melfaréd a'i grys siec).

Ond daeth yr heddwch sigledig yma i ben yn sydyn pan agorwyd drws y galeri'n glep gan Vince, rheolwr Bethan Davies. Gŵr byr ydoedd ac roedd rhywbeth nadreddog am ei lygaid cul a'i ddannedd pigog, melyn. Gwisgai siwt a oedd o leia un maint yn rhy fach iddo, ac roedd yn barod i ddweud yn union beth oedd ar ei feddwl.

'Right, who the fuck is in charge here? Did you get Bethan's rider? It very clearly stated that we wanted ten bottles of Evian water, not this Welsh shit.'

Daliai Vince botel o ddŵr Aberhonddu yn ei law.

'And we said no flowers as it sets off her hay fever, and no-one other than the floor manager or the director is to make eye contact with her or address her directly. Understand? And I need the Welsh cue cards written phonetically. We've got our own make-up and wardrobe so get those bloody women out of her dressing room. And we're going to need three hours to get her ready. So she'll soundcheck now. Then, as she needs two hours' rest, you won't see her till the show. And I need her sashimi delivered at 6pm promptly. Don't give a fuck if any of this bothers you. It's what's happening. She'll be with you in five.'

A throdd ar ei sawdl a diflannu.

'Classy,' meddai Barbara.

Rholiodd Dylan ei lygaid a nodio at Gwen, a gododd yn syth i ddilyn Vince.

Fel yr addawodd hwnnw, o fewn pum munud fe ymddangosodd Bethan ar y llwyfan. Gwisgai jîns tyn, sbectol dywyll a blows a oedd yn glynu mor galed at ei chorff fel ei bod hi bron yn bosib dyfalu beth gafodd hi i frecwast.

Chwibanodd yr ail drombôn dan ei anadl. 'Nawr wi'n deall pam ma pobol yn neud yr holl ffys,' meddai wrth y ffliwt gynta.

Nodiodd hwnnw'n fud, wedi ei syfrdanu gan y fath olygfa. Yna, ar ôl cwpwl o gamgymeriadau simsan pan anghofiodd Bethan lle'n union yr oedd hi i fod i ddechrau canu, fe aeth yr ymarfer yn ei flaen. Er bod ganddi lais swynol, nid oedd yn gryf iawn, ac roedd yn amlwg hefyd ei bod yn syndod o ddihyder.

'Gwell ti roi bach o *reverb* iddi, Steff,' meddai Dylan wrth y cymysgydd sain. 'Diawch, ma isie lot o help arni.'

Roedd aelodau'r gerddorfa yn awyddus i gefnogi Bethan ar y cychwyn, ond pan ddechreuodd hi gonan bod eu hamseru nhw'n anghywir, a'u gorfodi i ailadrodd yr un frawddeg sawl gwaith 'because somebody's out of tune', buan y collodd hi bob cydymdeimlad. Yna dechreuodd hi gonan bod y golau'n rhy gryf ac yn rhy felyn ac nad oedd hi am sefyll ar ei marc ar y llwyfan 'because I find it too constraining'.

Collodd Dylan ei dymer a gweiddi i fewn i glust y rheolwr llawr, 'Iwan, gwed wrth y bitsh 'na am sefyll lle ma 'ddi a gwed wrthi taw ei job hi yw edrych yn bert a chanu mewn tiwn!'

Roedd y rheolwr llawr wedi hen arfer â chyfieithu ebychiadau sarhaus Dylan ac fe wenodd wrth ddweud, 'Dylan says it's looking and sounding BEAUTIFUL, Bethan. He absolutely LOVES what you're doing, but if you could possibly just stay on your mark for this song that would be FABULOUS as he's trying to isolate you in a pool of light that's going to make you look even more GORGEOUS.'

Toddodd Bethan, ac wedi i Steff weithio i gyfoethogi ei sain, fe wellodd pethau. Roedd hyd yn oed Vince yn hapus pan ddaeth i stelcian i gefn y galeri yn ystod y gân olaf. Roedd Gwen wedi ffeindio digon o Evian ac wedi esbonio'r sefyllfa'n gwrtais i'r bobol colur a gwisgoedd ac fe ddaethpwyd â'r opera sebon arbennig yma i ben o'r diwedd.

'Diolch i'r nefo'dd fod hwnna drosodd,' meddai'r ail drombôn wrth iddo fynd i nôl *skinny latte* gyda'r ffliwt gynta. 'Fydd 'na ddim trafferth fel'na 'da Shân Cothi.'

Dihangodd Dylan i'r tŷ bach. Roedd angen mymryn o egni arno – y math a ddeuai drwy roi gwelltyn wrth bowdwr gwyn ar gerdyn credyd. 'Nôl yn y galeri, dechreuodd pobol estyn paned a tharo golwg sydyn ar negeseuon ffôn.

'Wel, ma Dylan wedi cwrdd â'i fatsh yn y Vince 'na,' meddai Barbara wrth stwffo KitKat gyda'i *soya latte*.

'Gobeithio ddaw e 'nôl mewn gwell tymer,' atebodd Suzanne, heb edrych lan o'r sgript camera.

Yng nghefn y galeri, ochneidiodd Gwen wrth astudio'r rhestr faith o bethau yr oedd yn rhaid iddi eu cyflawni cyn diwedd y dydd. Roedd ganddi ben tost a theimlai'n llesg braidd, gan iddi fod ar ddihun am oriau'r noson flaenorol yn chwysu chwartiau a'i chalon yn curo'n wyllt. Blincin *menopause*! Efallai y byddai'n rhaid iddi ystyried y busnes HRT 'ma. Penderfynodd wneud apwyntiad gyda'r GP. Man a man iddi gael sgwrs am y peth o leia. Ychwanegodd y geiriau 'ffono'r syrjeri' at ei rhestr.

Daeth Dylan yn ôl o'r tŷ bach mewn gwell hwyliau, ac roedd Vince bellach mas o'r ffordd yn stafell wisgo Bethan, felly fe lifodd pethau dipyn yn rhwyddach wedi hynny. O'r diwedd roedd hi'n amser swper ac yn gyfle i bawb gael hoe fach cyn i'r sioe ddechrau recordio am hanner awr wedi saith. Roedd Gwen yn barod gyda phlatied o *sushi* a phaned o de gwyrdd ac roedd pethau'n argoeli'n dda am awr fach hamddenol cyn i'r gwaith caled ailddechrau. Ond roedd neges ddagreuol gan Astrid yn disgwyl Dylan ar ei ffôn symudol, ac fe gollodd ei limpin yn llwyr. Taflodd y ffôn i'r llawr gan dorri'r sgrin yn deilchion a gwasgaru'r cnau i bobman wrth daro'i ddwrn ar y ddesg.

'Beth uffach yw'r rybish 'ma, Gwen?' gwaeddodd. 'Ofynnes i ddim am blydi pysgod – wi moyn rhywbeth teidi i leino'r stumog. Cer i nôl brechdan ham a phaced o grisps i fi! A phaid â hala orie chwaith – wi'n gwbod bod hi'n anodd i whampen fel ti symud yn glou!'

A chyda hynny diflannodd, gan dynnu'r drws mor galed ar ei ôl nes bod y fan gyfan yn dirgrynu.

'Ddyle fe ddim dy drin di fel'na, ti'n gwbod,' meddai Barbara.

Ond siglo'i phen wnaeth Gwen. 'Na, fydd o'n iawn, 'sti – 'di blino mae o, dan straen ofnadwy. Ar 'i sgwydda fo mae bob dim yn gorffwys, 'sti. A finna 'di camglywad, mae'n siŵr' (er bod pawb yn cofio Dylan yn gofyn am *sushi* a the gwyrdd). 'A' i 'nôl nhw 'wan.'

'Licsen i weld y diawl yn siarad fel'na 'da fi,' meddai Barbara. 'Mae e'n pigo arnat ti achos bod e'n gwbod fyddi di'm yn ateb 'nôl, Gwen. *Go on*, rho sioc iddo fe, gwed wrtho fe le i stwffo'i *sushi*!'

'Ddim ar ddiwrnod sioe. Fedra i ddim, 'sti.'

Ochneidiodd Barbara a siglo'i phen. 'Gwen, ti'n rhy aeddfed o lawer, 'na beth yw dy broblem di… Ocê. Ti sy'n gwbod. Bryna i ddrinc mawr i ti yn y bar wedyn a gawn ni *good old moan* am y diawl.'

Gwenodd Gwen ar ei ffrind. Gwyddai fod Barbara'n methu deall natur ei pherthynas â Dylan. Ond roedd Gwen wedi hen arfer â'r math yma o strancio a gwyddai y byddai'n ymddiheuro o fewn dim. Ac yn wir, ar ôl trip llwyddiannus arall i'r tŷ bach, roedd Dylan yn fêl i gyd.

'O, Gwenny, Gwenny, sori, sori, sori, sori,' meddai gan foesymgrymu o'i blaen a siarad mewn llais bachgen bach. 'Fi yw'r bòs gwaetha'n y byd, wi'n gwbod! *I'll make it up to you, I promise.*'

Diolchodd Gwen iddo am ymddiheuro, gan anwybyddu Barbara'n esgus chwydu tu ôl i'w gefn. Ac ar ôl stwffo'r frechdan a darllen copi o'r *Sun* a adawyd gan un o'r bois goleuo, aeth Dylan bant yn llawn hwyl i ddymuno'n dda i'r artistiaid cyn y sioe. Amharwyd mymryn ar ei bleser gan Vince, a wrthododd agor y drws iddo, ond ar ôl rhannu jôc gyda Shân Cothi a chael derbyniad brwdfrydig gan fois Only Men Aloud, fe wellodd tymer Dylan yn rhyfeddol.

Roedd y sioe'n llwyddiant ysgubol – pawb (gan gynnwys Bethan hyd yn oed) yn canu'n wych, y dillad yn fendigedig a'r gynulleidfa'n cael yr hwyl ryfedda. Ac os oedd y sioe'n llwyddiant, roedd y parti ôl-recordio yn fwy o lwyddiant byth. Gwibiai Dylan o un seléb i'r llall, yn llowcio siampên ac yn diflannu bob hyn a hyn i stafell wisgo wag i fwynhau mwy o egni syfrdanol drwy gyfrwng y powdwr gwyn, y gwelltyn a'r cerdyn credyd. Yna swper hwyr gyda dwy o ferched y corws, sesiwn foddhaol iawn mewn stafell yn yr Hilton a thacsi 'nôl i'w fflat yn y Bae yn y bore bach.

'Diawch,' meddyliodd Dylan. 'Ma pethe'n gwitho mas yn grêt! O'dd S4C yn dwlu ar y sioe, a ma 'da fi ddigon o bethe eraill da ar y gweill.'

A chynhyrfodd drosto eto wrth gofio am y trip i Lundain i weld Channel 4 ac i 'drafod gyrfa' Seren Aur. Aeth Astrid a'i hawydd dagreuol am fabi yn angof ganddo wrth iddo suddo i drwmgwsg yn y fflat foethus yn y Bae.

Ond yn y ffermdy ar gyrion Tongwyn, gwelodd Astrid y wawr yn torri. Eisteddai dros baned a oedd wedi hen oeri, yn meddwl nad oedd hi, efallai, wedi gwneud y peth iawn wrth adael Awstria a phriodi Dylan.

Pennod 3

A hithau'n ddechrau ail wythnos Ionawr, roedd Meriel yn barod i anfon y llythyrau dienw at bwysigion y cyfryngau. Roedd hi wedi aros i bawb ddod yn ôl o'u gwyliau Nadolig, boed yn sgio yn y Swistir neu'n torheulo yn Barbados. Oedd, roedd hi eisiau pawb yn ôl wrth eu desgiau i dderbyn y newyddion arbennig yma. Penderfynodd fod yn hynod o ofalus gan ei bod yn gwybod bod y llythyr yn debygol o dynnu nyth cacwn ar ben Dylan. Gwisgodd fenig rwber wrth drin y llythyrau ac ar ôl gorffen taflodd y peiriant printio rhad i sgip ochr arall Caerdydd, ymhell o unrhyw gamerâu CCTV. Ymhen ychydig ddiwrnodau byddai'r llythyrau i gyd wedi cyrraedd. A Duw a'i helpo wedyn, meddyliodd Meriel. Oedd, roedd dial hwyr gyda phen clir yn well o lawer na tharo yn ei thymer. Roedd cymaint mwy o fwynhad i'w gael wrth bwyllo.

Doedd dim lot o siâp ar Dylan pan gyrhaeddodd e'r swyddfa'n hwyr y bore wedyn. Roedd ei ben yn curo'n boenus, ei geg yn sych grimp ac roedd ei drwyn yn amrwd a thyner ar ôl diwrnod o sniffian cocên. Ond roedd Gwen yn aros amdano gyda *paracetamol*, bocs o hancesi papur, coffi cryf a brechdan cig moch a sos coch.

'Bora da, Dylan,' meddai'n llawen, 'dyma'r negeseuon – lot o rai hyfryd am y sioe neithiwr, ac mae 'na botel o siampên gan Rhydian. 'Wan, mae dy siaced las yn ôl o'r glanhawyr ac yn barod i ti ei gwisgo i'r digwyddiad BAFTA 'na heno. Dw i 'di cadarnhau dy ginio di efo Rhodri Talfan yn Bully's a dyma'r tocynnau trên ar gyfar y trip i Lundain fory.'

Teimlai Dylan dipyn yn well ar ôl bwyta, ond pharodd ei hwyliau da ddim yn hir ar ôl galwad ffôn gan hen gyfaill a gafodd bleser mawr yn dweud wrtho taw cwmni cynhyrchu arall oedd wedi ennill comisiwn mawr am gyfres adloniant gydag S4C. Y bastads! Roedd e wedi gweithio'n anhygoel o galed ar y tendr arbennig yna – a ddywedodd y diawliaid ddim gair neithiwr! Taranodd o gwmpas y swyddfa am weddill y bore yn gweld bai ar bopeth, ac roedd pawb yn hapus pan oedd hi'n amser iddo fynd allan i'w ginio.

'Ddo i ddim 'nôl i'r swyddfa prynhawn 'ma,' dywedodd wrth Gwen, 'dw i isie gweithio o gatre. A falle nad af i draw i'r Chapter chwaith, felly cysyllta â BAFTA a gwed 'thon nhw 'mod i lan at 'y nghlustie.'

O leia roedd ganddo'r cyfarfod yna gyda Channel 4 i edrych ymlaen ato (heb anghofio Seren Aur). Doedd e ddim yn mynd i fod yn ddibynnol ar blydi Es Ffôr Sî! Ac wedi i Gwyn ateb ei ebost byddai'r comisiwn yn *no brainer*. Er, wrth feddwl, oedd ateb hwnnw bach yn hir yn dod? Am eiliad, dechreuodd Dylan boeni. Ond siglodd ei ben – na, diawch, roedd Gwyn yn fêt, on'd oedd e...?

Halodd Dylan Gwen mas i brynu bwnsied o flodau a bocs o siocledi i Astrid. Gwyddai y byddai angen iro'r olwynion fymryn ar ôl cyrraedd adre gan iddo dreulio noson arall yn y Bae neithiwr, a doedd e ddim eisiau rhagor o ddagrau heno. Diawl, roedd angen noson dda o gwsg arno fe cyn teithio i Lundain fory.

'*What are you having*? Dw i'n trio colli pwysau, cofiwch. Dries i'r 5:2 ond *it was no bloody use, really*. Ga i'r "Salad of the Day", dw i'n meddwl. *But let's have a few bubbles, shall we*? Meddwl trio'r *Tupperware diet* nesa – *you just put little portions in your Tupperware boxes* – mae'n wych, mae'n debyg, y pwysau'n diflannu!'

Eisteddai Meriel yn ei hoff fwyty ym Mhontcanna gyda dwy o'i ffrindiau gorau. Roedd hi'n teimlo'n ocê am y tro cynta ers oesoedd. Yn hapus bron. Ddoe, fe bostiwyd pob un o'r llythyrau dienw, ar ôl taith i flwch post anghysbell yn Llanishen. A bore 'ma roedd wedi cael amser hyfryd i ddathlu. *Facial*, ewinedd a *blow dry* bach yn y spa ac yna awr fach lyfli yn Body Basics ym Mhontcanna yn dewis dillad ar gyfer y gwanwyn. Ac i gwpla, cinio a chlonc fach neis gyda Trish a Menna. Roedd y tair ohonynt yn eu pumdegau cynnar a phob un ohonynt yr hyn y byddai'r Sais yn ei alw'n 'well preserved'. Colur graenus, gwalltiau wedi eu torri a'u lliwio'n gelfydd a dillad drud. Roedd y ciniawau yma'n goctel sgrechlyd o glecs a straeon o'r *Daily Mail*. A diolch i'r nefoedd amdanynt, meddyliodd Meriel. Roedd hi'n gwybod taw arwynebol oedd eu cyfeillgarwch ond bu'r merched a'r ciniawau'n gynhaliaeth iddi ar ôl i Dylan ei gadael. O leia roedd ganddi rywrai i chwerthin yn ddwl yn eu cwmni.

Er, roedd y tair ohonynt yn gallu bod mor gystadleuol. Am bethau materol yn arbennig – y bagiau llaw druta, y gwyliau mwya egsotig a'r doctoriaid cosmetig gorau: 'Mae 'da fi ddyn bach – *honestly, he's a miracle worker* – ac ma fe mor tsiêp hefyd, gredech chi ddim.'

Testun y brif sgwrs heddiw oedd bod ffrind i Menna wedi gweld Dylan yn diflannu lan y grisiau gyda merch ifanc yn yr Hilton ar ôl y cyngerdd y noson cynt. Cafodd Meriel fflach o genfigen wrth glywed bod Dylan wedi bod yn chwarae oddi cartre a synnodd ei hun wrth sylweddoli bod ganddo'r pŵer i'w brifo o hyd. Ond, diawch, fe fuon nhw'n briod am ddeng mlynedd ar hugain, on'd do fe? A dim ond Dylan roedd hi wedi ei garu erioed. Wel, hyd yn hyn, beth bynnag, meddyliodd, gan drio bod yn ddewr. A chuddio'i phoen wnaeth hi wrth gyhoeddi'n uchel,

'Isie sbaddu'r diawl sy! *I mean, he just can't keep it in his trousers, can he?*' Estynnodd am y Prosecco. '*Come on, girls, get this down you,* twll ei din e!'

Ac ymledodd ton o chwerthin wrth i'r tair glecio gwydraid arall.

Y noson ganlynol, cafodd Dylan ei hun ar y trên ar y ffordd 'nôl o Lundain ar ôl diwrnod llwyddiannus iawn. Yn wir, teimlai fel tipyn o dderyn. Y bore hwnnw, cafodd gyfarfod addawol iawn gyda Channel 4 – er eu bod yn ddigon nawddoglyd ar y dechrau.

'Dillon, if you don't mind my asking, do you have the talent base in Wales to be able to produce programmes of the correct standard for Channel 4?'

Yn amlwg, nid oedd y ddynes sychaidd hon yn gweld unrhyw werth o gwbwl i'r cyfarfod.

Ond unwaith iddo grybwyll enw Gwyn, roedd hi'n fêl i gyd.

'Oh, I LOVE Gwyn, I didn't realise he was Welsh. Do you really think you can get him?'

Roedd Dylan yn hollol bendant y gallai gyflawni hynny, wrth gwrs. Ro'n nhw'n hen ffrindiau, wedi'r cwbwl. Ac roedd Gwyn yn siŵr o gysylltu cyn bo hir.

Ac wedyn fe gafwyd prynhawn chwyslyd yng nghwmni Seren Aur. Gwenodd Dylan wrth gofio, cyn codi a mynd i'r bar i nôl G&T.

Yn Nhongwyn roedd Astrid yn cerdded adre ar ôl bod mewn pwyllgor plwyfol yn festri'r eglwys. Dylan oedd wedi ei hannog i fynychu'r cyfarfodydd yma ar ei ran. Roedd e'n meddwl ei bod hi wastad yn beth da i fod *in the know* am gynlluniau adeiladu neu faterion eraill o bwys yn y pentre. I ddechrau, roedd Astrid yn casáu mynd. Teimlai ar goll ymhlith y bobol ganol oed, gan amla, a fynychai'r cyfarfodydd hyn. Ond fe'i croesawyd yn gynnes iawn gan chwiorydd y plwyf, a oedd yn hapus iawn i weld wyneb ifanc yn y cyfarfodydd, ac fe ddaeth Astrid i fwynhau cymdogaeth y pentre, yn enwedig wrth i Dylan dreulio mwy a mwy o nosweithiau yn y fflat yn y Bae.

Diolch byth ei fod ar ei ffordd adre heno. Roedd hi'n noson wyllt ofnadwy ac roedd hi wedi gwlychu i'r croen dim ond wrth gerdded yr ychydig lathenni o'r eglwys i'r tŷ. Caeodd y drws yn ddiolchgar ar ei hôl ac aeth yn syth i'r gawod ac yna i chwilio am ddillad cynnes. Roedd hi'n noson gythreulig tu allan – y gwynt yn rhuo a'r glaw yn curo'n drwm yn erbyn y ffenest. Pan oedd Astrid yn fach, ac yn aros yn nhŷ ei nain ofergoelus ar noson fel hon, fe ddychmygai taw bysedd gwrachod oedd yn gwneud y sŵn pitran-patran ar y ffenest, ac er bod hynny flynyddoedd yn ôl bellach, doedd hi erioed wedi anghofio'r perygl a deimlai ar noson wyllt a stormus.

Yn sydyn, clywodd sŵn yn dod o'r stafell fyw lawr llawr. Rhewodd Astrid – oedd 'na rywun yn y tŷ? Dyma'i hofn penna hi – Dylan i ffwrdd a hithau yma ar ei phen ei hun! A damo, roedd ei ffôn yn ei chot lawr llawr.

Dyna fe eto – roedd hi'n siŵr bod rhywun yn cerdded o gwmpas. Roedd hi'n rhy gynnar i Dylan fod 'nôl o Lundain. Pwy oedd yno? Sŵn traed yn dod yn nes. Lan y grisiau. Yn agosach. Yn ei gwewyr, gwelodd Astrid fwlyn drws y stafell wely yn araf droi. Dechreuodd fwmian gweddi.

Yna clywodd lais Gwen. 'Astrid? Dach chi yno? Roedd y drws ffrynt ar agor. Chwythu wnaeth o, dw i'n meddwl.' Ac yna, wrth weld y braw ar wyneb crynedig Astrid, gofynnodd, 'Ydach chi'n iawn?'

Yn ddiweddarach, eisteddai'r ddwy yn y gegin fach yn yfed paned a wnaed gan Gwen. Roedd Astrid wedi stopio crynu ac roedd mymryn o liw wedi dod yn ôl i'w hwyneb. Esboniodd Gwen fod y cwmni beics wedi ei siomi hi a'i bod wedi penderfynu dod â'r dogfennau pwysig roedd angen i Dylan eu harwyddo draw yn ei char ei hun.

'Ond tydi o ddim yma, mae'n amlwg. Meddwl y basa fo 'nôl o Lundan erbyn hyn. O'dd o'n casglu ei gar o'r *multistorey*. Dries i'r ffôn ond mae o wedi ei ddiffodd. Dach chi'n gwbod pa mor anodd ydi hi i gael signal ar y trên.'

Parablai Gwen ymlaen i guddio'r chwithdod a deimlai wrth weld Astrid yn y fath gyflwr. 'Astrid fach, mae'ch nerfau chi'n rhacs,' meddyliodd.

Roedd caredigrwydd Gwen yn ormod i Astrid a dechreuodd feichio crio. Fe ddaeth y cyfan allan: y cerdyn post rhyfedd, y problemau cenhedlu, Dylan i ffwrdd drwy'r amser ac yn anfodlon trafod profion (a phwy allai ei feio ef, gan taw hi, Astrid, oedd yn amlwg ar fai?), a'i hamheuon efallai ei fod e'n cael affêr. Aeth y llith ymlaen am dipyn a doedd Gwen ddim yn gallu meddwl am unrhyw eiriau cysurlon. Gwyddai nad oedd Dylan yn angel o bell ffordd, er nad oedd ganddi glem a oedd wedi bod yn camfihafio ers iddo briodi Astrid. Yn wir, roedd Gwen o dan yr argraff fod Dylan wedi rhoi'r gorau i'r math yna o beth.

'Dw i'n siŵr y bydd o yma mewn munud.' Gwnaeth Gwen ei gorau i gysuro Astrid, gan synnu wrth wneud bod hyd yn oed merch mor brydferth â hon yn gallu edrych yn blaen ar ôl bod yn llefain. Sylweddolodd hefyd mor ddiflas oedd pethau ar Astrid. Er bod ganddi dŷ moethus a gŵr llwyddiannus, roedd hi'n amlwg yn unig ac yn diodde'n ofnadwy achos ei methiant i fod yn fam. Pa werth oedd ei hwyneb prydferth iddi nawr?

Cafodd Gwen awydd sydyn i ddianc oddi wrth y tristwch a'r llanast, yn ôl i'w nyth gynnes, ei llyfrau, y crochenwaith oren a gwyrdd a'r lampau euraid.

Yr eiliad nesa clywyd llais yn gweiddi wrth agor y drws ffrynt. Oedd, roedd Dylan yn ei ôl. Ond nid y Dylan hyderus, trwsiadus a aeth i nôl y G&T yna ar y trên oedd hwn. Cafodd Dylan ei ddilyn o'r trên i'r maes parcio gan Stephen 'Dysgwr' Williams, cyn-ddisgybl un o ysgolion Cymraeg mwya blaenllaw Caerdydd oedd bellach yn gweithio i dad Seren. Y Seren honno fu'n 'derbyn cyngor ar ei gyrfa' gan Dylan mewn gwesty yn Llundain y prynhawn hwnnw.

Mike 'Pies and Pasties' Davies oedd tad Seren. Miliwnydd, dyn busnes, cyfaill i'r heddlu, un o hoelion wyth y Rotari a'r Seiri Rhyddion a rhywun nad oedd hi'n ddoeth ei groesi. Nid oedd yn hoffi'r syniad O GWBWL bod ei ferch wedi mynd yr holl ffordd i westy yn Llundain i gael 'cyfarfod' gyda Dylan.

Wrth i Dylan chwilio am allweddi'r car, clywodd lais yn gofyn yn gwrtais, 'Mr Dylan Morgan?'

Trodd Dylan a theimlo'i hun yn cael ei hyrddio i gyfeiriad y wal gan bâr o freichiau trwchus. Agosaodd wyneb blewog nes ei fod reit yn erbyn ei drwyn, a chlywodd Dylan sibrydiad bygythiol.

'Mr Morgan. Mae bòs fi dim yn hapus gyda ti o gwbwl. Na, mae fe dim. Ti'n gweld, mae e'n caru merch e, a dim yn hoffi bod hi'n trist. Ti'n cael fi? Drist. A mae dyn fel ti yn mynd i gwneud hi'n trist. On'd wyt ti? Felly ti'n aros i ffwrdd wrth Seren neu fi'n dod 'nôl i weld ti a fi'n dod â ffrindiau arall gyda fi. Rhai sy dim mor neis â fi. Dim wedi bod i ysgol Gymraeg. A byddwn ni dim mor...' (Chwiliodd Stephen am y gair cywir, gan daflu'i feddwl yn ôl at ei wersi Cymraeg gydag Evans Welsh Nash.) 'Mor... gwrtais.' (Daeth y gair o'r diwedd.) 'Ie, gwrtais. Ti'n cael fi?'

Rhoddodd ddyrnaid sydyn i fola Dylan a phlygodd hwnnw

yn ei hanner. Yna cafodd ergyd i'w drwyn a suddodd i'r llawr, yn gweld sêr. Nodiodd y dyn blewog a cherddodd i ffwrdd yn sydyn cyn i Dylan gael cyfle i ddod ato'i hun. Pwysodd yn erbyn y wal yn trio cael ei wynt yn ôl. Roedd yn crynu drosto a theimlai ei goesau'n wan fel rhai babi – prin y gallent ei gynnal. Rywsut, llwyddodd i fynd yn ôl at y car, agor y drws gyda'i ddwylo crynedig a'i gloi'n syth. Doedd e ddim eisiau ymweliad arall gan y gorila yna. Ar ôl tipyn, arafodd ei galon a theimlai'n well. Roedd yn awyddus i'w baglyd hi o 'na mor glou ag y gallai. Taniodd yr injan a gyrru'n sigledig yn ôl i'r Fro.

Suddodd ei galon pan welodd Astrid mewn dagrau a Gwen yn sefyll yn ansicr wrth ei hochr. Ond roedd eu consýrn amdano ef a'i glwyfau yn rhoi mwy o hygrededd i'w stori am y mygiwr yn y maes parcio (bu'n rhaid iddo guddio'i ffôn a'i waled ac esgus taw ar ôl y rheini oedd y diawl), ac fe aeth Gwen yn syth i nôl TCP ac Astrid i arllwys brandi mawr.

'Be am CCTV?' holodd Gwen. 'Ella bysai'r heddlu'n nabod y boi.'

'O'dd y camera 'di torri… ar y llawr yna,' meddai Dylan yn gyflym, 'y… fe ofynnodd yr heddlu amdano fe… a'th boi ar foto-beic draw yn glou… digwydd paso, wi'n meddwl… ond yn anffodus, do'dd dim byd o gwbwl ar dâp…'

'Wel, a' i ati i ordro cardiau banc newydd yn syth,' meddai Gwen. 'Un alwad i'r cwmni 'siwrans sy angan. A bydd isio delio efo'r ffôn, wrth gwrs – oedd gin ti unrhyw betha erill pwysig yn y walad? Trwyddad yrru ac yn y blaen?'

'Na… O'n i 'di gwagio'r waled yn lled ddiweddar – dim ond isie sorto'r ffôn a'r Amex sydd, Gwen,' meddai Dylan, gan weddïo y byddai hi'n rhoi'r gorau i'r holl gwestiynu.

O'r diwedd, a phopeth wedi ei drefnu, a'r clwyf ar ei drwyn wedi ei olchi, fe lwyddodd Dylan i gael gwared ar Gwen. Diflannodd honno yn ôl i Gaerdydd, yn falch o gael mynd. Aeth Astrid i'r gwely a syrthio i drwmgwsg yn syth, wedi llwyr ymlâdd ar ôl yr holl grio. Ciliodd Dylan i'r stafell ymolchi. Syllodd arno'i hun yn y drych. Gwelai fod dau lygad du ganddo erbyn hyn ac roedd ei wyneb yn wyn fel y galchen. Roedd un peth yn hollol sicr – welai Dylan fyth mo Seren eto. Diawl, roedd ei ddwylo'n dal i grynu, a gwelai wyneb blewog Stephen bob tro y caeai ei lygaid. Bu'n troi a throsi tan oriau mân y bore hyd nes iddo, o'r diwedd, syrthio i'r math o drwmgwsg cythryblus sy'n gwneud dim byd i ddiwallu blinder ac sy'n eich gadael yn teimlo'n waeth, os rhywbeth, wrth ddeffro.

Gwnaeth *paracetamol* a phaned rywfaint i leddfu'r boen y bore wedyn, ac fe benderfynodd Dylan fynd i'r swyddfa, er ei fod yn edrych fel drychiolaeth. Sticio at y stori am y mygio fyddai orau – roedd rhaid gobeithio na fyddai'r mwnci blewog yna yn ymweld ag e eto. Methai Dylan fwyta dim, gan fod ei stumog yn dal i droi, ond yfodd sawl paned o goffi.

'Be am i ni fynd i Baris penwythnos 'ma?'

Roedd awydd ar Dylan i gael ei hun mor bell ag oedd yn bosib oddi wrth Mr Blewog, heb sôn am Mike 'Pies and Pasties' Davies.

'O, Dylan!' Methai Astrid gredu ei chlustiau.

'Lle da i neud babis,' ychwanegodd Dylan, a oedd yn chwennych breichiau diogel ei wraig yn sydyn iawn. 'Dere miwn i Gaerdydd 'da fi nawr – pryna gwpwl o bethe neis i wisgo. Ofynna i i Gwen fwcio'r awyren i ni ar gyfer pnawn fory a ddown ni 'nôl nos Sul. Bydd e'n grêt!'

Cododd Astrid yn ei freichiau a'i chwyrlïo hi o gwmpas y stafell. Roedd Astrid wedi ei swyno gan y Dylan cariadus ac annwyl yma na fu yn ei byd yn ddiweddar. Aeth Seren a Mr Blewog yn angof am y tro...

Ond roedd wyneb Gwen yn fwy gwelw nag arfer pan agorodd ddrws ei swyddfa. 'Ym, Dylan,' llafuriodd, 'mae 'na rywbath rhyfadd 'di digwydd. Mi ddaeth y rhain yn y post bora 'ma – un i bob aelod o staff.' Cyfeiriodd at bentwr o lythyrau ar y ddesg.

Gafaelodd Dylan mewn llythyr a dechrau darllen.

'Beth ffwc?' Edrychodd ar Gwen yn wyllt. 'Pwy sy 'di gweld rhain?'

'Neb ond fi – meddwl 'mod i wedi'u casglu nhw i gyd. Roedd pob amlen yr un fath â'r llythyr ges i.'

'Well i ti ffonio Glyn,' meddai Dylan yn sur, a diflannodd i'w swyddfa.

Eisteddodd Gwen wrth ei desg, ei chalon yn curo fel gordd. Pwy allai fod wedi anfon y fath lythyrau? Roeddent yn llawn malais ac yn gwneud rhai ensyniadau ariannol difrifol iawn. Canodd y ffôn. S4C oedd yno: a fyddai Dylan cystal â galw draw pnawn 'ma am sgwrs 'parthed y llythyrau a ddaeth gerbron aelodau'r awdurdod y bore hwnnw?'

O fewn awr cyrhaeddodd Glyn, y cyfrifydd, ac ymuno â Dylan yn ei swyddfa. Edrychai'r ddau'n chwyslyd ac anesmwyth. Clywodd Gwen Glyn yn dweud yn ddiflewyn ar dafod, 'Well, this is a fuck up, isn't it, Dylan? Let's hope there's no —'

Ond caeodd y drws cyn i Gwen glywed mwy. Hanner ffordd drwy'r prynhawn, hwyliodd Gwen baned iddynt a gweld y ddau yn llewys eu crysau, benben uwchben gliniadur Dylan. Stopiodd y sgwrs wrth iddi osod y paneidiau ar y bwrdd. Edrychai'r ddau fel petaent wedi colli punt a ffeindio ceiniog, meddyliodd Gwen.

Am bedwar, daeth Dylan allan o'r swyddfa. 'Mynd draw i S4C,' meddai wrth Gwen. A mynd heb ffarwelio. Symudodd Dylan tuag at ddrws y swyddfa fel dyn mewn breuddwyd. Pwy halodd y llythyrau yma? Pwy fyddai eisiau'i frifo? Dyna a ofynnai eto ac eto wrth yrru draw i swyddfa S4C. Gwyddai fod ganddo lot o elynion.

'Ond jiw, ma'n rhaid i bawb wneud gelynion os y'n nhw am gyrraedd y top,' rhesymodd wrtho'i hun.

I ddechrau, beth am Gwydion, ei gyn-bartner? Roedd Dylan wedi ei gamarwain rhyw ddeng mlynedd yn ôl ac roedd wedi colli mas ar yr arian mawr ddaeth yn sgil cydgynhyrchiad â'r Almaen oherwydd hynny... Wedyn, dyna ei hen fòs yn HTV a oedd yn dal dig am i Dylan gopïo syniad oedd ganddi a'i werthu i'r BBC... A dyna'r *runner* yna (ffaelu cofio'i enw). Fe gafodd e *nervous breakdown* ar ôl gweithio i Dylan, on'd do fe...? A bu bron i bennaeth HR ddwyn achos yn ei erbyn. Fe gostiodd hi lot o arian i Dylan brynu tawelwch honno... A beth am Emyr, ei ffrind coleg, a gollodd ei gariad i Dylan...? A doedd dim posib MESUR yr hen gariadon niferus a fyddai'n teimlo'n ddig tuag ato... A Meriel, wrth gwrs...

Sythodd Dylan yn sydyn wrth feddwl am Meriel. Fe fu'r ysgariad yn un digon hyll, rhaid cyfadde. Ac roedd hyd yn oed Dylan wedi dychryn wrth weld yr olwg drist oedd arni yn y cyfarfod ola hwnnw gyda'r cyfreithiwr. Bron ei bod wedi torri. Ond yn ôl Gwen, a oedd wedi cadw mewn cysylltiad gyda Meriel, roedd hi wedi setlo'n dda mewn palas o dŷ yn y Rhath. 'Ac fe gafodd hi ddigon o'n arian i,' meddyliodd Dylan yn sur.

Doedd dim llawer o fanylion yn y llythyrau a ddaeth i'r swyddfa – jyst lot fawr o ensyniadau a chwestiynau. Fe allai unrhyw un oddi ar y rhestr faith yna fod wedi eu hanfon. Ac roeddent wedi gweithio i'r dim, oherwydd roedd yr awdurdodau'n dechrau gofyn cwestiynau.

Cafodd Dylan sioc pan gerddodd drwy ddrws y stafell gyfarfod yn S4C. Yn lle'r soffa a'r paneidiau anffurfiol arferol, yno yn ei ddisgwyl roedd panel o wynebau difrifol yr olwg yr ochr draw i fwrdd anferth. A doedd e ddim yn nabod eu hanner nhw.

'Diolch am ddod draw, Mr Morgan,' meddai'r ddynes ganol

oed mewn siwt lwyd a eisteddai yn y canol. Roedd ei llygaid yn oer a'i hymarweddiad yn oerach fyth.

Llyncodd Dylan ei boer yn anghyfforddus. Doedd ei lygaid gleision a'i grychau deniadol ddim yn mynd i weithio ar yr ast yma, meddyliodd, a phenderfynodd yn unionsyth sut i chwarae pethau. Trodd o'r Dylan hyderus, direidus, llawn jôcs oedd yn barod iawn i wynebu'r byd i greadur coll, truenus a swil, 'more sinned against than sinning' yn ei feddwl ei hun, ei lygaid yn wynebu'r llawr, yn ddiymhongar a gwylaidd ei wedd.

Atebodd y cwestiynau'n gwrtais ac yn ofalus. Na, doedd dim sylwedd o gwbwl i'r cyhuddiadau. Oedd, roedd croeso mawr i'r sianel gynnal *audit*. Na, doedd ganddo ddim syniad pwy fyddai'n ysgrifennu'r fath lythyrau. Wrth gwrs, roedd yn falch iawn o'r cyfle i gael dweud ei ddweud ac yn hynod o ddiolchgar i'r sianel am fod mor drylwyr a theg.

Yn ddiweddarach, wrth iddo yrru i gwrdd ag Astrid yn y fflat yn y Bae, meddyliodd am yr hyn ddigwyddodd yn y cyfarfod.

'Credu a'th hwnna'n iawn. Anodd gwbod gyda'r blincin ast 'na. Polyn lan 'i thin hi a dim mymryn o wên yn y llygaid gleision 'na. A 'se fe'n unrhyw un arall, fetia i 'sen nhw ddim hyd yn o'd yn trafferthu cynnal archwiliad. Cenfigen yw e. Isie tynnu'r rhai ohonon ni sy 'di llwyddo 'nôl i'r gwter gyda nhw. 'Na gyd yw hyn. A do's dim PRAWF 'da nhw.'

Ond wrth i'r car aros ger y goleuadau traffig, gorffwysodd Dylan ei ben ar yr olwyn yrru. Am y tro cynta erioed, roedd yn ofnus.

Draw yn y rhandir, anesmwythodd y dyn wrth i awel fain ymestyn ei bysedd oer o dan ei goler. Roedd wrthi'n clirio'r hen blanhigion gafodd eu malu'n rhacs gan y rhew. O nunlle, cyrhaeddodd y robin goch ac eistedd ar ei raw.

'Dim sôn, robin bach, dim sôn eto,' meddai'r dyn.

Syllodd y ddau ohonynt i gyfeiriad yr heol a arweiniai i lawr i'r cwm.

Agorodd Gwen ddrws y fflat. Roedd hi wedi bod yn ddiwrnod anodd ar y naw ac roedd hi'n amlwg bod rhywbeth mawr o'i le ar Dylan. Penderfynodd beidio â meddwl am ddim nes ar ôl iddi fwyta.

Aeth ati i hwylio swper. Roedd hi wedi gadael darn o ffowlyn yn mwydo mewn lemwn, garlleg, rhosmari a mymryn o win gwyn ac fe'i gosododd yn y ffreipan i ffrio mewn olew olewydd. Fe'i gweinodd gyda thafellau o fara ceirch (wedi ei brynu o Wally's yn yr arcêd) a salad brysiog: tomatos, afocado a dail mwstard sbeislyd. Doedd dim gwin i fod heno gan ei bod hi'n nos Iau (roedd Gwen yn gwneud ei gorau i beidio ag yfed yn ystod yr wythnos) ond am unwaith penderfynodd dorri'r rheol ac arllwys gwydraid o Sancerre iddi'i hun. Arferai ddarllen wrth fwyta, ac un o nofelau Kate Atkinson oedd ar waith ganddi ar hyn o bryd. A darn o siocled tywyll oedd ei phwdin hi.

Wedi iddi fwyta, cafodd fàth twym mewn olew rhosyn, ac wrth iddi suddo o'r diwedd i'r dŵr melfedaidd, ceisiodd wneud rhyw fath o sens o ddigwyddiadau'r diwrnod. Beth os oedd rhai o'r ensyniadau yn y llythyrau'n wir? Wyddai hi ddim am drefniadau ariannol Dylan na'r cwmni. Roedd hi bob amser yn meddwl y gorau o bobol, ac felly roedd hi'n siŵr y byddai'r archwiliad yn clirio enw Dylan unwaith ac am byth.

'Rhaid i mi beidio mynd o flaen gofid, Waldo,' meddai wrth y gath, oedd wedi ffeindio'i hoff le ar bwys y cwpwrdd crasu yng nghornel y baddondy. Gwenodd Gwen ar y gath fach – roedd bywyd Waldo mor hapus a dilyffethair; daliai ambell lygoden bob yn hyn a hyn, mae'n wir, ond gorwedd a wnâi gan mwya, a chael ei fwydo a'i fwytho.

'Be ddaw o hyn, Waldo?'

Agorodd hwnnw un llygad cysglyd o glywed ei enw, ond buan iawn y suddodd yn ôl i'w berlewyg. Gwenodd Gwen cyn pwyso 'mlaen i arllwys mwy o ddŵr cynnes i'r bàth.

Ond yn oriau mân y bore canlynol, a hithau heb gysgu chwinciad, cyfaddefodd Gwen iddi'i hun o'r diwedd ei bod hi'n bosib iawn y byddai'n rhaid iddi edrych am swydd newydd. A hynny cyn bo hir.

Fore trannoeth roedd Dylan mewn gwell hwyliau. Cafodd gawod ferwedig a mynnu wrth Astrid eu bod yn mynd allan i frecwast. Roedd e wedi llwyddo i'w ddarbwyllo taw camgymeriad oedd y cwbwl. (Doedd e ddim wedi dweud wrthi am yr ensyniadau am gyffuriau a merched ifainc oedd yn y llythyrau, dim ond sôn yn frysiog am y cyfeiriadau at faterion ariannol.) Jiw jiw, roedd Glyn wastad wedi bod mor ofalus am eu dulliau 'creadigol' o gadw cowntiau, rhesymodd wrth yrru'r Lexus drwy'r Bae. Ac wedi'r cyfan, pysgodyn bach oedd Dylan o'i gymharu â blydi Starbucks neu Amazon.

'Ie, isie mynd ar ôl y diawled 'na sy,' meddyliodd yn hunangyfiawn, 'a gadel dynion busnes bach fel fi, sy'n trio dal dau pen llinyn ynghyd, i fod. Ac ma Glyn yn grêt. Mae e 'di gweud fod popeth yn *watertight*, on'd yw e? Ffeindith S4C ddim byd.'

Yn hwyrach, a'r ddau ohonynt wedi cael bwrdd yn y bar yng ngwesty moethus Dewi Sant, doedd dim chwant bwyd ar y naill na'r llall. Eisteddai Astrid yn sipian te camoméil, yn pigo bwyta *croissant* a'i meddwl yn chwyrlïo. Doedd hi ddim yn siŵr beth oedd yn digwydd ond roedd hi'n amau'n gryf nad oedd Dylan yn dweud y gwir wrthi. Edrychodd arno'n llowcio *espressos* drws nesa iddi.

'Na, jiw jiw, bydd popeth yn iawn,' roedd Dylan yn

rhesymu'n wyllt wrth ei hunan. 'Sai 'di torri'r gyfreth, odw i? Wel, ddim go wir. Ac ma PAWB yn ei wneud e, on'd y'n nhw?'

Roedd gan gwmni Dylan ddau gownt oedd yn gweithio ochr yn ochr â'i gilydd. Fersiwn swyddogol oedd un, a oedd yn cael ei anfon at y darlledwyr a'r dyn treth. Un mewnol oedd y llall, yn dangos ffigyrau cwbwl wahanol, yn nodi pob elw wnaed, gan arbed mymryn o arian fan hyn a fan draw. Ac roedd Dylan yn llygad ei le bod nifer o gwmnïau yn y cyfryngau yn gweithio fel hyn – yn ffugio treuliau, yn ychwanegu costau amheus i gyllideb ac yn y blaen. Ac yn osgoi talu trethi drwy ddulliau oedd yn aml yn dilyn dehongliad amwys o'r hyn oedd yn gyfreithlon.

'Hei, Dyl *mun*, Dylan!'

Torrodd llais Aled Spenser, pennaeth cwmni Sombrero, ar draws ei feddyliau.

'O, jiw, sori, weles i ddim mohonot ti.'

'Wel, wel, beth yw hyn? Clywed dy fod ti wedi bod yn noti boi, Dyl?'

'Beth?' Suddodd calon Dylan.

'Y llythyr 'na, w. Dda'th e bore ddo'. O't ti ddim yn gwbod? Jiw, ti 'di pechu rhywun, on'd wyt ti? Gest di glatsien 'da rhywun hefyd, wrth dy olwg di. Odi e'n wir, 'te? Wyt ti 'di bod yn cwco'r bwcs? A beth am y *Bolivian marching powder*, 'te? A'r merched?'

Aeth Dylan yn chwys oer drosto. Pwy ARALL oedd wedi cael y llythyr diawledig yma?

'Grynda,' meddai wrth godi, 'mae'n rhaid… grêt dy weld di, Aled… y… ry'n ni'n hwyr… ti'n gwbod siwd ma pethe.'

'Odw, gwlei,' atebodd Aled wrth wylio'r ddau'n mynd. 'Odw'n iawn,' meddai wrtho'i hun. A gofyn am botel fawr o siampên i fynd gyda'i gyfarfod brecwast, gan fod gweld anesmwythyd Dylan wedi codi ei galon yn rhyfeddol.

Gwthiodd Dylan Astrid allan o'r gwesty a 'nôl i'r fflat ar frys gwyllt, a hithau yn ei dagrau yr holl ffordd. Yn nhawelwch y fflat, trodd Astrid tuag ato.

'Merched, Dylan?' sibrydodd. 'Beth oedd e'n meddwl? Pa ferched?'

'O, jiw, rybish yw e i gyd, cariad,' meddai Dylan, 'ma 'da rhywun *vendetta* yn fy erbyn i. Dyw e ddim yn wir!'

Ond daeth amynedd bregus Astrid i ben. Dechreuodd ddyrnu Dylan gan weiddi mewn llifeiriant o Almaeneg, ac ambell air Cymraeg. Ond doedd dim eisiau cyfieithydd ar Dylan i ddeall nad oedd Astrid bellach yn credu gair yr oedd e'n ei ddweud.

Pennod 4

Ychydig ddyddiau'n ddiweddarach roedd Gwen yn ciwio am goffi yn Costa. Wrth iddi droi am y drws, safai Amanda Wynne Jones, ysgrifenyddes Aled Spenser, o'i blaen. Fel y dywedai Dylan yn aml, doedd cysgod Amanda ddim yn mynd yn llai wrth i'r blynyddoedd basio, felly roedd hi'n anodd i Gwen wthio heibio iddi.

'Wel, dyma lygad y ffynnon! Odi e'n wir, Gwen?'

'Y… wel… ym, ma 'na rywun 'di gneud ensyniadau hollol —' dechreuodd.

Torrodd Amanda ar ei thraws. 'Gwen fach, mae'n grêt dy fod ti mor driw i dy fòs ond fe alle fe fynd i'r carchar, ti'n gwbod. Watsia di dy hun, wir i ti.'

Symudodd Amanda tua'r cownter a llwyddodd Gwen i ddianc. Cerddodd yn frysiog tua'r swyddfa, ei meddwl yn chwyrlïo. Roedd Amanda'n hollol iawn, wrth gwrs – aethai pethau o ddrwg i waeth dros y diwrnodau diwetha. Canai ffôn y swyddfa'n gyson – newyddiadurwyr o *Golwg*, newyddion y BBC a'r *Western Mail*, yn ogystal â'r rhan fwya o gynhyrchwyr annibynnol Cymru, i gyd am wybod faint o sylwedd oedd i'r ensyniadau. Roedd y llythyrau wedi mynd at bobol ddi-ri. Ond pwy oedd wedi eu hanfon? Meriel? Na, roedd hi'n ymddangos yn ddigon hapus pan welodd Gwen hi jyst cyn y Nadolig. Cynhyrchydd annibynnol arall efallai? Neu rhyw gyn-weithiwr oedd â dig yn erbyn Dylan hyd yn oed? Roedd 'na ddigon ohonyn nhw. Gwyddai Gwen hynny'n iawn.

Clywodd ei ffôn symudol yn canu yn ei bag llaw. Bu bron iddi golli'r alwad gan fod twrio a dal paned o goffi yn anodd ar y gorau, ond gyda'i nerfau'n rhacs a'i chalon yn curo'n wyllt, roedd y broses saithgwaith yn waeth. Llithrodd y ffôn drwy ei bysedd fwy nag unwaith, ond o'r diwedd llwyddodd i wasgu'r botwm gwyrdd ac ateb. Clywodd lais Ibrahim, oedd yn eistedd ar ddesg ffrynt y swyddfa dros nos.

'Gwen, I don't know what to do – there are people here with a search warrant. They want to speak to Dylan. Shall I let them in?'

Ceisiodd Gwen swnio'n hyderus. 'Um… well… yes, I suppose you'd better let them in,' meddai'n betrusgar. 'I'll be there as soon as I can.'

Ond stopiodd yn sydyn ar ymyl yr heol brysur, ei meddwl yn bell, y coffi'n oeri yn ei llaw a'r traffig yn rhuo heibio iddi.

Meddiannwyd pob cyfrifiadur a phob llyfr cownt gan yr heddlu, yn ogystal â bocsys ar focsys o ffeiliau a phapurau. Treuliodd Gwen y diwrnod yn ceisio rhoi trefn ar bethau gan fod pob comisiwn teledu bellach wedi ei rewi hefyd. Methodd gael gafael ar Dylan na Glyn. Hi, felly, oedd yn gorfod trio esbonio'r sefyllfa mewn galwadau ffôn poenus iawn i'r artistiaid a'r criwiau ffilmio oedd yn mynd i golli gwaith yn sgil hyn. Ond methodd Gwen gwblhau'r rhestr faith o alwadau gan i'r bwmbeiliaid gyrraedd ganol pnawn i osod clo ar ddrws y swyddfa, gan orfodi Gwen – yr unig un oedd wedi trafferthu dod i'r gwaith y diwrnod hwnnw – allan i'r stryd. Heb wybod beth i'w wneud yn iawn, aeth adre.

Ers rhai dyddiau, bu Dylan yn stelcian yn Nhongwyn mewn panig llwyr am y dyfodol ac yn anwybyddu pob ebost, pob galwad ffôn a phob cnoc ar y drws. Roedd Astrid wedi penderfynu mynd adre at ei rhieni i gael 'cyfle i feddwl'. Dychrynai Dylan wrth gofio'r olwg ar ei hwyneb wrth iddi ffarwelio, yn poeri geiriau Almaeneg yn ddirmygus wrth daflu'r cesys i fŵt y tacsi.

'Betrüger! Der Schürzenjäg! Weiberheld!'

Wedi iddi fynd aeth Dylan yn ôl i'r tŷ gwag, agor potel fawr o whisgi a thrio rhif ffôn symudol Gwyn Maskell yn LA dro ar ôl tro.

'Gwyn, *mun*... fi sy 'ma 'to. Ddim yn siŵr os wyt ti 'di ca'l cyfle i ddarllen y driniaeth 'na hales i atat ti. Meddwl fod e'n sbesial iawn, ti'n gwbod... Ym... wi ar y mobeil trwy'r dydd. Wel... edrych mla'n at ddal lan...'

Ac ar ôl sawl llinell o gocên...

'Gwyn... hia... MÊT, MÊT!' (Sniff anferth.) 'Ie, ie, ym... y driniaeth 'ma. Ma hi'n FFANTASTIC, ti'n gwbod! GRÊT! Ti'n mynd i DDWLU arni hi!' (Sniff fawr arall.) 'Ma'r bois sy 'di sgwennu hi – MA'N NHW'N BRIL! Lot o SBARC! RHO RING! *Catch you later!*'

Rai oriau'n ddiweddarach, a'r ewfforia wedi diflannu, ffoniodd sawl gwaith o fewn hanner awr gan fod y panig a oedd yn cynyddu yn ei frest yn bygwth ei oresgyn erbyn hyn.

'Gwyn, mêt, Dyl sy 'ma 'to. Grynda, wi'n siŵr bo ti lan at dy glustie, ond... wel... rho ring 'nôl i fi, wnei di?'

'Gwyn, grynda, y peth yw... wi mewn bach o bicil. Y'n ni'n fêts, on'd y'n ni? Coda'r ffôn, wnei di, byt?'

'Gwyn... ym... wel, ti'n gwbod beth i' neud...'

Ac yna, ar ôl yfed hanner potel o frandi, 'Gwyn... Gwyn... fi sy 'ma...' (Ochenaid fawr.) 'Ffona fi 'nôl? Plis...' (Sŵn llefain.) '... Gwyn, *mun*. Ma pawb yn 'yn erbyn i... Gwyn...' (Ochenaid arall.) 'Jyst... rho ring i fi? Plis?'

Rywdro yn ystod y prynhawn daeth Gwen draw i'r ffermdy yn y gobaith o gael gafael ar Dylan. Ond chafodd hi ddim ateb wrth y drws, er iddi ganu'r gloch sawl gwaith. Heb yn wybod iddi, roedd Dylan (nad oedd wedi siafio nac ymolch ers dyddiau, ac oedd yn edrych fel drychiolaeth felly) yn cuddio tu ôl i'r llenni rhwyd. Fe'i gwyliodd yn taro cipolwg pryderus yn ôl tuag at y tŷ cyn iddi yrru i ffwrdd.

Teimlai Dylan y mymryn lleia o gydwybod ŷn ei brocio wrth ei gweld hi'n mynd, ond buan y sgubwyd hynny i ffwrdd gan don anferth o hunandosturi. Gafaelodd yn y botel Grand Marnier ('mond gwirod Nadoligaidd oedd ar ôl yn ei gwpwrdd diod erbyn hyn) a chymryd swig anferth arall.

'Pam ma pawb yn pigo arna i?' gwaeddodd yn uchel ar ei adlewyrchiad yn nrych y stafell wely. 'Pam 'sen nhw'm yn mynd ar ôl yr holl ddiawled 'na sy'n byw ar *benefits*? Ie, beth amdanyn nhw? Y? Pam mynd ar ôl dyn busnes fel fi sy'n neud cyfraniad i'r economi – wi'n rhoi *jobs* i bobol!' Stampiodd Dylan ei droed ar y llawr mewn natur wyllt. 'A wi'n dod ag arian miwn i Gymru!' Dechreuodd gicio un o'r clustogau wrth weiddi, 'PENNAU...' (Cic.) 'BACH...' (Cic.) 'BOB...' (Cic.) 'UN...' (Cic.) 'OHONYN...' (Cic.) 'NHW!!'

Chwalodd gorchudd sidan y glustog a chododd corwynt o blu i'r awyr. Gan dagu a pheswch, dihangodd Dylan o'r stafell wely yn hanner dall, gan fod y plu wedi glanio yn ei wallt a'i lygaid. Cymerodd swig arall o'r botel er mwyn clirio'i wddf a dechreuodd grwydro o gwmpas y tŷ yn rantio'n feddw, heb wybod yn iawn am beth nac at bwy. Syrthiodd ar y soffa o flaen y teledu a throi at S4C.

'Y bastads!'

Llefodd wrth wylio *Holi Hana*.

'Lot o sens 'da'r hwyaden fach 'na. Lot o blydi sens,' sibrydodd yn ddagreuol wrtho'i hun.

O'r diwedd, dihangodd i drwmgwsg yn llawn breuddwydion rhyfedd am Sali Mali, a oedd, am ryw reswm, yn cael ei chwarae gan Gwen. Deffrodd mewn chwys oer rhyw ddwyawr yn ddiweddarach wrth iddo sylweddoli bod Jac y Jwc, a oedd yn rhedeg ar ei ôl â phastwn yn ei law, yn cael ei chwarae gan ei fab yng nghyfraith, Huw.

Ffeindiodd Dylan ei fod yn gorwedd ar y soffa heb sanau nac esgidiau. Roedd rhyw sioe gerdd yn chwarae ar y teli nawr ac roedd y canu egnïol a'r cyflwynwyr llawen yn hunllefus o uchel. Chwiliodd am y diffoddwr gyda dwylo crynedig. Doedd ganddo ddim syniad faint o'r gloch oedd hi gan ei fod wedi torri ei oriawr wrth daranu o gwmpas y tŷ. A hithau'n dywyll tu fas, tybiai ei bod hi'n nos erbyn hyn. Roedd ganddo ben tost ofnadwy ac roedd ei geg yn sych grimp. Ymlwybrodd tua'r baddondy a chael sioc ergydiol wrth weld y creadur rhyfedda'n syllu arno yn y drych, ei lygaid yn beli cochion, ei groen yn llwyd a'i wallt wedi'i orchuddio gan haenen o blu.

'A diawl, wi'n drewi,' meddyliodd.

Ymbalfalodd i'r gawod a chamu i'r llifeiriant crasboeth, yna rhuthro'n stecs draw i'r tŷ bach i chwydu'i berfedd. Teimlai'n wan fel cath a bu'n rhaid iddo orffen ei gawod yn ei gwrcwd. Rholiodd i fewn i'w wely o'r diwedd, a chysgu.

Y bore wedyn, wedi cawod arall, bwced o de gwan a chwpwl o *paracetamol*, teimlai Dylan yn ddigon cryf i ystyried ei sefyllfa o ddifri. Doedd dim sôn am Gwyn a doedd Glyn ddim yn ateb ei alwadau chwaith. Lle ddiawl oedd e, dwedwch? Canodd y gloch yn sydyn. Aeth Dylan at y ffenest. Gwelodd gar a chanddo olau glas yn fflachio.

Roedd y ddau heddwas yn ddigon cwrtais. Siaradai un ohonynt Gymraeg hyd yn oed. Ac ar ôl ymweliad hir â'r orsaf ac ymddangosiad byr yn y llys, fe ryddhawyd ef ar fechnïaeth. Clywodd gan ei gyfreithiwr, Douglas Smith, bod Glyn, y cyfrifydd, wedi diflannu, gan adael digon o dystiolaeth i arwain yr awdurdodau'n syth at Dylan. Rhythodd yn syn ar Douglas – am unwaith, doedd gan Dylan ddim byd i'w ddweud.

Rai diwrnodau'n ddiweddarach, a hithau wedi methu siarad â Dylan, cysylltodd Gwen â Douglas Smith hefyd, a llwyddo i drefnu hanner awr gydag ef yn ei swyddfa grand ger yr amgueddfa yng Nghaerdydd. Doedd hi ddim yn ei hoffi o gwbwl, gyda'i grysau pinc streipiog, ei sbectol hanner lleuad a'i agwedd nawddogol tuag ati. Doedd dim gair o Gymraeg ganddo chwaith. Ond gyda'i acen Rhydychen a'i awdurdod naturiol roedd hi'n amlwg i Gwen y byddai'n gartrefol ac yn effeithiol yn y llys. Yn un o'r clwb, fel petai. Ac roedd yn hollol ddiflewyn ar dafod.

'Dillon is, of course, enormously grateful to you for your support, Miss Walters, and he has asked me to thank you on his behalf for your many years of service. He hopes to be able to reflect his gratitude at a future date. However, his assets are currently frozen and the list of creditors is substantial…'

'What?' Syllodd Gwen yn gegrwth ar Douglas. 'But I've got a contract!'

'Quite so, Miss Walters, but as I said, Dillon's assets are frozen and I'm afraid there are many others with an equally valid claim on them.'

'But…'

'There is really nothing more I can say at the moment. I suggest you instruct your solicitor to furnish me with the details of your legal claim on Dillon's estate.'

'And my pension…?' Methodd Gwen â gorffen y frawddeg. Teimlai'n swp sâl.

'Yes. As I say, a matter for your solicitor. Now, if there is nothing else…?'

Crwydrodd Gwen tuag at yr amgueddfa heb wybod yn iawn lle'r oedd hi'n mynd. Eisteddodd yn y caffi yn meddwl am eiriau Douglas, a phaned yn oeri o'i blaen. Doedd hi ddim yn aelod o undeb ac felly doedd ganddi neb i siarad drosti. Byddai'n rhaid iddi ffeindio cyfreithiwr a gweld pa hawliau oedd ganddi.

Rhoddodd ddau becyn o siwgr yn y cwpan o'i blaen heb sylwi ei bod wedi gwneud, a thagu wrth yfed llymaid o'r coffi llugoer, melys. Gwthiodd y baned i ffwrdd ac yna ochneidiodd wrth deimlo tonnau o wres yn dechrau eu ffordd lan ei chorff. Am eiliad, a hithau'n brwydro i dynnu'r siwmper wlân oedd amdani, teimlai ddiflastod llwyr.

O'r diwedd, ar ôl eistedd am dipyn yn llewys ei chrys, yfed *cappuccino* newydd a llowcio teisen siocled hufennog, ffeindiodd Gwen y nerth i wisgo amdani a throedio'n benderfynol tuag at y fynedfa. Myfyriodd ar ei dyfodol wrth gerdded adre. Dechreuodd bwmpio'i breichiau a brasgamu.

'Reit 'ta. Tydw i DDIM yn mynd i ildio i hyn…' (Pwmp, pwmp.) 'Y peth cynta dw i am neud yw rhoi *ring round* bach i weld pa waith sy'n mynd. Bydd Barbara'n gwbod pwy i ffonio, ma hi'n gweithio i lot o gwmnïau. Ia. Ma gin i ddigon o gysylltiada – a' i ati pnawn 'ma…' (Pwmp, pwmp.) 'Ella mai dros dro bydd o beth bynnag…' (Pwmp, pwmp.) 'Does gin i ddim morgais anfarth, wedi'r cyfan, ac mae gin i gynilion hefyd…' (Pwmp, pwmp.) 'Mi alla petha fod dipyn yn waeth…' (Pwmp, pwmp.) 'Ia. Cyfla i fi gael profiada newydd. Ia, 'na fo. Ella fod hwn yn beth da iawn i fi…'

Erbyn iddi gyrraedd y fflat, roedd Gwen yn teimlo'n well. Bwriodd ati'n syth i ffonio ac mewn dim o dro roedd wedi trefnu tri chyfarfod gyda gwahanol gwmnïau cynhyrchu yng Nghaerdydd. Diolch byth bod ganddi enw da, meddyliodd. Gwyddai pawb fod llwyddo i weithio gyda Dylan am gymaint o flynyddoedd wedi bod yn dipyn o gamp ac roedd pobol yn cydymdeimlo â'i sefyllfa. Roedd Amanda o Sombrero yn arbennig o gefnogol, er i Gwen ffeindio'i hun yn amddiffyn Dylan dro ar ôl tro.

'Mi fuodd o mor ffeind efo fi am gymaint o flynyddoedd, Amanda.'

'Wel, falle do fe, ond meddwl am dy hunan ddylet ti neud nawr, Gwen,' meddai Amanda wrth ffarwelio. '*Stockholm syndrome*,' cyhoeddodd wedyn wrth y swyddfa ar ôl diffodd ei ffôn symudol. 'Mae Gwen wedi mynd yn or-ddibynnol ar yr un oedd yn ei charcharu…'

Ac efallai fod Amanda yn llygad ei lle oherwydd, ar ddiwrnod yr achos, dyna lle'r oedd Gwen, annwyl a ffyddlon, yn disgwyl tu fas i ddrws y llys i gefnogi Dylan.

'Nid ei fai o ydi hyn i gyd,' rhesymodd wrth ddringo'r grisiau cerrig a mynd i mewn drwy ddrws mawr y llys.

Cerddodd yn bwrpasol ar draws y llawr marmor tuag at y dderbynfa, ac yna mentrodd drwy'r drws i gael cip i mewn i'r galeri cyhoeddus. Roedd hi'n reit llawn yno ond doedd hi ddim yn nabod neb yn y galeri. Cofiodd fod rhieni Dylan wedi marw rai blynyddoedd ynghynt a doedd ganddo ddim brodyr na chwiorydd.

'Bechod na fysa Rhian yma,' meddyliodd, cyn dychwelyd i'r cyntedd a setlo ar un o'r meinciau yno.

'Y… Gwen, ife?'

Trodd hithau a gweld wyneb caredig, agored yr olwg yn syllu arni dros goler gron wen a siwt o'r math y byddai ei thad wedi ei galw'n 'angladdol'.

'Ia?'

'Arwyn – Arwyn Davies. Hen ffrind coleg i Dylan. Fe gwrddon ni flynyddo'dd yn ôl pan dda'th y wraig a finne i weld un o sioeau Dylan.'

'O, ia, wrth gwrs. Sut dach chi?'

'Teimlo bach yn anghyfforddus, a bod yn hollol onest,' atebodd Arwyn. 'Wi 'di ffaelu ca'l gafel ar Dyl ar y ffôn. Ond o'n i'n meddwl byse bach o gefnogaeth o help.'

'O, bydd o'n andros o ddiolchgar, dw i'n siŵr.'

'Hen le annifyr, on'd yw e?'

'Yndi wir.'

Yr ochr draw i fur y llys, agorwyd y drws ar ochr y siambr ac fe ddaeth Dylan a Douglas i mewn, gan fynd yn syth i eistedd ger y bwrdd ym mlaen y llys. Edrychai Dylan yn drwsiadus a syber mewn siwt dywyll, ddrud yr olwg. Tharodd e ddim golwg draw i gyfeiriad y galeri cyhoeddus. Yna agorodd drws arall a daeth y barnwr i mewn, ac fe ddechreuodd yr achos yn erbyn Dylan Morgan, 52 oed, Fferm y Wern, Tongwyn, Bro Morgannwg.

Er na ddaeth neb ond Arwyn a Gwen i'w gefnogi â'u tystiolaeth, doedd dim prinder o bobol i dystio yn erbyn Dylan. Gwerthwr cyffuriau (a oedd wedi gwneud cytundeb gyda'r heddlu er mwyn osgoi carchar ei hun); cyn-weithwraig (a chariad) a oedd yn gallu ychwanegu rhai manylion anffodus am arferion ariannol Dylan; a'i hen fòs o HTV, a oedd yn falch iawn o gael y cyfle i fwrw golau ar yrfa un a oedd yn 'dwyllwr wrth reddf'. Ac er bod Douglas yn gyfreithiwr huawdl a thrylwyr, roedd gan yr awdurdodau un gwell.

Galwyd Gwen i'r bocs tystion gan Douglas, ac fe wnaeth hithau ei gorau i greu darlun positif o'i bòs. Ond buan iawn y lloriwyd hi gan yr erlynydd – er na wyddai Gwen ddim am faterion ariannol y cwmni, roedd yn rhaid iddi gyfadde bod Dylan yn ferchetwr ac yn ddefnyddiwr cyffuriau anghyfreithlon. Gadawodd yn ei dagrau a gwrthododd Dylan edrych arni wrth iddi fynd.

Doedd lwc Arwyn fawr gwell – bu'n rhaid iddo yntau gyfadde nad oedd wedi gweld rhyw lawer ar ei gyfaill yn ystod y blynyddoedd diwetha. Rywsut, roedd ei goler wen a'i eiriau addfwyn yn creu argraff o berson arallfydol, un heb ddigon o adnabyddiaeth o'r creadur twyllodrus, digydwybod oedd bellach yn ymddangos o flaen ei well.

Pharodd yr achos ddim yn hir, gan fod cymaint o dystiolaeth

yn ei erbyn, ac fe ddedfrydwyd Dylan i ddwy flynedd o garchar am dwyll ariannol ac am osgoi talu trethi. Cafodd ddirwy anferth hefyd, a fyddai'n golygu gwerthu'r fflat yn y Bae, y ffermdy yn Nhongwyn, y Lexus a'r cwch bach a fu'n nofio'n hapus ym Marina Caerdydd. Roedd Dylan wedi colli popeth.

Ni chlywodd Dylan y ddedfryd yn iawn. Roedd sŵn rhuthro dychrynllyd yn ei glustiau a chwys oer ar ei dalcen a bu'n rhaid iddo bwyso ar y bwrdd o'i flaen rhag iddo syrthio'n swp ar lawr. Ond cyn iddo gael cyfle i ddal ei wynt yn iawn roedd pâr o ddwylo haerllug yn ei wthio drwy ddrws y llys i lawr i berfeddion yr adeilad ac i gell fechan.

Roedd y munudau nesa yn un hunllef gymysglyd – Douglas yn ymddangos yn sydyn ac yn sôn rhywbeth am apelio, swyddog y llys yn hwtran rhyw ffurflenni o'i flaen a'r stafell yn chwyrlïo o'i gwmpas. Ac yna roedd rhywun yn gwthio'i ben rhwng ei goesau ac yn dweud,

'Just breathe, OK?'

Dechreuodd Dylan anadlu'n fwy rheolaidd ac fe gliriodd y smotiau duon o flaen ei lygaid. O'r diwedd, eisteddodd i fyny a gweld bod Douglas yn sefyll ar ei bwys yn dal gwydraid o ddŵr. Llyncodd Dylan y cwbwl mewn un llymaid sychedig.

'OK?' gofynnodd Douglas yn frysiog gydag un llygad ar y cloc. Roedd ganddo swper Rotari i'w fynychu a doedd e ddim am golli'r siampên a'r *canapés* yn y derbyniad.

Nodiodd Dylan yn fud.

'Dillon, listen, I can put in for an appeal immediately, but my advice to you would be to keep your head down. You'll get parole in nine months.'

Syllodd Dylan arno'n syn.

'I have to tell you, Dillon, that in my view your case is not strong enough to go to appeal. Which would in itself be costly, and I suspect would not yield a more favourable result.'

'Douglas... I...'

'Think about it, Dillon, I'll be in touch.'

Cododd a chasglu ei bethau. Wrth y drws, trodd yn ôl i wynebu Dylan.

'Dillon, really, I'm speaking to you as an old friend.'

Hanner awr yn hwyrach, ar ôl llanw myrdd o ffurflenni a gwneud galwad ddagreuol i ffôn symudol Rhian, cafodd Dylan ei wthio i gefn lori fawr a'i gloi unwaith eto mewn cell fechan, fewnol. Taniodd yr injan a chychwynnodd y daith fer i garchar Caerdydd. Eisteddodd Dylan yn ddigalon ar y fainc fetel. Bob yn hyn a hyn, fe'i teflid yn ddisymwth o un ochr y fainc i'r llall. Teimlai fel hwrdd ar y ffordd i'r mart. Er, tybiodd y byddai'r anifail, yn ei ddiniweidrwydd, yn teimlo dipyn yn hapusach nag yr oedd ef ar hyn o bryd.

'OK. Out you come.'

Arweiniwyd Dylan allan o'r lori i stafell lwyd wedi ei goleuo gan stribedi neon llachar. Yno y dechreuwyd y broses o'i 'groesawu' i'r carchar: diosg ei ddillad a derbyn iwnifform y carchar. Rhif carchar, cerdyn ffôn, rhif PIN ar gyfer y ffôn. Rhywun yn adrodd ei hawliau. Cwestiynau di-rif – oedd ganddo broblemau meddygol? A oedd wedi cymryd cyffuriau yn y pedair awr ar hugain ddiwetha? Sut fyddai e'n disgrifio'i gyflwr meddwl? A oedd wedi coleddu syniadau am hunanladdiad?

O'r diwedd, wedi oriau o aros, fe'i harweiniwyd i gell fechan a chaewyd y drws yn glep tu ôl iddo. Roedd un dyn arall yno, yn darllen comic. Dyn bach tew ydoedd, mewn dillad nos – crys T a gwaelod pyjamas llwyd. Edrychai'n hollol gartrefol yn y gell, ei draed i fyny ar y gwely, yn darllen y *Beano*.

'You gorra burner?' gofynnodd mewn acen Caerdydd

gref. 'A ciggie?' ychwanegodd wrth weld nad oedd Dylan yn ei ddeall.

'No,' atebodd hwnnw.

'Wharrever.'

Rhoddodd Dylan ei ddillad a'i flanced i lawr ar y gwely arall.

'What about the toilet…?' dechreuodd holi.

'Under yer bed, mate. Lights'll be out in a minute.'

'What?'

Ond cyn i Dylan gael cyfle i holi ymhellach, diffoddwyd y goleuadau. Cododd bonllef o weiddi o'r celloedd, a barodd am rai munudau. Ac am eiliad, collodd Dylan ei hun yn yr hunllef swnllyd, dywyll. Ond, yn raddol, tawelodd y carcharorion eraill ac fe ddaeth llygaid Dylan i arfer â hanner tywyllwch y gell. Gwelodd fod rhimyn o olau melyn yn disgleirio o dan y drws, ac fe geid y mymryn lleia o liw oren gan lamp fawlyd yn y to. Gorweddodd Dylan ar y gwely heb wybod yn iawn beth arall i'w wneud.

'Wna i byth gysgu,' meddyliodd.

Ond er mawr syndod iddo, gymaint oedd ei flinder ar ôl cyffro'r diwrnod nes iddo gysgu bron yn syth. Cyn pen dim roedd hi'n fore ac roedd yn dechrau ar ei ddiwrnod llawn cynta yn mwynhau haelioni Ei Mawrhydi.

Synnodd Dylan mor gyflym y daeth i arfer â threfn y dydd. Goleuadau a larwm bonllefus am chwech bob bore a thrip i'r tai bach i wared cynnwys y powlenni bach drewllyd a fu'n llechu o dan y gwely. *Slopping out* oedd hyn, ac os oedd Dylan yn lwcus, dim ond hylif oedd yn disgyn i'r tŷ bach bob bore. Yna byddai'n cerdded i'r cantîn i nôl uwd a thost cyn dychwelyd i'r gell i fwyta. Ar ôl bore hir a diflas yn y gell, yn hel meddyliau ac yn gwylio Brian, y darllenwr comics, yn llafurio'n araf drwy'r tudalennau, byddai trip arall i'r cantîn i nôl cinio cyn dychwelyd eto i'r gell i'w fwyta. Doedd y bwyd ddim yn ffôl.

'It's that Jamie Oliver. 'E's been 'ere,' meddai Brian. ''E made 'm give us veg an' that. I quite likes the tagines myself. Lovely with a bit of flatbread they are.'

Byddai awr o 'ymarfer corff' bob dydd – sef cerdded yn yr iard fechan, boed haul neu hindda. Fu Dylan erioed mor falch o deimlo'r awyr iach a'r glaw ar ei ruddiau; roedd pob eiliad o'r cyfnod tu allan yn nefolaidd.

Roedd modd galw yn y llyfrgell bob yn cilddydd hefyd, a hynny'n cynnig tamaid o ysbaid oddi wrth realiti bywyd y carchar. Cwpwrdd bach o stafell oedd y llyfrgell, heb fawr o ddewis. Ond cafodd Dylan rywfaint o flas ar lyfrau Tom Clancy a Dick Francis.

Roedd yn ddiolchgar bod problemau staffio'n golygu y byddai'n cael ei gloi yn y gell fach ddrewllyd am y rhan fwya o'r amser, gan fod rhai o'r carcharorion eraill yn edrych yn ddigon brawychus. Dynion mawr, caled yr olwg oeddent, mynyddoedd o gyhyrau llawn tatŵs, yn sefyllian o gwmpas mewn criwiau torfol yn gwgu ar ei gilydd.

'I keeps my head down,' meddai Brian wrtho. 'And if you've gor any sense you'll do the same. Don't make eye contact, just ger yer food and come back 'ere.'

Diolchodd hefyd taw gyda Brian yr oedd yn rhannu'r gell. Doedd ganddo fawr o sgwrs, mae'n wir, ond roedd yn ddigon diniwed, ac yn llawer mwy derbyniol na'r angenfilod blonegog tu fas. Roedd fel rhannu cell gyda chi annwyl a mymryn yn ddrewllyd, gan nad oedd Brian yn manteisio rhyw lawer ar y cyfleusterau ymolchi oedd ar gael yn y bore. Rhyw fath o Del Boy hynod o aflwyddiannus ydoedd – yn gwerthu nwyddau oedd wedi eu dwyn, gan amla, a hynny'n ei arwain yn ddisymwth yn ôl i'r carchar. Cawsai Dylan yr argraff fod Brian yn fwy cartrefol yn y carchar nag allan yn y byd erbyn hyn.

Ceid swper cynnar bob nos am hanner awr wedi pump a thrip ola i'r tŷ bach cyn cloi'r gell tan chwech y bore wedyn. Pe na bai Dylan mewn cyflwr o sioc enbyd, byddai wedi gwneud llawer mwy o gwyno a strancio am ei sefyllfa. Fel yr oedd hi, doedd ganddo mo'r egni i wneud dim byd mwy na cherdded drwy bob dydd mewn perlewyg.

Diffoddid y goleuadau am ddeg. Daeth Dylan i arfer gyda'r ddefod o sgrechen a churo drysau a ddigwyddai'n blygeiniol yr amser hyn. Ond ar ôl y noson gynta, pan gysgodd fel babi, dim ond hepian cysgu y llwyddodd i'w wneud o hynny ymlaen. Roedd ei feddwl yn rhy lawn o feddyliau sur. Byrlymai delweddau hunllefus o flaen ei lygaid fel ffilm fud, ac yntau'n troi a throsi tan oriau mân y bore. Roedd yn un bwndel mawr o chwerwder ac eiddigedd – am dalu'r pwyth yn ôl i Glyn, yn teimlo dig rhyfeddol at bawb a phopeth ac wedi ei ddifa bron gan bwysau ei hunandosturi.

Gan taw dim ond am bythefnos yr oedd Dylan yng Nghaerdydd, doedd hi ddim yn bosib i unrhyw un ymweld ag ef yno, er i Arwyn drio'i orau. Nid bod Dylan yn sylweddoli hynny – ac roedd y diffyg ymwelwyr yn bwydo'i hunandosturi ac yn gwneud iddo deimlo nad oedd ganddo'r un ffrind ar ôl yn y byd. Triodd ffonio Rhian sawl gwaith ond mynd i'r peiriant ateb wnâi'r alwad bob tro. Daeth Douglas (yn rhinwedd ei swydd fel cyfreithiwr Dylan) i'w weld un bore llwyd, i drafod yr apêl yn erbyn y ddedfryd. Yr un cyngor ag o'r blaen a gynigiwyd ganddo.

'Dillon, listen, you'll be out in no time – an appeal would just prolong the agony, with no guarantee of a positive result. You'll only be here for another week or so and then you'll be in an open prison. It'll be very different there, I promise you,' meddai, cyn rhuthro allan i dderbyniad yn y Senedd (*sushi* a *sake* i godi arian i Tenovus).

Ac yn wir, o fewn pythefnos, fe ddanfonwyd Dylan i garchar agored yn ne Lloegr. Cyn iddo fynd, edrychodd Brian i fyny o'r *Beano*.

'Cheers, mate,' meddai. ''Ope Jamie's been to the next place.'

'Nôl yng Nghaerdydd, teimlai Meriel fymryn yn euog. Gwyddai fod Gwen wedi colli ei swydd oherwydd cwymp Dylan ac nad oedd wedi llwyddo i ganfod dim eto, er gwaetha sawl cyfweliad addawol. Ffoniodd ei chyfaill Llinos, un arall o'r criw amser cinio.

'Llinos, ti'n dal i chwilio am PA, cariad?'
'Yndw wir, *can't find anyone halfway decent.*'
'Beth am Gwen? *You know Dylan's left her high and dry.*'
'Bysa hi'n wych! *Real treasure!*'
'Y gore gafodd Dylan erioed – yn BRIOD â'i gwaith.'
'Deud wrthi am ffonio fi *pronto.*'

Wythnos yn ddiweddarach, felly, roedd Gwen yn paratoi am ei diwrnod cynta yn gweithio i Llinos, pennaeth carismatig cwmni teledu Telegraff. Doedd hi ddim wedi clywed gair gan Dylan na'i gyfreithiwr. A doedd hi ddim wedi cael cyfle chwaith i ymweld ag ef yn y carchar. Rhwng chwilio am swydd newydd ac ymweld â'i thad ym Mhenrhyndeudraeth, roedd ei hamser yn brin.

Wrth wisgo, meddyliodd am ei sgwrs ddiwetha gyda'i thad. Roedd wedi treulio penwythnos diflas iawn yn ei gwmni a theimlai'n fwy euog nag erioed ar ôl dod adre.

'Ylwch, Tada, be am i mi gael *clear out* bach – mynd â rhai o'r hen betha 'ma i'r *dump*? Gneud mwy o le i chi?'
'Dw i'n licio 'mhetha fi fel maen nhw.'
'Ydach siŵr, ond mae hi'n orlawn yn y gegin gefn 'ma.'
'Wel, mi gaiff y pentwr papura fynd.'
'Ardderchog, dechra da. A' i â nhw pnawn 'ma. Ac ella fedra

i glirio'r sied 'na i chi hefyd – mae 'na lu o hen focsys cardbord a bagia plastig yno.'

'Os oes gin ti amsar.'

'Oes, wrth gwrs. Tydw i ddim yn cychwyn y swydd newydd nes wthnos nesa.'

'Wela i.'

'Be?'

'Dim, siŵr iawn.'

'Tada, dudwch wir!'

'Methu dallt ydw i…'

'Be?'

'Pam na ddoi di adra?'

Ac, wrth gwrs, dyna fyddai merch dda yn ei wneud. A hithau'n ddibriod, onid oedd hi'n ddyletswydd arni i ddod adre i ofalu am ei thad?

'O, allwn i ddim, Waldo!' Daeth y gath fach i ganu grwndi ar lin Gwen wrthi iddi dwtio'i gwallt. Mwythodd ei flew ac annerch y gath eto.

'Ydw i'n hen gradures annaturiol, Waldo?'

Sylwodd fod blew'r gath fach dros ei sgert i gyd. Cododd a mynd i newid. Wiw iddi edrych fel bwgan brain ar ei diwrnod cynta. Ac annaturiol neu beidio, gwyddai Gwen taw yng Nghaerdydd yr oedd ei dyfodol – yn ei fflat fach glyd ac yn byw'r bywyd yr oedd hi wedi gweithio mor galed i'w greu. A doedd ei thad ddim yn unig – roedd ganddo gymdeithas glòs yn y capel, a chymdogion hyfryd hefyd. Ac mi oedd ei iechyd yn syndod o dda, er bod y tŷ'n dirywio braidd o ran glendid a threfn.

'Rargian, dw i'n hwyr.'

Gwthiodd ei phroblemau â'i thad i gefn ei meddwl. Roedd yn rhaid iddi symud os oedd hi am gyrraedd y swyddfa mewn digon o bryd. Roedd hi'n syndod o nerfus. Dim ond i Dylan yr oedd hi wedi gweithio ers blynyddoedd bellach, ac er bod

Llinos yn ymddangos yn ddigon dymunol yn y cyfweliad, gwyddai Gwen y gallai realiti gweithio bob dydd gyda rhywun fod yn wahanol iawn.

Dynes denau a thrwsiadus oedd Llinos, yn ei phumdegau hwyr. Roedd hi'n gynhyrchydd teledu profiadol a llwyddiannus, ac roedd eitha parch iddi o fewn cylchoedd cyfryngol Caerdydd. Ond roedd ganddi un man gwan nad oedd modd cyfeirio ato'n agored, er ei fod yn amhosib ei anwybyddu mewn gwirionedd. Ers blynyddoedd bellach bu'n mynd ar dripiau bach preifat i Lundain, cyn treulio pythefnos yn 'cerdded yn y Swistir'. Yn ei phen, wrth edrych yn y drych wedi'r tripiau hyn, gwelai Llinos ferch ifanc ddeniadol, heb rych na brycheuyn yn tarfu ar berffeithrwydd ei chroen llyfn. Ond i bawb arall, roedd y croen brawychus o dynn, y bochau annaturiol o grwn a'r talcen a oedd bellach mor galed â choncrit yn gwneud i Llinos edrych yn debycach i rywun o blaned estron. ET efallai, neu'r creaduriaid annwyl hynny a gludodd Richard Dreyfuss i fyw bywyd gwell yn eu cwmni yn *Close Encounters of the Third Kind*. Dieithryn rhyng-blanedol, felly, ond wedi ei gwisgo bob amser mewn Prada neu Chanel.

Roedd y swyddfa'n fwrlwm o egni pan gyrhaeddodd Gwen ar ei bore cynta, gan fod sawl rhaglen ar y gweill gan y cwmni. Wrth iddi sefyllian yn y cyntedd, rhuthrodd merch ifanc tuag ati mewn siorts pinc, teits du a fest neon gwyrdd.

'Haia! Gwen?'

'Ia.'

'Haia!'

'Helô.'

'Haia! Ie, lyfli. Reit! Fi yw Saffrwm, fel merch Llinos? Fi'n fel *runner* yma?'

'O, iawn.'

'Ffab! *Latte? Cappuccino? Americano?* Fi'n mynd i wneud fel *coffee run?*'

'O hyfryd, ia – gymra i *cappuccino* os ca i.'

'*Skinny*? Gyda fel siwgr? Neu fel *hazelnut syrup*?'

'Na, ym, fel y daw o. Dim siwgwr. Y… diolch.'

Rhuthrodd Saffrwm i ffwrdd, ei gwallt porffor yn gwmwl lliwgar. Daeth Llinos allan o'i swyddfa fewnol, gan ymestyn ei llaw yn groesawgar.

'Dan ni'n falch iawn eich cael chi yma,' meddai'n siriol. 'Dw i'n gwybod bod Dylan yn meddwl y byd ohonach chi ac mi roeddwn i isio rhywun profiadol,' aeth Llinos yn ei blaen.

'Toedd o ddim yn ddrwg i gyd, w'chi,' atebodd Gwen, gan deimlo'n euog unwaith eto ei bod yn symud ymlaen oddi wrth Dylan.

'Nag oedd siŵr,' meddai Llinos yn garedig ond yn frysiog. 'Reit 'ta. Ddechreuwn ni?'

Treuliodd Gwen weddill y bore'n ymgartrefu yn y swyddfa. Roedd yna nifer o wynebau cyfarwydd yno, diolch byth. Chwifiodd Barbara a Suzanne 'helô' yr un yn ei chyfeiriad wrthi iddi fynd heibio yng nghwmni Llinos (roedd y ddwy'n paratoi ar gyfer darllediad byw arall).

'Mi oedd o'n iawn, Waldo,' meddai wrth fwydo'r gath y noson honno. 'Ma golwg braidd yn rhyfadd ar wynab Llinos, a tydi hi ddim yn edrach fel tasa hi 'di bwyta ers dechra'r nawdegau, ond mae hi'n ddigon ffeind. Wel, hyd yn hyn, beth bynnag.'

Diolchodd Gwen na fyddai'n rhaid iddi adael ei fflat fach glyd na'r bywyd da yng Nghaerdydd wedi'r cyfan.

Teimlai carchar Leyhill fel campws prifysgol o saithdegau'r ganrif ddiwetha, ac er nad oedd y lle'n foethus, roedd yno stafelloedd sengl golau. Roedd y prcifatrwydd a'r rhyddid i fynd a dod o fewn ffiniau'r carchar yn rhyddhad mawr i Dylan. Ac roedd y math o garcharor oedd yno'n hollol wahanol i'r rhai yng Nghaerdydd hefyd – rhyw fath o dwyll ariannol oedd trosedd y rhan fwya ohonynt, ac roedd yna nifer o ddynion proffesiynol yno, yn gyfreithwyr a chyfrifwyr ac yn y blaen. A nifer ohonynt, fel Dylan, yn mynnu eu bod wedi cael cam.

'Oh God, yes, I mean, why they're chasing after the little man I really don't know. Just because we're entrepreneurs, want to better ourselves,' meddai Oliver, cyn-fanciwr o Lundain a oedd yn y gell drws nesa i Dylan. 'That Nigel Farage has the right sort of ideas, I think. I mean, we're all victims of the nanny state really, aren't we?' ychwanegodd wrth fynd i chwarae gwyddbwyll gyda chyn-farnwr o'r Uchel Lys.

Dechreuodd Dylan gysgu'n well o'r diwedd. Y gwaith corfforol y dewisodd ei wneud yng ngardd y carchar oedd yn rhannol gyfrifol am hynny. Synnodd gymaint yr oedd e'n mwynhau palu. Teimlo min y rhaw yn treiddio i'r ddaear, pwysau'r pridd ar y badell, a gweld ôl ei waith wrth iddo droi'r tir.

Un bore bu Dylan yno ar ei ben ei hun. Cafodd y *screw* arferol ei alw ymaith a bwriodd yntau ymlaen gyda'r palu, gan ymfalchïo yn rhythm y gwaith. Ffrwynodd yr ymdrech gorfforol y chwerwder oedd yn gymaint rhan o'i gymeriad erbyn hyn a gwthiodd y rhaw'n ddyfnach a chyflymach wrth iddo weithio.

Cyn bo hir sylwodd ar robin goch ar lwyn cyfagos, yn syllu arno a'i ben ar dro.

'Isie mwydyn wyt ti, boi?' gofynnodd Dylan. 'Gweld dy gyfle, ife? Wel, drycha. Ma un mawr tew i ti fan hyn.'

A chyda hynny, gafaelodd y deryn yn y mwydyn a hedfan i ffwrdd yn chwim.

''Na ti, boi,' meddai Dylan yn sur. 'Cymera di'r cwbwl a diflannu. 'Na beth ma pawb arall yn neud.'

Bwriodd yn ôl at balu gydag arddeliad newydd.

Roedd yna grŵp cwnsela ar gael hefyd, ac roedd yn orfodol

ar bob carcharor i fynychu'r cwrs therapi agoriadol. Er mawr syndod i Dylan, teimlodd dipyn o ryddhad wrth wrando ar hanesion y carcharorion eraill ac wrth rannu ei brofiadau ei hun. Cafodd leisio pob chwerwder a phob owns o hunandosturi o flaen cynulleidfa ystyriol oedd yn llawn cydymdeimlad.

'I know I was close to the letter of the law, but you know, in my business, cashflow is everything and you're always investing in the next big thing...'

(Celwydd noeth. Pur anaml y byddai Dylan yn buddsoddi yn unrhyw beth heblaw cyffuriau a merched ifainc.)

'And I had to put up with a lot of professional jealousy. We're not very good with success in this country – people love to bring you down...'

(Doedd neb yn fwy parod na Dylan i feirniadu ei gyd-gyfryngwyr mewn rantiau meddw yn y Cameo.)

'They should be rewarding entrepreneurs, not putting them in prison. I put most of my money in other people's pockets.'

(Byddai unrhyw un fu'n gweithio i Dylan yn synnu clywed hyn, gan ei fod yn enwog yn y proffesiwn am dalu'r cyflogau lleia a disgwyl yr oriau gwaith hira.)

Roedd Simon (dyn barfog, mwyn, ychydig dros ei bwysau a hoff o gardigans gwlân trwchus), a oedd yn arwain y grŵp, yn therapydd profiadol iawn ac roedd wedi cwrdd nifer fawr o bobol debyg i Dylan o'r blaen. Gwelai'n syth nad oedd mymryn o edifeirwch yng nghroen y dyn a bod y sesiynau, os rhywbeth, yn cadarnhau'r syniad ei fod wedi cael cam ac, yn waeth byth, nad oedd y cydymdeimlad a gâi gan y carcharorion eraill yn gwneud nemor ddim i agor ei lygaid i'w droseddau ei hun.

'I've every sympathy, Dillon,' meddai Oliver y cyn-fanciwr. 'I mean, it's the same in banking. The tallest poppies are always the first to be cut, aren't they? Now, as Nigel Farage says...'

Ond gwyddai Simon fod gan bawb fan gwan, hyd yn oed yn

y plisgyn hunan-dwyll mwya trwchus. A'r man gwan hwnnw i Dylan oedd ei berthynas â'i ferch, Rhian.

Yn araf, felly, yn y sesiynau grŵp, ac yn fwy arbennig mewn ambell sesiwn unigol, anogodd Simon ef i feddwl am ei ferch ac am ei berthynas â hi.

'Dullan (I hope I'm pronouncing it correctly), why do you think Reean doesn't want to see you? Have you seen less of her in recent years? Can you think of reasons why she might not want to see you?'

'Well, I blame it on that husband…'

'OK, let's talk about Reean before she met Hugh. How close were you?'

'Well…'

'Did you have much time together? What were her likes and dislikes as a child? What made her really happy, Dullan?'

'Well… er…um…'

Ac yn raddol, dechreuodd ei gydwybod (hen beth bregus a thila ers blynyddoedd lawer) fagu asgwrn cefn a mymryn o floneg. A dechrau procio. A phrocio. A gorfodi Dylan i gofio'r holl achlysuron na fu yno i chwarae rhan ym magwraeth ei ferch. Y partïon pen blwydd a'r sioeau Nadolig a gollwyd. Y cyfnodau yn y bwthyn yn Sir Benfro neu yn y filas drud yn ne Ffrainc pan fu ef, Dylan, yn rhy brysur i chwarae gyda Rhian, a myrdd o achlysuron eraill pan nad oedd ganddo'r amser i roi sylw teilwng iddi. Yn araf, fe gododd awydd yn ei frest i wneud yn iawn am bob dim.

'The thing is, Simon, I really want to make things right with Rhian. I want my little girl back. Make her see that not everything Huw says about me is fair. And I want her forgiveness…'

'Yes, I see.'

Roedd yr ysfa sentimental yma am aduniad dagreuol yn well na dim, rhesymodd Simon wrth wylio Dylan yn straffaglio

– roedd yn rhaid i bawb ddechrau yn rhywle. Penllanw'r cyfan, felly, oedd cytundeb y byddai Dylan yn anfon llythyr hir at Rhian yn begian arni i ymweld ag ef yn y carchar. Ac ar ôl hir a hwyr, fe gytunodd hi i wneud hynny.

Er ei fod yn garchar agored, doedd Rhian ddim yn hoffi'r awyrgylch o gwbwl pan ddaeth i ymweld â'i thad o'r diwedd. Neuaddau preswyl fel bocsys llwyd a swyddfeydd sgwâr concrit, gyda mymryn o laswellt prin o'u cwmpas, oedd wyneb cyhoeddus y carchar, er bod awgrym o wyrddlesni pellach i'w weld yn nhopiau'r coed tu ôl i'r adeiladau. Roedd yna rywbeth diflas hefyd yn y llif o ddynion digalon yr olwg, pob un ohonynt yn eu hiwnifforms llwydwyrdd, y gallai eu gweld drwy'r iet wrth iddi gyrraedd.

Ar ôl arwyddo'r llyfr ymwelwyr, tynnu llun a chael cerdyn plastig i'w hongian o gwmpas ei gwddf, fe'i harweiniwyd i stafell blaen yn llawn cadeiriau plastig a byrddau bychain pren. Wrth iddi eistedd i ddisgwyl am ei thad, cofiodd eiriau ei gŵr cyn iddi adael Caerdydd y bore hwnnw:

'Wi ddim yn gwbod pam wyt ti 'di cytuno i fynd, Rhi. 'Mond ypsetio wnei di – dyw'r llefydd 'na ddim yn neis o gwbwl, hyd yn oed carchar agored fel Leyhill.'

'O, wi'm yn gwbod.' Ochneidiodd Rhian yn ddwfn. 'O'dd 'i lythyr e mor druenus.'

'Ti'n nabod dy dad yn ddigon da i wbod shwd gelwyddgi yw e.'

'Wi'n gwbod, ond ma Arwyn yn gweud bod e'n gofyn amdana i bob tro…'

Roedd golwg mor ddiflas ar ei wraig, teimlodd Huw yn euog yn sydyn.

'Sori, cariad,' meddai wrth osod ei freichiau o'i chwmpas. 'Wi'n gwbod dy fod ti'n cael dy dynnu'n ddarne rhwng popeth. Isie dy amddiffyn di odw i. Ti'n gwbod fel ma dy dad yn gallu siarad a throi'r dŵr i'w felin 'i hun. *Gift of the gab*, ontyfe. A phaid â gadel iddo fe chware ar dy natur garedig di. Cofia di gyment o ddiawl hunanol fuodd e drwy gydol dy blentyndod di.'

Agorodd y drws yn sydyn ac fe ddaeth y carcharorion i fewn yn un haid swnllyd, gan dorri ar draws myfyrdodau Rhian. Yn eu plith roedd Dylan, yn gwenu'n llachar.

'O, cariad, wi mor falch dy weld di!'

Cododd y wên lachar wrychyn Rhian.

'Wel, i ti gael deall, Dadi, dw i ddim isie bod 'ma o gwbwl.'

Diflannodd y wên. Triodd Dylan eto.

'Rhian, wi 'di ca'l lot o amser i feddwl… A bach o therapi hefyd. 'Na pam ofynnes i i ti ddod. Wi isie neud yn iawn am beth 'nes i. Wel – beth na 'nes i mewn gwirionedd. Licsen i fod yn dad gwell i ti ac yn da'cu teidi i'r bois 'na sy 'da ti.'

Syllodd Rhian arno'n syn. Bu seibiant. Yna llifeiriant o eiriau.

'Ma 'da ti wyneb i feddwl bod croeso i ti ddod 'nôl mewn i 'mywyd i! O'dd Mami wedi TORRI pan gerddes di mas arni. Fi o'dd yn gorfod edrych ar 'i hôl hi ac o'n i bron â chael babi, Dadi. A'th 'y mhwyse gwa'd i lan drwy'r to! 'Nes di ddim meddwl am neb ond dy hunan. Shwd o't ti'n meddwl o'n i'n teimlo?

'Dw i 'di bod mewn therapi ers miso'dd, Dadi, achos o'n i jyst ddim yn siŵr os allen i fod yn fam deidi, o'n i ddim yn gwbod beth o'dd magwraeth normal! Wi 'di bod yn gweld menyw lyfli ac o'r diwedd wi'n dechre dod i derme gyda'r fagwraeth ges i. Rhieni absennol – beth ma'n nhw'n alw'n "middle-class child abuse" yw e, ti'n gwbod? O's – ma hyd yn o'd enw iddo fe!

'O, do, fe ges i bopeth materol o'n i isie, ond dim sylw gan y naill na'r llall ohonoch chi! Blydi *au pairs* trwy'r amser. O'dd Mami yn dod i bethe weithie – steddfod a chyngherdde ysgol – ond o't ti BYTH 'na, Dadi! O't ti ddim hyd yn o'd yn cofio 'MHEN BLWYDD i – o't ti?'

'O, Rhian, *come on*, dyw hynna ddim yn deg!'

Edrychodd Dylan o'i gwmpas i weld pwy oedd yn gwrando ar y pryd o dafod *embarrassing* hyn. Ond er gwaetha'i brotestiadau aeth Rhian ymlaen.

'Ocê 'te, Dadi. Pryd ma fe? Pryd ma 'mhen blwydd i?'

Diflannodd y gwaed o wyneb Dylan. Doedd e ddim yn siŵr o gwbwl o'r dyddiad – yn yr haf rywdro. Ie, yr haf. Ond pryd? Edrychodd Dylan o'i gwmpas yn wyllt am ysbrydoliaeth ond chynigiodd y waliau llwydion a'r grwpiau tawel o deuluoedd a charcharorion ddim byd iddo.

Dechreuodd Rhian grio. Dagrau mawrion yn powlio i lawr ei gruddiau. Teimlai Dylan fel crio gyda hi. Gwyddai iddo wneud cawl o bethau eto ond doedd ganddo mo'r syniad cynta sut i adfer y sefyllfa. Gafaelodd yn ei dwylo a dweud eto, ''Na gyd fi moyn yw neud yn iawn i ti a'r bois…'

Edrychodd Rhian arno drwy'i dagrau.

'Licsen i feddwl dy fod ti'n gweud y gwir, Dadi.'

'Wi yn, Rhian, wir i ti.'

Cododd Rhian a chasglu'i phethau.

'Wi'n mynd, Dadi. Ma'r therapydd yn gweud 'i fod e'n bwysig 'mod i'n gosod y ffinie i'n perthynas ni o hyn mla'n. Ac mae Huw'n cytuno 'da fi. Wedyn, paid â chysylltu 'da fi nes 'mod i'n barod. Os alli di ddangos bod ti 'di newid, yna falle gei di weld y bois. Ond wi'n meddwl e, Dadi. Dim mwy o fihafio fel *teenager*! Os na alli di fod yn *role model* cyfrifol, gwaraidd, wi ddim isie ti'n agos at 'y mhlant i! Ti'n clywed?'

A throdd ar ei sawdl a mynd. Eisteddodd Dylan yn ei sedd, wedi ei syfrdanu. Symudodd e ddim tan ddiwedd y cyfnod ymweld.

Yn y cyfarfod therapi nesa, gwelodd Simon fod Dylan wedi colli tamaid o'i sglein.

'Dullan, so how did it go with Reean?'

'Not great, Simon.'

'Why do you think that was, Dullan?'

'I don't know, Simon. I mean, I was making a real effort. I really do think it's that Huw. He's turned her against me.'

'Why do you think that?'

'Well, why else would she be rejecting her own father? I've been reading this book, Simon, found it in the library. Called *The Hurt Inside* – I mean, it's just me. Absolutely. You see, I now realise that during the last few years I've been working out all sorts of issues created during my childhood. I've been looking for affirmation, really, by doing all the amazing things I've achieved. And all at SUCH a cost to myself. And I now recognise the negativity in Huw, who just won't give me a chance!'

'Well, Dullan, I'm not sure that's the only reason…'

'No, Simon, it all makes sense! This book – he could be speaking about me, my desire for success, my need to compete. Even, yes, I admit it, even to trample over other people. It's all been a terrible cry for help.'

Ochneidiodd Simon yn fewnol. Roedd e wedi trio cael gwared ar lyfrau tebyg o'r llyfrgell, llyfrau oedd yn llawn *psychobabble* dwl, gan amla wedi eu hysgrifennu gan ganwr pop neu actor oedd wedi bod yn y carchar ac wedi 'ffeindio'i hun' o ganlyniad i hynny. A nawr roedd Dylan yn siarad yr un math o ddwli hunandosturiol.

'Dullan, look, you need to think about taking some responsibility for —'

'Which I will, of course, Simon. When I've worked through all my issues. I'm going to write to Rhian – explain to her why this negativity isn't going to help me heal…'

Fe fyddai rhieni annwyl Dylan, a aberthodd gymaint er ei fwyn, yn synnu a thristáu wrth glywed y dehongliad newydd hwn o'i blentyndod. Swm a sylwedd y cyfan oedd llythyr arall oddi wrth Dylan at Rhian. Roedd hwn yn goctel o theorïau dryslyd, yn gofyn i Rhian 'anrhydeddu ei theimladau', yn apelio arni i greu 'rhwydwaith o egnïon positif'. Ac yn awgrymu'n garedig y dylai Huw fod yn 'fwy o gefn' iddi. Roedd yn gorffen gydag apêl iddi gofio bod pawb (gan gynnwys Dylan, wrth gwrs) wedi diodde ac yn 'brifo tu fewn'.

Taflodd Rhian y llythyr yn belen ar draws y bwrdd brecwast. Ddywedodd Huw ddim gair.

Fe welodd Arwyn dipyn o newid yn Dylan hefyd ar ei ymweliad nesa â Leyhill. Bu yno sawl gwaith erbyn hynny ac roedd wedi dod i arfer â'r defodau diogelwch – y tynnu llun, y cardiau plastig a'r coridor clostroffobig oedd yn arwain at y stafell ymweld. Eisteddodd, fel y gwnaethai Rhian, mewn cadair blastig anghyfforddus a disgwyl. Pan agorwyd y drws, synnodd – fel y byddai – fod Dylan yn edrych gymaint yn hŷn heb yr *highlights* a'r dillad ffasiynol, a thynnwyd pob mymryn o liw oddi ar ei ruddiau gan yr iwnifform neilon wyrddlwyd.

Gofyn i Arwyn bledio'i achos eto gyda Rhian wnaeth Dylan bron yn syth.

'Wi jyst isie iddi gredu bod pethe'n mynd i fod yn wahanol pan ddo i mas o fan hyn. Wi 'di bod yn darllen *loads* am y peth. Ma'r cwbwl yn glir i fi. Wi'n berson gwahanol nawr 'mod i'n deall pam fihafies i fel 'nes i… God, o'dd 'da fi gyment o *issues*!' ychwanegodd.

'Reit,' atebodd Arwyn, yn llawn consýrn, ond hefyd yn teimlo fymryn yn anghyfforddus. Doedd e ddim yn siŵr o gwbwl ei fod yn hoffi rhesymeg Dylan. Doedd dim sôn ganddo ei fod yn edifar nac yn flin am ddim byd. Ond, serch hynny, ac yntau'n ddyn trugarog ac annwyl wrth reddf, addawodd wneud ei orau gyda Rhian. Cyn iddo fynd, gofynnodd, 'Wyt ti 'di meddwl beth 'nei di, Dyl? Pan ddoi di mas?'

Atebodd Dylan yn ddiflas, ei fys yn dilyn patrwm y graen ar y bwrdd pren toredig a safai rhyngddynt. 'Sai'n gwbod. Wi ddim yn siŵr faint o arian fydd 'da fi ar ôl. Ma Douglas yn trio sorto rhwbeth gydag Astrid, ac wedyn ma 'da fi'r ddirwy...' Chwarddodd yn chwerw. 'Alla i fod yn arddwr, falle? 'Na'r unig beth teidi wi 'di neud miwn fan hyn yw garddio. Hwnna sy 'di cadw fi rhag 'i cholli hi'n llwyr, am wn i. Gwaith corfforol, awyr iach, ti'n gwbod. 'Na'r unig bryd wi ddim yn teimlo fel *complete loser.*'

'O, jiw, wel, falle bo rhwbeth yn hynny...' dechreuodd Arwyn yn ansicr, ond torrodd Dylan ar ei draws.

'Wi 'di bod yn anlwcus iawn, ti'n gwbod.' Llanwodd ei lygaid â dŵr.

'Dyl... dim jyst yn anlwcus...' dechreuodd Arwyn.

Ond doedd Dylan ddim yn gwrando.

'Wi'n gweithio'n galed i symud mla'n, ond... wel... byse pethe gyment yn rhwyddach 'se 'da fi rwbeth i edrych mla'n ato fe, ti'n gwbod...'

'Odw, wrth gwrs,' atebodd Arwyn, gan drio cydymdeimlo. Ond wrth deithio adre, meddyliai fod y Dylan hunandosturiol (a hunangyfiawn) hwn yn anodd iawn i'w hoffi.

'Jiw, dechreuodd e lefen! Meddwl bod ymweliad Rhian wedi torri'i grib e.'

Safai Arwyn yn twymo'i ben ôl ar ddrws yr Aga, yn sipian paned ar ôl y trip hir adre o Leyhill. Rholiodd Beca ei llygaid (a hithau lan at ei chlustiau mewn mins peis ar gyfer y sioe Nadolig).

'Wel, ma'n bryd i rywun weud y gwir wrtho fe!' Bwriodd Beca'r pin rholio i lawr ar ben y toes gydag arddeliad. 'Hen ddiawl hunanol fuodd e erio'd… Na, Arwyn,' meddai wrth weld yr olwg boenus ar wyneb ei gŵr. 'Ti'n gweud 'ny dy hunan.'

'Ond ma fe wedi bod o flaen ei well,' dechreuodd Arwyn.

'Falle'i fod e. Ond ma Rhian 'di gweld lot gormod o dywydd drwg 'da'r ddau riant 'na sy 'da hi.'

Yfodd Arwyn ei baned yn feddylgar. Roedd hi'n wir bod gan Dylan ffordd bell i fynd – ond deuparth ffordd ei gwybod, fel y dywedai ei dad. Er nad oedd yr holl nonsens yma am 'issues' ac 'egni negyddol' yn argoeli'n dda…

Daeth Ifan i mewn i'r gegin i ddangos darlun i'w dad.

'Ti, fi a Mami yw hwn,' meddai.

Roedd y llun yn gomic – y teulu bach wedi'u gwisgo fel arwyr, mewn teits coch a chlogynnau melyn, eu dyrnau chwith yn ymestyn o'u blaenau, yn hedfan mewn triongl nerthol drwy'r gofod. Ac o gwmpas enwau Mami a Dadi roedd dwy galon fawr goch.

Dadbaciodd Gwen y llyfrau a brynodd yn Waterstones ar y ffordd adre a meddwl eto mor braf oedd cael gweithio ynghanol Caerdydd – roedd yna siopau hyfryd a chyfleus iawn amser cinio. Meddyliodd am y ciniawau bach neis yn Jamie's Italian neu Carluccio's, gan fod nifer o'i ffrindiau'n gweithio gerllaw.

'Mi dw i am gael diod o win heno, Waldo,' cyhoeddodd. '*Treat* bach.'

Agorodd y *slow cooker* a oedd wedi bod wrthi'n ffrwtian *boeuf bourguignon* ers iddi adael am y gwaith y bore hwnnw. Edrychai'n nefolaidd, y saws yn drwchus a sgleiniog a'r cig mor dyner fel y gallai ei dorri â llwy.

'Iym iym, Waldo!'

Aeth Gwen ati i grafu cwpwl o datws a pharatoi llysiau gwyrddion i gwblhau'r wledd tra bod y gath, a oedd yn clywed yr aroglau hyfryd, yn plethu o gwmpas ei choesau'n obeithiol. Chwaraeai'r *Archers* ar y radio ac roedd y gegin wedi ei goleuo'n gynnes gan nifer o lampau bach. Edrychodd Gwen o'i chwmpas yn hapus – teimlai fod ei nyth fach hi ar ei gorau heno. Gwenodd ar y gath, oedd yn gwingo fel un wedi ei harteithio oherwydd aroglau'r *boeuf bourguignon*. Neidiodd Waldo ar y bwrdd, lle'r oedd Gwen wedi gosod lliain Orla Kiely a lle disgleiriai gwydryn crisial yng ngolau cannwyll wen bersawrus. Edrychodd Waldo arni'n apelgar.

'Iawn, mi gei di soser fach ohono, Waldo,' ildiodd Gwen, 'ond i fi mae hwn i fod!'

Wrth i Gwen dynnu'r platied tuag ati, canodd ei ffôn symudol. Suddodd ei chalon yn syth wrth weld yr enw ar y sgrin.

'Tada?'

'Gwen?'

'Ia, fi sy 'ma. Fy ffôn symudol personol i 'di hwn, Tada. 'Mond fi sy'n atab.' Allai Gwen ddim peidio â theimlo dig plentynnaidd wrth esbonio hyn am y canfed tro.

'Weithia mae 'na rhyw hogan yn atab.'

'Naci, Tada, negas y peiriant atab 'di hwnna. Llais 'di recordio 'di hi.'

'O, felly wir.'

Doedd ei thad ddim yn deall ei ffôn symudol yn dda iawn – mi allai wneud galwad arno ond dim lot arall. Ac roedd wedi ei ddiffodd gan amla ganddo beth bynnag, 'er mwyn arbad y lectric'.

'Dach chi'n iawn, Tada?'

'Nac'dw, Gwen. Dw i yn yr ysbyty.'

'Be? O, Tada, be ddigwyddodd?'

'Disgyn 'nes i. Alli di ddŵad, Gwen?'

'Ddim tan y penwythnos, Tada. Mae hi'n brysur ofnadwy arnon ni yn y swyddfa.'

Tawelwch.

'Tada?'

'Ia?'

'Ylwch, ga i air efo'r nyrs?'

Cafodd Gwen rywfaint o sens ganddi. Byddai ei thad yn iawn yno am ychydig ddyddiau. Doedd e ddim wedi torri dim, ond roedd e wedi drysu braidd.

'We'll keep an eye on him and do some tests but I imagine we'll discharge him on Friday. Can you collect him? And we'll need to be sure that he has an appropriate situation to return to, of course...'

Hanner gwrando roedd Gwen wrth i'r nyrs restru anghenion ei thad. Roedd hi'n meddwl yn hytrach am y twll mawr du oedd wedi agor o'i blaen.

Pennod 5

Agorodd drws mawr y carchar a chamodd Dylan a dau garcharor arall drwyddo. Daliai Dylan fag plastig clir a gallai Arwyn weld taw casgliad go bitw o bethau oedd ynddo: dillad isa, pâr o drowsus a chrys chwys, llond llaw o lyfrau.

Llonnodd Dylan wrth weld ei gyfaill yn disgwyl amdano.

'O diawch, Arwyn, ma'n dda dy weld di,' meddai'n wresog. 'O'n i ddim yn siŵr lle i fynd a gweud y gwir. Sai 'di clywed wrth Rhian, ond ma 'na hostel…'

'Ti'n dod gatre 'da fi, Dylan,' torrodd Arwyn ar ei draws. 'Ma digon o le 'da ni yn y Mans a ma Beca a finne isie i ti ddod aton ni nes bo ti 'nôl ar dy dra'd yn iawn.'

'Ti'n siŵr bod Beca'n hapus am hyn, Arwyn?'

'Odw, odw, boi, odw gwlei.' Gobeithiai Arwyn fod ei wên lachar yn cuddio'i anesmwythyd, gan fod Dylan wedi taro'r hoelen ar ei phen. Doedd Beca ddim yn hapus o gwbwl. Yn wir, fe daflodd fag pegiau dillad tuag ato pan awgrymodd, yn ei ffordd dawel, taw'r peth Cristnogol i'w wneud fyddai croesawu Dylan i'w cartre.

'O blydi hel, Arwyn, o's raid i ni?'

'Wi'n gwbod yn nêt beth ti'n feddwl ohono fe, Beca, ond wi'n gobeithio y bydd yr amser 'ma yn y carchar wedi rhoi cyfle iddo fe ddod i nabod 'i hunan yn well. A pwy arall sy 'da fe?'

Yn y pen draw, roedd hi wedi cytuno i gynnig cartre i Dylan am ychydig wythnosau. 'Ond os ddechreuiff e whare lan, Arwyn, mae e mas! Ti'n deall?'

Ceisiodd Arwyn wthio'r geiriau hyn i gefn ei feddwl wrth agor bŵt y car a dodi eiddo pitw Dylan ynddo. Suddodd Dylan i'r sedd ffrynt yn ddiolchgar a thaniodd Arwyn yr injan. Gyrrodd yn ofalus – roedd e'n teimlo bron fel petai ganddo glaf yn y car, ac yn wir, roedd golwg wael ar Dylan. Roedd wedi colli lot o bwysau tra oedd yn y carchar, er bod gwell lliw arno ar ôl gweithio cymaint yn yr ardd. Roedd yn amlwg ei fod o dan deimlad ofnadwy. Crynai ei ddwylo wrth iddo estyn sigarét i'w wefusau.

'O sori, Arwyn,' meddai wrth weld wyneb syn ei gyfaill, '*force of habit*, ontyfe – rhywun yn dod i arfer â'r blydi pethe 'ma yn y carchar. Wi am roi'r gore iddyn nhw nawr. A gweud y gwir, wi am ga'l gwared ar yr holl bethe negyddol yn fy mywyd. Symud mla'n. Ti'n gwbod?' Triodd Dylan swnio'n fwy hyderus nag yr oedd e'n teimlo, gan ei fod wedi mynd yn ddibynnol iawn ar y 'burners' tra bu yn Leyhill.

Tawelwch fu rhyngon nhw wedi hynny, a rywsut methodd Arwyn ffeindio'r geiriau i ddechrau sgwrs. Cysgodd Dylan am dipyn, oedd yn rhyddhad i'r ddau ohonynt. O'r diwedd fe gyrhaeddon nhw'r troad i'r cwm a gadawodd y car y draffordd. Agorodd Dylan ei lygaid wrth i sŵn yr injan newid, a syllu allan o'r ffenest yn swrth. Gwelodd resi a rhesi o dai teras a siopau a oedd wedi hen gau a suddodd ei galon wrth gofio'r tro diwetha iddo fod ar yr heol yma. Bryd hynny roedd ganddo wraig a gyrfa, a dyfodol disglair.

'A blydi Lexus,' meddyliodd yn chwerw wrtho'i hunan. Taflodd olwg sydyn ar ei gyfaill, a'i wyneb agored, hawddgar.

Trodd hwnnw ato â gwên garedig yn llawn cydymdeimlad. 'Ti'n ocê, boi?' gofynnodd.

Nodiodd Dylan. Ond doedd e ddim, wrth gwrs. Roedd yn bell iawn o fod yn ocê. Ond na, rhaid oedd meddwl yn bositif. Roedd e, Dylan, wedi diodde ac wedi cael cyfle gwych i ddeall natur y dioddefaint yna. A doedd e ddim yn mynd i adael i egni negyddol pobol eraill ei ddifetha.

Yn y man, dechreuodd yr heol ddringo i ben y cwm, ac o'r diwedd daethant at y capel a'r Mans, dau glorwth llwyd oedd yn perthyn i gyfnod pan oedd teuluoedd a chynulleidfaoedd y plwyf dipyn yn fwy. Daeth yr heol i ben wrth droed y capel a diffoddodd Arwyn yr injan o flaen y Mans drws nesa.

Roedd hi'n syndod o wledig yno, uwchben hagrwch y cwm islaw, ac fe allai Dylan weld caeau'n llawn defaid un ochr y Mans, a rhandir wedi ei dorri'n sgwariau, yn cynnwys ambell sied a meinciau pren, yr ochr arall. Codai topiau'r mynyddoedd yn osgeiddig yn y pellter a chofiodd Dylan fod Arwyn wedi sôn bod hen gaer o Oes yr Haearn ar ben y copa agosa at y tŷ. Gallai weld ochr laswelltog un o'r ffosydd yn y pellter. Roedd hi'n anhygoel o dawel ac am eiliad ni symudodd yr un o'r ddau, gan ddelwi yn eu seddau.

Daeth diwedd ar y tawelwch pan agorodd drws ffrynt y Mans a daeth Beca ac Ifan (yn fwrlwm o sŵn ac egni) allan i'w croesawu.

'Dadi, Dadi, ges i seren gan Miss Parri heddi. O'dd hi'n gweud bo fi'n darllen yn WYCH, ac ma Sion wedi ca'l Lego Death Star fel anrheg ben blwydd ond o'dd rhaid i'w fam-gu a'i da'cu dalu hefyd achos mae e MOR ddrud, ac ma Modlen wedi dod â dwy lygoden farw mewn i'r gegin, ac ife hwn yw'r dyn dyw Mami ddim yn lico?'

Bu seibiant anghyfforddus cyn i Beca, mewn embaras llwyr, dorri ar draws cleber Ifan.

'Dere miwn, Dylan, wi'n siŵr 'se ti'n lico paned deidi. Ifan, cer i gliro'r Lego 'na fel bo lle i Yncl Dylan ga'l ishte. Shwd daith gesoch chi?' Gobeithiai Beca y byddai anwybyddu geiriau Ifan yn help i bawb anghofio ei fod wedi eu dweud nhw o gwbwl. Gwenodd lond ei hwyneb. Ond doedd y wên ddim yn argyhoeddi neb.

'Helô, Beca.' Gafaelodd Dylan yn dynn yn ei dwy law a gwenu arni. Gwên a oedd yn llawn cydymdeimlad, rywsut.

Edrychodd i fyw ei llygaid. 'Beca, wi MOR ddiolchgar i ti am estyn y croeso yma i fi. Wi'n gwbod bod hyn yn anodd i ti a wi am i ti wbod 'mod i'n deall, ac yn chwilio am y cryfder i'n helpu ni'n dau oresgyn hyn gyda'n gilydd.'

Rhoddodd gwtsh anferth iddi cyn ailafael yn ei llaw.

'Diolch, Beca.'

A daeth gwên arallfydol dros ei wyneb wrth iddo edrych arni'n dreiddgar. Yna trodd Dylan yn sydyn a cherdded draw at y Mans, gan adael Beca'n ei wylio'n mynd â'i cheg ar agor yn syfrdan.

Trodd at Arwyn. 'Be ddiawl o'dd hwnna?'

''Na'i ffordd newydd e o ddelio 'da pethe, wi'n meddwl.'

'Wel, dw i ddim yn lico'r Dylan *touchy feely* 'ma tamed mwy na'r llall,' meddai Beca.

Aeth Dylan i eistedd yn y lolfa gan hanner gwrando ar Ifan, oedd yn parablu'n hapus wrth osod creadur bach blewog ar ei lin.

'Gwynfor y bochdew yw hwn a wi 'di gor'od 'i symud e o'r stafell sbâr achos bo chi'n dod, ond allwch chi gael e 'nôl os y'ch chi'n unig. O'dd bochdew 'da chi yn y carchar?'

'Paid â busnesa, Ifan, a doda'r creadur 'na gadw, er mwyn popeth!' Roedd Beca'n sefyll ger y drws yn dal hambwrdd o lestri te. 'Bydd rhaid i ti'n derbyn ni fel yr y'n ni, ma arna i ofon, Dylan,' ychwanegodd yn sychaidd. 'Dw i ddim 'di ca'l amser i neud y stafell yn gartrefol iawn, yn anffodus.'

'Deall yn iawn.'

'Ac, wrth gwrs, o'n i ddim yn siŵr am faint…'

Orffennodd Beca mo'r frawddeg, a thorrodd Arwyn ar ei thraws wrth iddo gludo'r tebot berwedig i fewn o'r gegin.

'Reit 'te, paned,' meddai'n wengar, heb sylwi ar yr awyrgylch iasol yn y stafell.

'Iawn, grêt, diolch,' atebodd Dylan. 'Ddim yn hir, gobeithio, Beca,' ychwanegodd.

Edrychodd Arwyn ar wynebau ei wraig a'i ffrind ac ochneidio'n fewnol.

Ar ôl paned, arweiniodd Arwyn ei gyfaill i stafell blaen yn nhop y tŷ. Wrth iddynt fynd fe ddechreuodd Ifan gwestiynu eto.

'Mami, pam ma fe'n aros 'da ni?'

Chlywodd Dylan mo ateb Beca.

Am y diwrnodau cynta, methodd Dylan wneud rhyw lawer, dim ond eistedd a syllu allan drwy'r ffenest.

'Dim cartre, dim gwaith a dim gwraig,' meddyliodd wrth edrych ar y glaw'n llifo i lawr y gwydr. 'A merch sy ddim isie dim byd i'w neud â fi.'

Llifai meddyliau diflas i mewn ac allan o'i ben drwy'r dydd, a phan fyddai'n gorwedd yn effro yn oriau unig y bore bach. Treuliai Dylan brynhawniau cyfan yn gorwedd yn swrth o flaen y teledu, ei lygaid yn aml yn llawn dagrau. Chododd e'r un bys i helpu Beca chwaith – roedd yn rhaid iddi weithio o'i gwmpas.

Un bore, ffeindiodd Beca fod Dylan yn smygu yn ei stafell, yn eistedd ar ymyl y silff ffenest yn chwythu'r mwg allan i'r ardd fel rhyw blentyn drygionus.

'Dylan, plis! Ma plentyn 'da ni yn y tŷ 'ma. Os wyt ti moyn smygu, cer tu fas!' Roedd Beca'n wyllt.

Trodd Dylan ei lygaid cochlyd tuag ati.

'Sori, a'th pethe'n drech na fi'n sydyn.'

'Wel, cer mas i'r ardd os ddigwyddiff e 'to!'

Gwyddai Beca ei bod hi'n galon-galed, ond fel nifer o gyn-smygwyr (yn y coleg, roedd hi'n hoff iawn o Sobranie fach gyda pheint), roedd hi'n casáu smygu gyda chas perffaith.

Edrychodd Dylan yn ôl at y ffenest a syllu mas i'r ardd yn ddagreuol.

'Ocê, Beca,' sibrydodd yn drist. 'Sori.'

Ond roedd pethau, os rhywbeth, yn waeth pan oedd Dylan eisiau 'siarad'. Un prynhawn, ac yntau'n gorwedd o flaen y tân yn myfyrio am ei anlwc ofnadwy, roedd ei goesau hirion reit yn ffordd Beca a'i Hoover.

'Ti'n gweld, Beca, wi'n deall nawr taw *trauma* plentyndod sy'n gyfrifol am fy nhueddiade narsisaidd. Yr angen am gadarnhad, am gariad.'

'Dylan, alli di jyst symud dy —'

'O, wrth gwrs. Ond na, wi'n gweld pethe lot yn gliriach nawr.'

'Ym, y goes arall?'

'Iawn. Ac yn gallu madde, ti'n gwbod, Beca?'

'Madde?'

'Ie, madde i'r bobol hynny sy wedi bod yn taflu egni negyddol tuag ata i trwy gydol fy mywyd,' atebodd Dylan, cyn troi'r wên wynfydedig, llawn cydymdeimlad at Beca unwaith yn rhagor.

Allai hi ddim yngan gair. Diffoddodd yr Hoover a mynd i'r gegin i daranu ar Arwyn.

'Arwyn, mae e'n WAETH nag o'dd e o'r bla'n! Ac yn *creepy* hefyd, gyda'r wên od 'na a'r holl ddwli 'na am faddeuant. A pham ddiawl 'i fod e'n eistedd ar ei ben ôl ddydd ar ôl dydd?'

Dechreuodd Beca baratoi llwyth o olch ar gyfer y peiriant a rhwtodd y Vanish mor galed i fewn i'r staen sos coch ar grys Ifan nes y bu bron iddi dorri twll ynddo. 'A PHAM yn y byd 'yt ti mor NEIS wrtho fe?' gofynnodd eto wrth Arwyn, a safai'n sipian paned yn euog wrth fwrdd y gegin.

'Ga i air 'dag e, Beca.'

'Wel, os na 'nei di, fe wna i! A'th e â'r dŵr twym i gyd ETO bore 'ma. O'dd e yn y bathrwm am ORIE.'

Ochneidiodd wrth weld bod y sos coch wedi tasgu ar hyd trowsus Ifan hefyd. Weithiau (er na fyddai hi byth yn cyfadde hynny wrth Arwyn), hoffai Beca petai mymryn llai o dduwioldeb a maddeuant yn perthyn i'w gŵr. Er ei bod yn ei garu a'i edmygu, roedd bod yn dduwiol yn dipyn mwy o frwydr i Beca nag i Arwyn.

'Diawch, ma isie gras withe,' meddyliodd wrth stwffio'r golch i fewn i'r peiriant yn ffyrnig.

Wrth roi'r hylif glanhau yn y peiriant, cofiodd am y newidiadau mawrion fu ym mywydau eu ffrindiau yn ystod y blynyddoedd diwetha. Cwrdd yn y coleg yn Aber wnaethon nhw, a chael hwyl ryfeddol yng nghwmni'i gilydd fel rhan o griw o fyfyrwyr Drama brwdfrydig. Roedd Arwyn, Gwyn Maskell a Dylan yn driawd hardd a dawnus, a methai Beca gredu ei lwc pan ddewisodd Arwyn hi fel ei gariad. A chyda Meriel a Dylan yn caru hefyd, yn naturiol ffurfiwyd pedwarawd ganddynt. Roedd Gwyn yn hoyw, ond yn styc yn y cwpwrdd piwritanaidd Cymraeg hwnnw oedd mor llawn o unigolion ofnus yn ystod yr wythdegau, ac yn aros am y cyfle cynta i gael dianc i Lundain ac yna Los Angeles.

Rhannodd y ddau gwpwl gyfres o fflatiau tamp yng Nghaerdydd, yn byw ar lentils a *spag bol* a *bacon bits* o'r Co-op. Yfed yn yr Halfway a Chlwb Ifor Bach, *chips* ar nos Sadwrn yn Caroline Street a mwynhau bywyd Cymry Cymraeg y brifddinas yn afieithus. A chadw'r cyfeillgarwch hyd yn oed ar ôl i Arwyn ddilyn ei alwad i'r Coleg Diwinyddol, ac i Dylan ennill lle ar gwrs cyfarwyddo yn y BBC.

Wedi i Meriel a Dylan symud i dŷ crand ym Mharc y Rhath, dechreuodd pethau newid. Diflannodd y nosweithiau *spag bol* a chwrw, ac yn eu lle daeth partïon crand yn llawn actorion a phobol teledu. Ac er bod croeso i Arwyn a Beca, doedden nhw ddim yn teimlo'n gartrefol rywsut yn y cwmni newydd yma – roedd hi'n anodd cynnal sgwrs gyda phobol oedd yn prysur edrych dros eich ysgwydd yn y gobaith o ffeindio rhywun mwy diddorol i siarad â nhw. A phan ddechreuodd Meriel a Dylan rentu tai gwyliau yn Ffrainc a'r Eidal yn lle'r Steddfod a charafán yn Sir Benfro bob haf, agorodd gagendor rhyngddynt. Gagendor a dyfodd yn fwy yn sgil bywyd newydd crand Meriel gyda'i *au pairs*, ei *blow-dries* a'i *manicures*. Ac er i'r ddwy aros yn ffrindiau, collwyd yr agosatrwydd.

Ond pan adawodd Dylan yn sydyn, a chreu bywyd newydd iddo'i hun gydag Astrid, aeth Meriel at Beca, gan wybod taw hi fyddai'r un i gynnig y cydymdeimlad dwysa a'r caredigrwydd mwya. Ac roedd Meriel mewn cyflwr ofnadwy wedi i Dylan fynd. Tytian wnaeth Beca wrth gofio'r nosweithiau di-rif yn gwrando ar Meriel – â'r rhan fwya o botel win gwyn tu mewn iddi – yn crio ac yn melltithio. Ac yna'n trio ei pherswadio i fwyta tamaid o fwyd.

'Alla i ddim wynebu dim, *darling. Just pass the Chardonnay.*'

'Ti 'di ca'l digon, wi'n meddwl.'

'Paid â dechre pregethu. Mae e'n lot o help i fi.'

'Mer—'

'Sai'n gwbod pam ti'n poeni gyment beth bynnag. Sdim byd i'w neud. Ma 'mywyd i ar ben. Alla i ddim cystadlu 'da croten fel Astrid, a'i choese diddiwedd a'r gwallt *blonde* 'na. *And no wrinkles and saggy boobs.*'

'Paid â meddwl fel'na.'

Ond roedd Meriel yn pendilio'n wyllt rhwng cyfnodau o atgasedd llwyr tuag at Dylan – 'The bastard, I hate him' – a datganiadau melodramataidd: 'O'n ni'n *soulmates!* Ffeindia i neb tebyg i Dylan fyth eto!' Ac roedd y sesiynau hyn yn aml yn para tan oriau mân y bore, hyd nes i Meriel syrthio i drwmgwsg rhochlyd, a Beca'n diflannu'n ddiolchgar i'w gwely.

Caeodd Beca ddrws y peiriant golchi a chlicio'r botwm. Trodd ac annerch ei gŵr yn benderfynol.

'Wythnos arall. 'Na gyd mae e'n ga'l. Os nag yw e'n dechre helpu o gwmpas y tŷ 'ma wi moyn e mas, ti'n clywed? A wedai rywbeth arall wrthot ti hefyd. Sai isie clywed GAIR arall am faddeuant nac egni negyddol. Olreit?! Wi'n mynd i ga'l bàth. Alli di witho swper.'

A chyda hynny, diflannodd Beca i'r llofft gan adael Arwyn mewn penbleth, yn pwyso'i ben ôl yn erbyn yr Aga.

Ym Mhenrhyndeudraeth, gadawodd Gwen ei hun i fewn i dŷ ei thad.

'Pwy sy 'na?' Daeth llais crynedig o'r stafell fyw.

'Fi, Tada.'

'Fa'ma dw i.'

Eisteddai ei thad yn ei gadair gyfforddus, wedi ei amgylchynu gan gwpanau a phlatiau o fwyd wedi hanner ei fwyta. Drewai'r stafell o *chips* a chwys. Brithwyd gên ei thad gan flewiach gwyn. Roedd hi'n amlwg nad oedd wedi siafio na molchi ers rhai diwrnodau.

'O, diolch byth dy fod ti yma, Gwen. Yli ar y llanast 'ma. Alla i ddim gneud i fi fy hun efo'r cleisia 'ma, wsti.'

Diflasodd Gwen wrth weld bod pethau'n waeth nag yr oedd hi wedi ei ddisgwyl. Roedd hi wedi gobeithio'r gorau pan adawodd ei thad yr ysbyty ar ôl dau ddiwrnod, ac wedi trefnu y byddai rhywun yn galw ddwywaith y dydd i gadw llygad arno, gan feddwl bod pob problem wedi ei datrys.

'Be ddigwyddodd i'r gofalwr drefnis i?'

''Di deud wrthi am hel ei phac.'

'Ond Tada!'

'Tydw i ddim isio rhyw ddieithryn yn y tŷ 'ma, yn 'y mhetha i. A Saesnas oedd hi. Chdi ddyla fod yma, Gwen.'

'Ond fedra i ddim.'

'Pam fedri di ddim?'

'Achos fod gin i swydd, Tada.'

Caeodd ei thad ei geg yn llinell dynn.

'Ylwch, gadwch i mi roi trefn ar y lle 'ma ac mi gawn ni siarad wedyn. Mae gin i dipyn o fwyd efo fi ac mi wna i swpar toc.'

Triodd Gwen anwybyddu'r olwg gyhuddgar yn llygaid ei thad wrth iddi glirio. 'Mae lot o waith i'w wneud yma,' meddyliodd. Roedd llwch ymhobman a llestri brwnt yn llanw'r gegin yn ogystal â'r stafell fyw. Treuliodd Gwen awr go dda yn clirio ac yn rhoi trefn, gan drio anwybyddu mwmian hunandosturiol ei thad wrth iddi fynd at y gwaith.

O'r diwedd, llwyddodd i gymhennu a dwyn perswâd ar ei thad i siafio ac ymolch. Roedd mynydd o ddillad i'w golchi yn ei lofft ac ochneidiodd Gwen wrth gofio am y peiriant golchi dillad hynafol yn y gegin gefn.

'*Service wash* amdani, 'te,' meddyliodd a mynd i'r gegin i nôl bagiau plastig i'w llwytho gyda dillad brwnt. Cafodd olwg sydyn ar y baddondy wrth fynd heibio – o'r nefoedd! Byddai eisiau pâr o Marigolds cadarn a pheg ar ei thrwyn cyn mentro ar hwnnw! Bu ei thad yn ddyn balch, ac roedd wedi gwneud drosto'i hun yn iawn ers blynyddoedd. Rhaid bod y gwymp yn dipyn o ergyd iddo. Ond o edrych o gwmpas y tŷ di-raen, cyfaddefodd Gwen wrthi ei hun bod safonau ei thad wedi gostwng ers misoedd. A theimlai'n fwy euog byth.

Roedd eisiau gwagio'r bìn sbwriel yn y gegin, ac wrth i Gwen gario'r llwyth drewllyd allan i'r biniau o flaen y tŷ clywodd lais yn galw arni.

'Gwen? Helô?'

Trodd a gweld un o gymdogion ei thad, Mrs Ifans (oedd ganddi enw cynta, dudwch? Mrs Ifans fuodd hi i Gwen erioed), yn codi ei llaw arni.

'Sut dach chi, Mrs Ifans?' Suddodd calon Gwen – hen het oedd hon, â'i thrwyn ym mhopeth.

'Tsiampion, diolch i chi, Gwen. Sut mae'ch tad?'

Gwisgai'r gymdoges got aea goch drwchus ac roedd yna rywbeth amdani oedd yn atgoffa Gwen o dderyn bach busneslyd – y llygaid perlaidd, craff, efallai, neu'r bola swmpus a'r ddwy goes denau, fel pâr o fatsys duon.

'Mae o dipyn yn well, diolch i chi.' Teimlai Gwen yn anghyfforddus rywsut wrth ddal y bagied anniben o sbwriel.

'A sut ma petha hefo chi yn y sowth 'cw?' Daeth Mrs Ifans drwy'r iet a sefyll yn y buarth bach o flaen y tŷ.

Sylwodd Gwen arni'n llygadu'r chwyn oedd wedi dechrau tyfu yn y craciau rhwng y slabiau concrit.

'O, ardderchog, dw i wrth fy modd efo'r swydd.' Gosododd Gwen y bag yn y *wheely bin* gan obeithio na chafodd Mrs Ifans gip ar y pwll o ddŵr drewllyd ar ei waelod.

'Ew, go dda. Ond sut fydd hi ar eich tad a chitha mor bell i ffwrdd?'

'Dwn i'm…' Methodd Gwen orffen y frawddeg. 'Croeso i chi ddŵad i fewn i ddeud helô,' ychwanegodd yn wan.

'O, gwnaf siŵr.'

Doedd dim eisiau gofyn ddwywaith wrth Mrs Ifans, a gwibiodd honno i fewn i'r tŷ mewn fflach. Ac erbyn i Gwen ei dilyn roedd hi wedi diosg ei chot ac yn eistedd yn ei *housecoat* neilon las (ei het ddu yn dal i fod ar ei phen), yn gwrando ar ei chymydog yn cwyno am ei sefyllfa ofnadwy mewn llais bach truenus. Edrychai arno'n traethu gyda'i llygaid bach craff a dechreuodd ei borthi bob yn hyn a hyn gydag ambell 'Tydi o ddim yn iawn, nac'di siŵr' neu 'Druan ohonoch chi, Mr Walters bach'.

'Tydi o ddim yn beth rhwydd i ddyn fod ar ben ei hun nac'di, Gwen?' cyhoeddodd Mrs Ifans wedi i dad Gwen orffen ei stori druenus. A chyn pen dim roedd hi wedi trefnu i ymweld â 'Mr Walters druan bob bora. Gan eich bod chi mor brysur efo'ch gwaith pwysig yn y sowth, Gwen.'

Oedd 'na ddirmyg yn y geiriau? Ond cyn i Gwen gael cyfle i ddechrau amddiffyn ei hun roedd Mrs Ifans wedi awgrymu gwneud tipyn o siopa a glanhau hefyd.

'Ma'r Co-op yn reit handi i mi. Sut de dach chi'n licio, Mr Walters?'

Doedd Gwen ddim yn siŵr a fyddai cael pig bach busneslyd Mrs Ifans yn picio i fewn bob bore yn gwneud y tro i'w thad, ond er mawr syndod iddi roedd hwnnw'n gwenu'n rhadlon. Roedd yn amlwg ei fod yn dwlu'n lân ar y maldodi gwenieithus.

'Dw i'n hoff iawn o Glengettie, wyddoch chi.'

'Tsiampion, Mr Walters. A dach chi'n licio rhyw deisen arbennig efo fo?'

'Mae gin i ffansi am rhyw *almond slice* bach weithia, Mrs Ifans, os nad ydi o'n ormod o draffarth…'

'Nac'di siŵr. Ac mi ddo i â bara brith cartra draw i chi nes 'mlaen. Mae gin i dorth yn y rhewgell.'

Cyn i Gwen ymlwybro drwodd i'r gegin gyda'r hambwrdd llwythog, sylwodd ar Mrs Ifans yn codi ambell gwpan a phlât gan edrych yn gyfrwys ar y marciau ar eu gwaelodion. Llanwodd y sinc gyda dŵr poeth a sebon er mwyn golchi rhagor o lestri a gwrando ar Mrs Ifans yn tincial chwerthin yn y stafell nesa. Ond pa ots oedd am hynny? Roedd awydd Mrs Ifans i fusnesa yn dod i daro'n deg gydag awydd Gwen i aros i ffwrdd. Pa ddrwg allai ddod o hynny? Plymiodd Gwen ei dwylo i fewn i'r dŵr. Efallai y byddai cymydog unig (a barus) yn cynnig yr ateb perffaith i'w sefyllfa anodd hi.

Doedd pethau ddim wedi gwella llawer yn y Mans. Un bore, rhyw wythnos wedi pregeth fawr Beca, roedd Dylan yn hwyrach nag arfer yn dod i lawr i gael brecwast. Edrychodd Beca ar ei horiawr yn ddiamynedd – roedd hi am fwrw ymlaen gyda'r cant a mil o bethau oedd ar ei rhestr am y dydd, ond roedd hi am roi trefn ar bethau cyn mynd allan. Roedd ôl Dylan i'w weld ymhobman – esgidiau mwdlyd (ar ôl bod mas yn yr ardd yn smygu) reit yn ffordd y drws cefn, siwmper wedi ei thaflu'n ddihidans ar lawr y cyntedd, a'r clustogau a'r garthen oddi ar y soffa, lle bu Dylan yn gorwedd neithiwr, yn bendramwnwgl ar y llawr.

'Er mwyn y nefo'dd – Dylan!' gwaeddodd Beca lan o waelod y grisie. 'Dylan!'

Roedd Beca mewn tymer ryfeddol o wael beth bynnag gan ei bod hi wedi dechrau ar ddeiet newydd ac yn llwgu ar ôl bwyta wy wedi'i ferwi a dau ddarn o seleri i frecwast. Roedd ei bola'n breuddwydio am ddarn trwchus o dost a menyn. Brasgamodd i fyny'r grisiau'n ddiamynedd.

'DYLAN!'

Cnociodd Beca ar ddrws ei stafell.

'Beth?' Roedd y llais a ddaeth drwy'r drws yn wan ac yn llawn diflastod.

'Dere i helpu fi gliro, plis, ac os wyt ti isie brecwast ma'n rhaid i ti ddod NAWR!'

Ochenaid hir y gellid ei chlywed drwy'r drws.

'Ocê.'

'Ti'n dod, 'te?'

'Ocê wedes i.'

Safodd Beca tu fas i'r drws a'i dyrnau'n belenni tyn. Dduw mawr, roedd Dylan fel plentyn! Na. Fel *toddler* mewn gwirionedd, yn creu *mess* ymhobman ac eisiau sylw DRWY'R AMSER! Agorodd y drws yn sydyn a daeth Dylan allan a syllu arni'n ddiflas.

'Beca, wi'n gwbod dy fod ti'n teimlo'n negyddol iawn tuag ata i ar hyn o bryd, ond wi am i ti wbod 'mod i'n trio fy ngore i ddringo'r mynydd o egni dinistriol sydd o 'mla'n i.' Gafaelodd Dylan yn ei llaw a gwenu, cyn diflannu i lawr y grisiau.

Cyn iddi ffrwydro'n siwps, aeth Beca draw i'w stafell wely a phwno'r *duvet* yn wyllt am rai munudau. O'r diwedd, eisteddodd ar erchwyn y gwely yn anadlu'n drwm ac yn meddwl. A phan ddaeth Arwyn adre, roedd Beca'n aros amdano. Ei breichiau wedi'u plethu. Yr unig beth oedd ar goll, meddyliodd Arwyn, oedd pin rholio.

'Cyn i ti weud dim byd, Beca,' meddai'n gyflym, 'wi wedi ca'l syniad.'

'Syniad? Pa fath o syniad?'

'Reit, wel. Meddwl o'n i…'

'Ie?'

'Y gallai Dylan witho'r rhandir i ni.'

'Dylan?'

'Ie.'

'Dylan sy ddim wedi neud diwrnod teidi o waith yn ei fywyd?'

'O, dyw hwnna ddim yn hollol deg. Eniwe. Yn y carchar fuodd e'n gwitho yn yr ardd – a gweud y gwir, fe wedodd e wrtha i taw 'na beth gadwodd e rhag mynd yn gwbwl dwlali yno.'

'Ie…?'

'Wel, meddwl o'n i, alle fe fyw yn y garafán a gwitho'r rhandir i ni. Cliro fe, tyfu llysie ac yn y bla'n. A chael cyfle i feddwl, falle, penderfynu beth i'w neud nesa.'

Dechreuodd Beca chwerthin. A dweud y gwir, wedi iddi ddechrau, ffeindiodd ei bod hi'n anodd iddi stopio. Chwarddodd Beca nes bod dagrau mawrion yn powlio i lawr ei gruddiau.

'Arwyn,' meddai wrth sychu ei llygaid, 'o, jiw, o'dd hwnna'n donic.'

'Na – wi'n 'i feddwl e. O ddifri.'

Dechreuodd Beca chwerthin eto. 'Ond y'n ni'n sôn am Dylan fan hyn, Dylan sy lan llofft yn brwydro gyda'r holl egnïon negyddol sy yn y *duvet*.' Aeth pwl arall o chwerthin yn ormod iddi.

'Wi'n meddwl 'i fod e'n syniad da.' Gallai Arwyn fod yn syndod o styfnig weithiau.

'Ond sai'n credu bod Dylan yn gallu neud paned o de hyd yn oed – alliff e fyth edrych ar ôl 'i hunan yn y garafán.' Roedd Beca'n fwy difrifol nawr. 'A dw i ddim yn gallu ei ddychmygu fe, chwaith, yn llafurio am ddyddie – na, wythnose! – i glirio'r patsyn 'na. Jiw jiw, fe fydde fe'n lot i rywun profiadol sy AM neud y gwaith…'

Heb yn wybod i Beca ac Arwyn, roedd Dylan yn sefyll tu fas i ddrws y gegin yn gwrando ar bob gair, a doedd e ddim yn hoffi'r hyn yr oedd yn ei glywed o gwbwl.

'A beth bynnag, alli di ddim disgwyl i Dylan, o bawb, neud rhywbeth mor gymwynasgar!' Dechreuodd Beca chwerthin eto. Roedd yr eironi'n ormod iddi.

'Wi'n mynd i ga'l gair 'dag e beth bynnag…'

Clywodd Dylan sŵn Arwyn yn symud tuag at ddrws y gegin a brysiodd yn ôl at y grisiau, er mwyn edrych fel petai e newydd gyrraedd y gwaelod. Mewn amrantiad, gwyddai Dylan ei fod am brofi i Beca nad oedd hi'n iawn.

'Fi?' meddyliodd yn anghrediniol. 'Yn hunanol? Yn methu neud paned?' (Er bod Beca yn llygad ei lle, wrth gwrs. Bu parêd hir o bobol yn gwneud paneidiau i Dylan dros y blynyddoedd – gan ddechrau gyda'i fam, a llond llaw o ysgrifenyddesau a chariadon, cyn cyrraedd Meriel, Gwen ac Astrid, gweithwyr y carchar ac, yn fwy diweddar, Beca ei hun.)

Cododd ei ben mewn ffug syndod wrth weld Arwyn yn dod tuag ato.

'Dylan, alla i ga'l gair?'

'Cei, wrth gwrs.' Triodd Dylan edrych yn naturiol, fel petai ganddo ddim syniad beth oedd i ddod.

'Awn ni i'r stydi.' Cyfeiriodd Arwyn ei law at y drws agored.

'Iawn.'

Aeth Dylan i fewn ac eistedd ar y gadair bren o flaen y ddesg. Doedd gan Arwyn ddim lot o ddewis ond eistedd yr ochr arall, gan roi naws rhy ffurfiol o lawer i'r sgwrs. Triodd iro'r olwynion.

'Ym… Jyst isie *chat* bach o'n i…'

'*Chat*?' Doedd Dylan ddim yn mynd i wneud pethau'n rhwydd i'w gyfaill.

'Ie. Ym, gwranda, ti'n cofio sôn am yr holl waith garddio 'na 'nes di yn y carchar?'

'Ie.'

'Ym… gwisga dy got,' meddai Arwyn yn benderfynol, 'wi isie dangos rhwbeth i ti.'

Roedd hi'n ddifrifol o oer tu fas, a rhyw hen law mân yn gwneud pethau saithgwaith yn waeth, ond gobeithiai Arwyn y byddai'n haws trafod y syniad yn yr awyr agored nag yn ffurfioldeb y stydi. Cerddodd y ddau at waelod yr ardd, heibio trampolîn Ifan a'r ffawydd diflas yr olwg a oedd yn dripian yn drist yn y glaw.

Wrth droi'r gornel tu ôl i'r llwyni, bu bron i Dylan daro i fewn i garafán a oedd wedi hanner ei chuddio gan goeden ywen fawr. Drws nesa i'r garafán roedd ffens fach a iet yn arwain i fewn i'r rhandir drws nesa. Hyd yn oed ar ddiwrnod llwyd a diflas fel hwn, gallai Dylan weld ambell un yn palu eu sgwariau o dir. Ac roedd un hen foi yn pwyso ar ei raw ac yn mwynhau paned a smôc.

'Reit,' meddai Arwyn, yn trio swnio'n fwy hyderus nag oedd e'n teimlo. 'Ma Beca a finne wedi bod yn meddwl – ma isie newid byd arnat ti. So ti'n meddwl?'

'O's.' Syllodd Dylan ar y llawr yn ddiflas.

'Wel,' meddai Arwyn, gan bwyntio at y rhandir. ''Ma fe i ti!'

'Be?' Gwnaeth Dylan ymdrech i edrych fel petai wedi ei synnu gan y geiriau.

'Ma isie rhywun i witho'r rhandir 'ma,' esboniodd Arwyn. 'Sdim amser 'da fi na Beca. A bod yn berffeth onest, ma'n embaras i fi edrych ar y llwyni a'r chwyn 'ma bob dydd.'

'Wi ddim yn synnu, ma golwg y diawl arno fe,' meddai Dylan yn bwdlyd.

'Ocê, wi'n gwbod, a 'se fe ddim yn eiddo i'r Mans fe fyse pwyllgor y rhandir wedi'n gorfodi ni i fynd flynyddo'dd yn ôl. A gweud y gwir, Dylan, byset ti'n neud ffafr â fi 'se ti'n cytuno i helpu…'

'A ma Beca isie fi mas o'r ffordd, sbo…'

'Nage 'na'r rheswm…'

'Glywes i chi'n siarad. Bob gair wedodd Beca. Sai'n credu 'i bod hi'n gweld o gwbwl mor anodd ma pethe wedi bod…'

'Wel, profa hi'n rong 'te!' Roedd hyd yn oed Arwyn yn dechrau colli amynedd nawr. 'Cliria hwn i ni – planna'r hadau, creu patsyn llysie a ffrwythe. Wedes di dy hunan gymaint o help fuodd garddio i ti yn y carchar, on'd do fe?'

'Do…'

'Wel, falle wnaiff hwn les i ti 'fyd.'

'Wel…'

'A gei di fyw yn y garafán 'ma am ddim.'

Am funud, safodd y ddau gyfaill yn llonydd yn y glaw mân.

'Beth ti'n feddwl, 'te?'

Ochneidiodd Dylan yn ddwfn a rhoi cic i'r mwsogl blewog ar y llwybr.

'Ie… Am wn i.'

'Wir? Ti'n siŵr?'

'Sai'n credu bod lot o ddewis 'da fi, o's e?' Edrychodd Dylan lan o'r diwedd, a throi gwep bwdlyd i gyfeiriad ei gyfaill.

'Wnei di ddim difaru, wi'n siŵr!'

Penderfynodd Arwyn anwybyddu'r olwg ar wyneb Dylan a throdd i agor drws y garafán yn frwdfrydig. Taniodd un o'r goleuadau bach nwy a'i annog i eistedd. 'Reit, ma'r soffa 'ma'n troi'n wely, ddangosa i shwd i ti mewn munud. Ma cypyrdde o dano fe hefyd – digon o le i gynfase gwely ac yn y bla'n. Ma fe'n dwym neis 'ma unwaith i ti gynne'r tân bach nwy 'ma…'

Triodd Dylan wrando ar yr hyn yr oedd Arwyn yn ei ddweud ond yr unig beth oedd yn blaen iddo oedd bod ei gyfaill eisiau fe mas o'r ffordd. Ond yna, meddyliodd, allai byw yn y garafán ddim bod yn waeth na'r stafell unig ar dop y tŷ. O leia fan hyn fe allai ddianc rhag llygaid cyhuddgar Beca. Eisteddodd yn llipa a gadael i Arwyn fwrw 'mlaen yn frwdfrydig.

'Nawr, alla i gynnig radio bach i ti. A ma 'da ti'r hen ffôn 'na roddes i i ti, on'd o's e?' Tynnodd Arwyn y llenni bach blodeuog yn egnïol. 'Os o's isie tsiarjo fe dere ag e draw i'r tŷ ac fe roiai fe yn y stydi.'

Fesul un, cyneuodd y lampau bychain eraill o gwmpas y garafán, tra eisteddai Dylan yn bwdlyd ar y soffa. Ond bwriodd Arwyn ymlaen.

'Ma potel nwy o dan y sinc yn bwydo'r goleuade 'ma a'r stof, ac ma 'na un sbâr yn y garej pan fydd angen.'

'Ocê.'

'Fe gaf i *cereal* a bara ar gyfer y bore i ti. A wi'n siŵr y gwnaiff Beca gaserol i ti dwymo yn y ffwrn fach 'ma heno.'

'Diolch…' meddai Dylan. 'Am ddim byd,' meddyliodd yn chwerw.

'Nawr, ma arian 'da ti, on'd o's e?'

'Ym, o's. Y *discharge grant* 'na ges i wrth y carchar.'

'Grêt, ac fe gei di ragor wrtha i er mwyn prynu hadau ac yn y bla'n. A falle daw rhwbeth wrth y cyfreithiwr cyn bo hir.'

'Hmm,' crymodd Dylan ei ysgwyddau'n bwdlyd.

'Ma siop Spar ar waelod y tyle yn gwerthu'r *basics*. Allith Beca ddodi siopad iawn miwn i ti bob wythnos pan aiff hi lawr i Asda, so cofia neud rhestr os fydd isie.'

'Iawn, ocê.' Roedd Dylan yn dyheu am i'r sgwrs orffen nawr er mwyn iddo gael heddwch i lyfu ei friwiau.

'A jiw, ti'n gwbod bod croeso yn tŷ ni unrhyw bryd!'

'*Yeah, right*,' meddyliodd Dylan.

Cyn mynd yn ôl i'r tŷ i hel yr ychydig bethau oedd gan Dylan yn ei stafell, edrychodd y ddau yn fwy manwl ar y rhandir dan sylw. Darn o dir tua 250 metr sgwâr ydoedd. Ar un ochr, gwelodd Dylan fod yna sawl coeden ffrwythau, yn noeth, wrth gwrs, ynghanol y gaea fel hyn, ac yn dripian dŵr fel pob dim arall o'u cwmpas. Roedd cyfran helaeth o'r tir wedi'i orchuddio gan fieri ond roedd ambell ddarn glaswelltog fan hyn a fan draw. Ar ymyl y patsyn tyfai derwen osgeiddig a hynafol yr olwg a llechai sied gymharol newydd yn ei chysgod.

Edrychodd Arwyn ar ei draed. 'Ma cywilydd 'da fi gyfadde taw anrheg 'o'dd y sied 'na wrth hen foi annwyl iawn – John Bach o'dd 'i enw fe, ac o'dd e wedi addo dangos i fi shwd o'dd tendio'r rhandir. Ond fe fuodd e farw'n sydyn cyn i ni ga'l cyfle i ddechre arni'n iawn. Ac a'th pethe'n angof rywsut. Ma 'na dunnell o stwff tu fewn – ei hen bethe fe i gyd. Sa i 'di ca'l amser i fynd drwyddo fe'n iawn… Falle allet ti ddechre fan'na, Dylan?'

Nodiodd hwnnw'n fud a chaniatáu i Arwyn ei arwain yn ôl i'r Mans i glirio'i bethau.

O fewn hanner awr roedd Dylan wedi ei setlo yn y garafán. Roedd pennod newydd yn ei fywyd ar fin dechrau.

Yn y tŷ, eisteddodd Arwyn yn drwm ar y soffa. Roedd Beca'n smwddo o flaen *Pobol y Cwm*. Chwaraeai Ifan gyda'i Lego o flaen y tân. Teimlai Arwyn yn ddiolchgar iawn am ei deulu bach ac am gynhesrwydd y stafell. Roedd hi wedi oeri'n sydyn a gweddïodd y byddai Dylan yn ddigon cynnes yn y garafán, a'i fod yn lled ddedwydd ei fyd. Cafodd ysfa sydyn i ddal corff bach cynnes ei fab a rhoddodd gwtsh iddo, cyn gafael mewn darn o Lego a setlo i chwarae o flaen y tân.

'Reit 'te, ble ti isie i fi ddodi hwn 'te, Ifan?' gofynnodd yn hapus.

Edrychodd Beca ar y ddau ohonynt, mor debyg i'w gilydd mewn gwirionedd, er bod yna halen a phupur yn un o'r mopiau gwallt erbyn hyn. Cynigiodd weddi o ddiolchgarwch ei hun, gan droi ei meddwl yn fwriadol oddi wrth y garafán fach ar waelod yr ardd.

Eisteddodd Dylan yn llonydd am awr dda ar ôl i Arwyn ei adael. Doedd ganddo mo'r syniad cynta beth i'w wneud nesa. Cofiodd am gaserol Beca yn y ffwrn, a thaenodd fymryn ohono ar blât a'i fwyta wrth feddwl. Blydi Beca. Hi oedd yn gyfrifol am ei landio yn y twll 'ma. Cofiodd am ei geiriau dirmygus. Ond gwingodd. 'O God, o'dd hi'n iawn, on'd o'dd hi?' Doedd e ddim wedi gorfod edrych ar ei ôl ei hun ers blynyddoedd.

'Wel, fe fydd yn rhaid i fi ddysgu,' meddyliodd yn hunandosturiol, 'ma'n amlwg bo neb arall yn mynd i fy helpu.' Doedd neb fel tasen nhw'n deall am y mynydd o *issues* yr oedd e'n ceisio eu goresgyn, nac am ei angen am gariad, am gadarnhad. Ac uffarn, ro'dd y garafán 'ma'n *depressing*, er bod Beca wedi dodi cwilt pert a chwpwl o glustogau lliwgar ar y seddi. Llyncodd Dylan y caserol heb ei flasu o gwbwl.

Tu fas i'r garafán eisteddai'r robin goch ar ei foncyff moel a'i ben yn ei blu. Roedd hi wedi oeri'n sydyn. Chwyrlïai'r gwynt o'i gwmpas a theimlodd ambell bluen o eira yn araf ddisgyn o'r awyr uwch ei ben. Ond er bod y gaea ar ei anterth, gwyddai'r robin fod y rhod yn araf droi a bod y gwanwyn ar ei ffordd.

Pennod 6

'Osian, dere i'r ford, bach. Ma swper yn barod.'

'Isie watsho teli.'

'Gei di neud 'ny ar ôl byta, Osian. Cer i olchi dy ddwylo a dere i fyta. 'Drych, ma Twm yn ishte'n deidi ar bwys y ford yn barod.'

'Sai moyn.'

'O, *come on*, Osh.'

'Na.'

'Gei di bwdin *special* os ddoi di i ishte fel crwt bach da…'

'Pwdin siocled sbesial?'

'Ie, pwdin siocled *special*.'

'Ocê, Mam-gu.'

'Ond Osh?'

'Ie?'

'Dim gair wrth Mami, iawn? *Secret* bach ni yw'r pwdin siocled…'

'Ocê, Mam-gu.'

'A ti'n addo byta'r ffrwythe hefyd?'

Saib.

'Osh? Dim pwdin siocled heb y ffrwythe…'

'Iawn, ond wi'n mynd i fyta nhw gyd gynta a safio'r pwdin tan y diwedd.'

'*Fair enough*, Osh.'

Cuddiodd Meriel wên wrth iddi osod y pryd bwyd o flaen y bechgyn bach. Diolch byth am y *boys*. Roedd Meriel wrth ei bodd yn edrych ar eu holau nhw – er y gwyddai'n iawn y byddai Rhian a Huw yn anghytuno gyda'i ffordd hi o wneud pethau. Ond 'na ni. Mam-gu oedd hi, nid rhiant – ac roedd pawb yn gwybod bod rheolau Mam-gu'n wahanol. 'A be sy'n bod ar fymryn o *chocolate*, beth bynnag?' meddyliodd Meriel yn styfnig wrth osod y ddau bwdin yn y meicrodon. 'Wnaeth e ddim drwg i Rhian.' Penderfynodd guddio'r pecynnau, serch hynny.

Aethai dros naw mis heibio ers yr achos llys a gwyddai fod Dylan allan o'r carchar bellach. Doedd ganddi ddim syniad lle'r oedd e wedi mynd. A doedd neb fel petaen nhw'n gwybod – doedd e ddim hyd yn oed wedi cysylltu â Gwen, yn ôl pob sôn. Fe ddigwyddodd Meriel daro i fewn iddi yn Chapter yr wythnos cynt. Teimlai'n ofnadwy pan glywodd nad oedd gan Gwen unrhyw sicrwydd o gael yr arian oedd yn ddyledus iddi gan Dylan. Diolchodd i'r nefoedd ei bod yn ymddangos yn ddigon hapus yn gweithio i Llinos.

Dechreuodd Meriel lwytho'r peiriant golchi llestri a chlirio'r bwrdd, a oedd ar goll o dan haenen drwchus o friwsion bara a ffa pob. Edrychai fel tasai teulu o fabŵns brwdfrydig wedi bod yn bwyta yno.

'Reit, *boys* – bàth mewn chwarter awr!'

Bu'n rhaid iddi weiddi gan fod Osian a Twm wedi diflannu 'nôl i'r stafell deledu ar ôl gorffen pob pripsyn o'r pwdin melys. 'A well i fi olchi'r rhain yn *fast*.' Gafaelodd Meriel yn y platiau pwdin a'u plymio i'r dŵr sebonllyd.

Wrth wisgo menig rwber i olchi'r sosbenni, meddyliodd am ddiflastod y diwrnod blaenorol. Ei bwriad oedd sortio drwy rai o'r bocsys o luniau a hen bapurau a fu yn yr atig ers iddi symud wedi'r ysgariad. Chafodd hi ddim cyfle i roi trefn arnyn nhw wrth symud – dim ond bwndelu popeth mewn bocsys er mwyn gadael y cartre lle bu'n byw gyda Dylan mor glou ag oedd yn bosib.

Ond ddoe roedd hi wedi dadbacio'r bocs cynta. A chael pwl o ddiflastod llwyr wrth weld yr hen luniau, yn enwedig y rhai hynny ohoni hi a Dylan yn bâr ifanc hapus. Sut aeth pethau gymaint o chwith?

Jiw, ro'n nhw'n bishyns ar y cythrel. Yn un llun (a dynnwyd yn eu tŷ cynta yn Sblot) roedd y ddau ohonynt yn stecslyd o wyn, mwy o baent ar eu dillad nag ar y to ar ôl cwpla paentio'r stafell fyw. Cofiai Meriel yr achlysur yn iawn. Tynnwyd y darlun drwy ddefnyddio'r *timer* ac roedd Dyl wedi neidio 'nôl yn glou er mwyn dodi ei fraich o'i chwmpas, y ddau ohonynt yn chwerthin fel ffyliaid wrth i'r golau fflachio. *Selfie* hen ffasiwn. Hen le tamp oedd y tŷ yna. Y tŷ bach yn drewi o hyd a'r cymdogion yn conan am y sŵn bob tro roedden nhw'n chwarae recordiau Cymraeg.

Llun arall ohonyn nhw mewn rhyw *demo* neu'i gilydd – Cymdeithas yr Iaith, gwrth-apartheid neu CND? Doedd Meriel ddim yn siŵr o edrych ar y llun. Siglodd ei phen. Roedd hi wedi anghofio iddyn nhw fod mor ddygn, mor siŵr o bethau. I ble ddiflannodd y teimlad 'na?

Gorfododd ei hun i fynd yn ei blaen at luniau ohonyn nhw gyda Rhian yn fach. Dylan gyda Rhian ar ei 'sgwyddau, y ddau mewn rhyw Steddfod neu'i gilydd. Roedd pethau'n well pan oedden nhw'n dlawd, meddyliodd Meriel yn drist. Ocê, roedd Dylan wastad yn un am y merched, ond ni ddechreuodd ei lygaid grwydro o ddifri tan iddyn nhw symud i'r tŷ mawr ym Mharc y Rhath.

Dyna pryd y cychwynnodd Meriel boeni am ddillad a cholur a chadw lan 'da phawb arall, ontyfe? Yr holl bartïon gwag 'na yng Nghlwb y BBC ac yna gorfod gwahodd pobol draw i swper i 'helpu Dylan gyda'i *career*'. Hithau'n trio cystadlu gyda'r actoresau 'na. Yn trio edrych mor ifanc a phert â nhw. A Dylan i ffwrdd drwy'r amser yn ffilmio.

Tynnodd Meriel y Marigolds melyn a dechrau mwytho hufen *jasmine* i'w dwylo. 'Na,' meddyliodd. 'Af i ddim ar ôl yr holl ddiflastod 'na heno, neu fe fydda i 'nôl lle'r o'n i, *drinking too much Chardonnay* ac yn wastio dagre gwag ar y diawl. Na, wi 'di symud mla'n a wi'n mynd i ganolbwyntio ar fod yn fam-gu dda ac enjoio fy hun.'

Ond wrth iddi ddodi'r tecell ar yr Aga roedd y meddyliau'n dal i ddod. Ie, llwyddiant Dylan ddaeth rhyngddyn nhw. A'r celwyddau di-ben-draw. Dylan yn dweud un peth ac yn gwneud rhywbeth arall. Actores ifanc fyddai'r rhywbeth arall gan amla. A hynny, weithiau, o dan drwyn Meriel. Pan fyddai cast ei raglen ddiweddara yn cael eu gwahodd draw i swper, a Meriel yn trio'i gorau i edrych yn hyderus a llawen, ond ei chalon fel plwm wrth iddi sylwi ar y ferch ifanc yn cyffwrdd braich ei gŵr wrth chwerthin ar ei jôcs. A dyna pryd byddai Meriel yn agor potel arall o siampên, ac yn chwerthin yn uchel, gan geisio esgus nad oedd ganddi daten o ots am Dylan a'i ferched.

Dim rhyfedd eu bod nhw wedi tyfu ar wahân. Ond roedd hi wedi anghofio rywsut fod eu dyddiau cynnar wedi bod yn hapus o gwbwl. Yn y lluniau, ro'n nhw'n edrych fel petaen nhw wirioneddol mewn cariad.

'Ac mi o'n ni.' Sylweddolodd Meriel ei bod wedi dweud y geiriau mas yn uchel. 'Wel, mi o'n ni,' meddai'n amddiffynnol wrth droi at y cwpwrdd yn ddiflas i chwilio am fisgïen. Gydag ochenaid fawr, tynnodd y tegell oddi ar yr Aga ac aeth ati i wneud paned gyflym cyn dechrau rhedeg y bàth i'r *boys*.

Yn y garafán ar y noson gynta honno, teimlai Dylan yn gwbwl unig. Roedd hi'n dawel, dawel – ac yn dywyll hefyd wedi iddo ddiffodd y golau nwy, gan nad oedd llewyrch goleuadau stryd y pentre yn cyrraedd y man anghysbell hwn. Clywodd Dylan gwdihŵ yn canu tu fas, 'sŵn diawledig o drist os buodd un erio'd,' meddyliodd yn ddiflas.

Roedd y gwely'n syndod o gyfforddus ac roedd Dylan yn hoffi'r ffordd yr oedd y darnau'n ffitio gyda'i gilydd yn rhwydd wrth iddo droi'r bwrdd yn wely dwbwl. Ac roedd Beca wedi rhoi cwilt cynnes a chynfasau *flannelette* cyfforddus iddo hefyd. 'Teimlo'n euog, mae'n siŵr,' meddai Dylan yn uchel wrth osod y gwely.

Pam, felly, ac yntau mewn man mor glyd, yn bell o ddiflastod y carchar a llygaid cyhuddgar Beca, a chyda rhyw fath o gynllun ar waith o'r diwedd, y teimlai Dylan yn waeth nag erioed? Cofiodd eiriau Simon yn y grŵp therapi: 'You are who you are, Dullan. No-one else can make the decision to move forward but you. Only you can free yourself from all this anger and bitterness.'

'Hy,' meddyliodd Dylan yn sur. Roedd hi'n ddigon rhwydd i Simon, gyda'i swydd ddiogel a'i bensiwn. Doedd e ddim yn styc yn y twll carafán 'ma. A doedd Simon ddim yn ei ddeall yn iawn, beth bynnag, ddim yn deall gymaint o help fuodd darllen *The Hurt Inside*, am y cyngor gwych tu fewn i'r cloriau.

'The thing is, Dullan, it's great that you're really thinking about things and I'm sure that book works in many ways, but you won't be able to move on until you accept some responsibility for your actions.'

Ond doedd Simon ddim fel petai'n deall! Nid bai Dylan oedd hyn i gyd! Roedd yntau wedi cael cam hefyd! Teimlai'r hen nadroedd cenfigennus cyfarwydd yn cordeddu yn ei berfedd.

'Pam mae pawb arall yn ca'l byw'n fras?' meddyliodd yn sur. 'O'n i'm yn neud dim byd yn rong. Ac ma PAWB yn y busnes yn 'i neud e, on'd y'n nhw? Pam pigo arna i? A Glyn. I ble ddiflannodd y diawl 'na, sgwn i?'

Chwyrlïai'r meddyliau chwerw hyn fel chwyrn drobwll hunllefus yn ei ben, ac er iddo drio'u tawelu a'u gwthio i ffwrdd, llechai ofn a dychryn am y dyfodol oddi tanynt fel creigiau mileinig yn cuddio dan wyneb y dŵr. Syrthiodd i gwsg anesmwyth, ond doedd dim llonydd i'w gael yno chwaith. Fe'i harteithiwyd gan freuddwydion rhyfedd, un ar ôl y llall. Dawnsiai wynebau Meriel a Glyn a Gwen a Beca yn un promenâd hunllefus o'i flaen, yn chwerthin ar ei ben, ac yntau wedi ei rwystro gan raffau anweledig. Glaniodd wedyn ar ymyl afon a gweld Rhian a'r plant yn chwarae ar y lan gyferbyn. Ond er iddo weiddi a gweiddi, nid oedd neb yn ei glywed.

Deffrodd yn sydyn, yn methu'n deg â chofio lle'r oedd e, ar goll yn y tywyllwch, ei galon yn curo'n boenus a'i anadl yn dod yn byliau gwyllt. Ebychodd wrth i'r meddyliau hunllefus ailafael ynddo'n syth. Gwelodd y wawr yn torri cyn i flinder ei oresgyn.

Pan ddeffrodd ychydig oriau'n ddiweddarach, ei geg yn sych a'i gefn yn stiff, roedd gwawr las a pherlaidd i'r golau a lifai i fewn drwy'r llenni. Ymestynnodd Dylan a dylyfu gên, cyn codi o'r gwely'n araf ac agor y llenni bach uwchben y stof.

Llamodd ei galon wrth weld ei bod hi wedi bwrw eira dros nos. Roedd y rhandir yn bictiwr. Disgleiriai'r eira ar bob brigyn a boncyff ac roedd pibonwy a chrisialau'n hongian o do'r garafán. 'Diawch, dw i'n oer,' meddyliodd gyda syndod, a dechrau gwisgo. Yn sydyn, roedd yn dyheu am fod allan yn y prydferthwch rhyfeddol, a gwisgodd ei *fleece* gan frysio allan drwy ddrws y garafán. Gwlychodd ei draed bron yn syth gan ei fod mewn *trainers* simpl, ond doedd ganddo ddim ots. Mewn ffordd ryfedd, roedd yn falch o gael teimlo'r oerfel iachus ar ôl y fath noson. Gafaelodd mewn llond llaw o eira a rhwbio'i wyneb yn eiddgar, gan orfoleddu yn y glendid oer.

Syllodd o'i gwmpas. Edrychai'r mieri a'r llwyni fel petai rhywun wedi eu taenu â blanced les. Gorchuddiwyd bob brigyn bach gan haenen o grisial sgleiniog. Doedd Dylan erioed wedi sylwi mor brydferth oedd siâp coed heb ddail – y boncyffion cnotiog yn troi'n frigau byseddog a'r cwbl yn disgleirio yn yr haul. Trodd Dylan ei wyneb tuag ato a theimlo'r cynhesrwydd yn llifo i fewn iddo.

Ac yna, ynghanol y prydferthwch monocrom, rhuthrodd

bwled fach gochlyd heibio iddo a glanio ar y ffens. Pen bach ar dro, llygaid duon yn pefrio a dwy goes fel matsys. Gwenodd Dylan ar y robin a throi'n ôl i'r garafán i hwylio brecwast.

Roedd llaeth a menyn yn yr oergell a hanner torth o fara gwyn wedi'i sleisio yn y cwpwrdd bach. Ffeindiodd Dylan botyn o Marmite yno hefyd. Syllodd yn ddiflas ar y ddau ddarn o fara gwyn cyn eu gosod o dan y gril i'w tostio. Roeddent yn debycach i blastig na bwyd, meddyliodd, gan feddwl yn hiraethus am y brecwastau gwych a fu'n gymaint rhan o'i orffennol. *Croissant* yn gyforiog o jam neu *pain au chocolat* a *latte* hufennog mewn cyfarfod yn yr Hilton. Nid yr *instant* diawledig 'ma. Neu blatied o gig moch ac wyau melyn, a hyd yn oed botel o siampên yn y St David's. Y cyfarfodydd brecwast hwyliog ddeuai fyth eto.

'Ddim yn y twll 'ma, beth bynnag,' anerchodd Dylan ei wyneb yn y drych bach smotiog ar y cwpwrdd. Roedd golwg ddychrynllyd arno fe – tyfai blewiach llwydion ar ei ên, roedd croen ei wyneb yn felyn gan flinder a'i lygaid yn dyllau cochlyd. Ochneidiodd yn uchel.

Gwell iddo fwyta, sbo. Taenodd fenyn a Marmite ar y bara gwyn ac eistedd wrth y bwrdd. Chymerodd hi ddim yn hir iddo lyncu'r tost, a ddiflannodd yn ddim yn ei geg. Eisteddodd yn ôl yn ei sedd i orffen ei baned ddiflas o Nescafé oedd yn amlwg, wrth ei flas, wedi bod yn y garafán ers haf diwetha.

'Ocê. Wi 'ma.' Dechreuodd resymu'n feddyliol. 'Ac ocê, dyw e ddim yn deg. Wi'n gwbod 'ny. Alla i ddim symud o'ma nes daw'r tamaid bach o arian sy 'da fi ar ôl oddi wrth Douglas. So… ocê, fe gliria i'r rhandir 'ma. Gymeriff e ddim yn hir, wi'n siŵr. A falle bod Arwyn yn iawn – fe gaf i amser i feddwl beth ddiawl wna i nesa.'

Gosododd ei blât yn y sinc fach a phenderfynu ysgrifennu at Rhian, yn gofyn iddi ddod â'r bois draw i'w weld. Bydden nhw'n lico'r garafán. Gwenodd yn drist wrth gofio am ei wyrion bach brwdfrydig ac yn sydyn daeth dagrau hunandosturiol i'w lygaid. Ochneidiodd yn uchel. Beth ddiawl oedd e'n feddwl? Pwy blentyn fyddai eisiau gweld *loser* fel fe? Dim gwraig, dim jobyn ac yn byw fel trempyn ar gardod pobol eraill.

Allai Dylan ddim godde meddwl rhagor am bethau. Agorodd y drws a phenderfynu mynd i chwilota yn y sied. Cafodd y syndod rhyfedda wrth weld bod y rhandir, a fu'n lle mor dawel ac unig hanner awr ynghynt, nawr yn fwrlwm o weithgaredd. Gweithiai teulu Tsieineaidd ar un patsyn, y rhieni'n clirio llwybr bach a'r plant yn chwarae yn yr eira. Gwelodd griw bach o hen ddynion ar ochr arall y rhandir yn sgwrsio dros baned. Ac wrth iddo syllu, cerddodd ffigwr arall, mewn cot ffwr drwchus, yn bwrpasol tuag at adfail a oedd yn y pen pella. Rhyw fath o hen sgubor oedd yr adfail o'r hyn a welai – waliau duon pitsh a thamaid o do llechi yn weddill ar hyd un ochr. Agorodd y ffigwr ddrws yn y mur a diflannu i fewn.

Teimlai Dylan fymryn yn hunanymwybodol wrth gamu drwy'r iet fach i'r rhandir. Ac yn wir, troi i edrych arno gyda syndod wnaeth sawl un oedd yn gweithio yno.

'Ti 'di dod, 'te, o'r diwedd?'

Bu bron i Dylan neidio allan o'i groen wrth weld bod dyn bach byr mewn cap pig y New York Yankees a chot wlanen drwchus yn sefyll reit yn ei ymyl.

'Y… be?' O lle ddaeth hwn mor sydyn?

'I glirio'r *mess* 'ma?'

'Do…'

'Tomi.' Estynnodd y dyn bach ei law yn frwdfrydig. Edrychai dros ei ddeg a thrigain ac roedd ganddo wyneb crwn, cochlyd, bochau fel dwmplenni a llygaid bach duon, bywiog a ddiflannai bron yn llwyr pan fyddai'n gwenu.

'Wel, croeso i'r rhandir… y?'

'O… sori, y… Dylan, ie, Dylan.'

'Dylan, ife? Wel, doda'r tegell mla'n, 'te, af i i 'nôl 'y nghwpan.'

A chyn i Dylan gael cyfle i ateb roedd y dyn bach wedi diflannu. Dychwelodd at y garafán yn fyr ei dymer. Pwy oedd hwn nawr? Rhywun arall yn cymhlethu pethau. Chafodd Dylan fawr o amser i ystyried. Mewn dim, roedd Tomi yn ei ôl.

'Lle bach neis yw hwn,' meddai, gan ymestyn ei ben a'i ysgwyddau. 'Hi, Mrs Parch, sy 'di bod wrthi, ife? O le wyt ti'n dod 'te, Dylan? O's bisgïen bach 'da ti, 'te? Yn y cwpwrt 'ma fysen nhw, ife?' Agorodd Tomi'r drws bach o'i flaen ac estyn paced o Jaffa Cakes a oedd yn llechu yng nghefn y cwpwrdd.

'O Gaerdydd,' atebodd Dylan.

'*Caaadiff aye*, ife?' Chwarddodd Tomi'n hapus.

'Wel, o'r Cymoedd yn wreiddiol.'

'Gwd, gwd. A ti 'di gwitho *allotment* o'r bla'n, 'te?'

'Ddim *allotment* yn gwmws, ond wi 'di neud lot o arddio. Ym… neud… ymchwil ydw i, a gweud y gwir… ar gyfer… rhaglen deledu…' O le ddaeth hwnna'n sydyn? Doedd Dylan ddim wedi bwriadu, ond rywsut fe lithrodd y celwydd mas.

'Telifision, ife? Wi'n lico'r Angharad Mair 'na. Oti hi'n mynd i ddod 'ma?'

'Na… ym… rhaglen… newydd fydd hi.'

Edrychodd Tomi ar Dylan yn graff.

'O's cynllun pendant 'da ti, 'te? Ar gyfer y patsyn? Ma 'da ni reole 'ma, ti'n gwbod – *cultivation plans*, cadw'r *plots* yn deidi, bildo twmpyn compost. Ac y'n ni'n *hot stuff* am *recycling*'ed.'

'Reit.'

'O's deiagram neu rwbeth 'da ti?'

'Ddim… eto. Dal i edrych ar y tir. 'Na beth o'n i ar y ffordd i'w neud nawr.'

'Ddo i 'da ti, 'te.'

'Iawn.' Cytunodd Dylan, er y byddai'n well ganddo fynd ei hun.

'Wi'n meddwl 'mod i'n cofio shwd le o'dd 'ma pan o'dd y gweinidog diwetha 'co. O'dd e'n well garddwr na'r

Parch,' chwarddodd Tomi a diflannodd ei lygaid i gyfeiriad y dwmplenni. 'Do's dim lot o siâp ar bethe, o's e?' Difrifolodd yn sydyn. 'Wi'n lico fe'n pregethu, cofia, ond sai 'di gweld e'n codi rhaw erio'd.'

Tynnodd Tomi ddarn o bapur sgrap a gwaelod pensil oedd wedi gweld dyddiau gwell mas o'i boced, a martsiodd draw at batsyn y Mans, gyda Dylan wrth ei ochr yn synnu mor gyflym y gallai'r dyn bach symud. Wrth iddo syllu ar y tir fe fuodd tipyn o grafu pen a chicio twmpathau o eira, ond cyn pen dim roedd Tomi wedi gwneud deiagram syml.

'Reit 'te. Ti'n gweld fel ma hi. Ma 'da ti ddwy goeden fale fan hyn, a wi'n credu, os wi'n cofio'n iawn, bod 'na lwyn cwrens duon a llwyn gwsberis yn y gornel arall. Os odyn nhw dal yn fyw, ontyfe! Ma 'da ti'r hen dderwen 'ma hefyd, wrth gwrs. O, ma hon yn biwtiffyl. Bydd isie llwybr teidi arnot ti a synnen i fochyn os nag o's un i ga'l o dan yr holl chwyn 'ma.' Gwenodd Tomi lond ei geg a gafael ym mraich Dylan fel petai ar fin rhannu rhyw gyfrinach fawr. 'Bydd isie penderfynu lle fyddi di'n dodi dy dwmpyn compost, a'r gwelye llysie. A bydd isie rhwbeth arnot ti i gasglu dŵr glaw – dim problem, ffona'r cownsil, gei di *water butt* am ddim wedyn 'ny.'

'Ie, wel, o'n i'n mynd i neud 'ny heddi,' meddai Dylan yn amddiffynnol. Er nad oedd y fath beth wedi croesi ei feddwl, wrth gwrs, daeth y celwydd yn rhwydd fel arfer.

''Na ti, gw'boi, 'na ti. Reit 'te. Wi'n mynd i ga'l 'y nghino. Wela i di 'to, gw'boi. Edrych mla'n at weld be sy o dan y siang-di-fang 'na. Telefision, wel, jiw jiw.'

Siglodd Tomi ei ben wrth brysuro i ffwrdd, gan adael Dylan ar ei ben ei hun ynghanol yr eira, yn dal papur sgrap yn ei law ac yn teimlo'n falch na fyddai'n rhaid iddo ateb rhagor o gwestiynau poenus. Ailedrychodd ar y twmpyn mieri anferth, oedd yn ymddangos dipyn yn fwy trwchus nawr ei fod yn sefyll reit wrth ei ymyl. Suddodd calon Dylan fymryn a chrynodd hefyd wrth i'r haul ddiflannu tu ôl i gwmwl. Roedd ganddo draed oer a gwlyb, twr o fieri i'w clirio a dim clem sut i ddechrau ar y gwaith. Ac ar ben y cwbwl, roedd y gwaith yn seiliedig ar gelwydd.

Trodd Dylan at y sied yn ddiflas a rhoi'r allwedd yn y clo. Roedd y dasg yn anodd gan fod ei fysedd mor oer a gwlyb, a chwympodd yr allwedd i'r eira sawl gwaith. Llwyddodd o'r diwedd i agor y drws a chododd ei galon wrth weld bod y sied yn daclus a glân. Er bod nifer o fagiau plastig duon i'w sortio, roedd gweddill cynnwys y sied wedi ei osod ar silffoedd neu'n hongian ar rwydwaith o begiau cadarn yr olwg ar hyd y wal gefn. A diolch byth, gwelodd fod pâr cadarn o welingtons yno – a menig garddio hefyd.

'Gobeithio caf i lonydd nawr bod y diawl busneslyd 'na wedi mynd,' meddyliodd Dylan wrth newid ei sanau a gwisgo'r welingtons ar ei draed.

Aeth 'nôl at y mieri gyda'r siswrn garddio mawr a ffeindiodd yn y sied. Dechreuodd dorri'r brigau, heb feddwl am unrhyw gynllun arbennig. Aeth pethau'n iawn i ddechrau, a llwyddodd i osod nifer o frigau pigog mewn pentwr ar ymyl y rhandir. Byddai'n rhaid iddo gynnau tân i ddifa'r rhain, meddyliodd – doedd dim pwynt eu gosod mewn twmpyn compost. Ailddechreuodd dorri. Ond rywsut, daliodd y mieri yng ngholer ei got y tro hwn ac wrth iddo droi i'w ddatod aeth brigyn arall ynghlwm yn ei lawes.

'O, bygyr.' Trodd Dylan i wynebu'r brigyn cynta a ffeindio bod trydydd un wedi gafael yn ei drowsus. Ac wrth i ddannedd y mieri dreiddio drwy haenau tenau'i ddillad, teimlodd bigiadau o boen ar dop ei goesau. Dechreuodd wingo'n wyllt mewn ymgais i ddatod y mieri, ond dim ond mynd yn fwy clwm oedden nhw ac roedd pob symudiad yn gwthio'r dannedd miniog yn ddyfnach i'w groen.

'Ow, ow, ow, ow!' Gwingodd mewn poen a gollwng y

siswrn ar lawr. 'O hel, i lle a'th…? Ow, mae hwnna'n brifo…'
('Mae'r blydi mieri 'ma fel popeth arall,' meddyliodd yn ffyrnig,
'yn benderfynol o roi amser caled i fi.') 'Bygyr, bygyr, BYGYR!'

Roedd y mieri wedi cyrraedd y darn tynera rhwng ei
goesau.

'Aaaaa!' Stranciodd Dylan yn wyllt yn ei boen.

'Ddylet ti aros yn llonydd a datod y brigau un ar y tro.'

Safai Ifan yn ymyl y rhandir, yn edrych ar ddawnsio gwyllt
Dylan yn llawn diddordeb. ''Na beth wi'n neud pan wi'n
cwympo mewn i'r mieri,' aeth ymlaen yn ddoeth.

'Uffern dân, be ddiawl ma hwn dda 'ma eto yn llawn
callineb?' meddyliodd Dylan wrth i'r brigau dreiddio'n
ddyfnach i fewn i'w ddillad.

'Fe helpa i ti,' ychwanegodd Ifan yn garedig.

'Na, na, ma'n iawn,' atebodd Dylan yn frou, gan ddechrau
datgymalu ei hun yn fwy pwyllog, serch hynny, un brigyn ar y
tro. O'r diwedd, daeth yn rhydd a chododd y siswrn o'r llawr.

Llygadodd Ifan ef yn wyliadwrus.

'Be ma "bygyr" yn feddwl?' gofynnodd.

'O… ym… dim byd… ym… o'n i'n teimlo bach yn grac, 'na
i gyd,' dywedodd Dylan yn gyflym. Gallai ddychmygu Beca'n
rhuo arno am ddysgu geiriau aflednais i'w mab.

'Ga i weld tu fewn i'r sied?' Safai Ifan yn obeithiol, ei law ar
glicied y drws.

'Ifan, wi'n fishi…' Ailddechreuodd Dylan ar y gwaith, yn
casglu stribedi mieri a'u cario i'r pentwr ar ymyl y patsyn.

Ond roedd Ifan wedi agor y drws. 'Waw. Mae *loads* o stwff
miwn fan hyn!'

'Paid â…'

'Ga i helpu ti, Dylan?' Roedd Ifan wedi gafael mewn siswrn
garddio ac yn ei chwifio o gwmpas yn egnïol.

'Na – rho hwnna i fi, Ifan!'

'O, plis?'

'Na, Ifan.' Gafaelodd Dylan yn y siswrn. 'Pethe peryglus yw'r rhain. Ma… ma hwn yn jobyn i *grown-ups*, nage plant bach.'

'Wi bron yn ddeg!' Trodd Ifan ei gefn yn ddiflas.

Teimlai Dylan gywilydd yn sydyn am fod mor frou. 'Ifan…?' mentrodd.

'Ie?' atebodd Ifan wysg ei gefn.

'Ym… pan fydda i 'di cwpla cliro, fe gei di helpu fi. Ond dim byd peryglus, ocê? *Deal*?'

'*Deal*.' Llonnodd Ifan rywfaint.

'Ta-ra.'

Gwyliodd Dylan y crwt bach yn mynd. 'Mor hapus ei fyd,' meddyliodd. Gydag ochenaid a ddaeth o waelod ei welingtons, paratôdd Dylan ei hun i fynd yn ôl i ganol y drain.

Pennod 7

Chwiliodd Gwen yn ei bag llaw anferth am y goriadau i agor drws ffrynt ei thad. Roedd yn llawn dop fel arfer a meddyliodd, am y canfed tro, ei bod yn bryd iddi roi trefn ar y ffair sborion o feiros, papurau siocled a chloriau ambaréls oedd yn llechu tu fewn i'r ochrau lledr chwyddedig. Ond cyn iddi gael cyfle i osod yr allwedd yn y clo, agorodd y drws. Safai Mrs Ifans yno yn ei *housecoat* neilon, ei het ddu am ei phen a phâr o fenig plastig pinc ar ei dwylo.

'Chi sy 'na, Gwen fach. Dowch i fewn, dowch i fewn, mae o drwodd yn y gegin gefn.'

Eisteddai ei thad wrth y bwrdd. Gwisgai wasgod wlân newydd yr olwg ac roedd wedi siafio a chael torri ei wallt. Roedd paned a darn mawr o deisen gwrens o'i flaen.

'Dowch i eistedd, Gwen, ylwch ar y wledd sydd gin i!'

'Dach chi 'di bod yn brysur, Mrs Ifans!' Eisteddodd Gwen wrth ymyl ei thad yn ansicr, oherwydd nid ei thad yn unig oedd yn edrych yn drwsiadus. Roedd pob cornel o'r gegin yn sgleinio hefyd.

'O nac'dw wir, 'chydig o dwtio, 'na i gyd.'

A gwerth pob cwpan a soser neu lwy arian wedi eu nodi wrth wneud, mae'n siŵr, meddyliodd Gwen. Ond roedd yn amlwg bod ei thad mewn hwyliau gwych. Ac roedd y baned a'r deisen yn hyfryd. Gwrthododd Mrs Ifans ymuno â nhw, gan fynnu ail-lenwi'r tebot a dawnsio tendans ar dad Gwen yn lle hynny.

'Darn bach arall i chi, Mr Walters?'

'Gwnaf siŵr, mae o mor flasus.'

'A chitha, Gwen?'

'Hyfryd, diolch.'

'Panad arall, Mr Walters?'

'Diolch yn fawr i chi, Mrs Ifans.'

Teimlai Gwen yn anesmwyth wrth weld yr hen ddynes yn gweithio mor galed. Dechreuodd gynnig ei thalu ond gwrthod bob ceiniog wnaeth Mrs Ifans.

'Twt lol. Na, does dim isio. Mae'n braf cael rhywun i neud drosto fo ers i mi golli Mr Ifans. Ac mae Mr Walters bach yn gwerthfawrogi bob dim.'

'Wel, mi dw i mor ddiolchgar i chi hefyd,' ceisiodd Gwen wenu.

'Pleser pur, wir i chi. Reit 'ta, gwell i mi ei throi hi am y capal. Fi sy'n gneud y bloda wythnos yma ac ma gynnon ni br'odas fory. Mae 'na lobsgows yn y popty a dw i 'di crasu'ch *sheets* chi, Gwen – ma'n nhw yn y parlwr ffrynt o flaen y tân. Reit 'ta. Wela i chi bnawn Sul.'

A diflannodd drwy'r drws. Teimlai'r gegin yn fwy gwag nag erioed heb ei hegni byrlymus, ac ofnai Gwen y byddai'r un hen dawelwch anesmwyth yn parlysu'r sgwrs rhyngddi a'i thad yn syth. Ond roedd e'n awyddus i siarad am unwaith.

'Angal 'di hi.'

'Pwy, Mrs Ifans?'

'Ia. Angal wedi ei danfon yma gan Dduw i'm hachub i. Dwn i'm wir be faswn i wedi gneud hebddi hi.'

'Mi o'n i wedi trefnu —'

'Saesnes oedd honna!'

'Ia ond —'

'Na, Gwen, gan nad oeddat ti am neud dy ddyletswydd, ddaru Duw ddanfon angal ata i…'

A dyna fuodd thema fawr y penwythnos. Esgeulustod a hunanoldeb Gwen wedi eu trechu gan aberth Mrs Ifans, yr angyles mewn het ddu a *housecoat* neilon.

'Ond o leia does dim rhaid i fi feddwl am symud i edrych ar ei ôl o, 'wan,' meddyliodd Gwen wrth iddi eistedd yn Costa Aberhonddu yn sipian *cappuccino* ar y ffordd 'nôl i'r de. Ond rywsut rywfodd, teimlai'n anesmwyth braidd wrth feddwl am ei thad a'i forwyn fach addolgar. Roedd rhywun yn ecsploetio rhywun, roedd hynny'n amlwg. Ond pwy?

Yn y Mans safai Beca ar y dafol yn ochneidio'n uchel. Sut yn y byd y gallai fod wedi ennill mwy o bwysau eto? Bu hi mor ofalus yn ddiweddar – yn osgoi bara a thatws a siwgr ac yn gwneud ei gorau i dolio'r hyn yr oedd hi'n ei fwyta'n ofalus. Ac eto, dyma hi wedi ennill triphwys ers wythnos diwetha!

'Wi 'di bod 'ma ganweth o'r bla'n,' meddyliodd yn ddiflas. Bu'n brwydro gyda'i phwysau ers blynyddoedd, ac roedd hi wedi hen arfer erbyn hyn â'r broses io-io-aidd o golli ac ennill, colli ac ennill. Cyn geni Ifan, doedd pethau ddim yn rhy eithafol – os oedd hi'n ennill ambell bwys roedd hi'n llwyddo i'w golli'n gymharol rwydd, gan ei bod hi'n byw bywyd mor fywiog a gweithgar. Ond roedd y nosweithiau di-gwsg ddaeth yn sgil genedigaeth Ifan wedi newid hynny i gyd ac fe aeth Beca'n rhy ddibynnol o lawer ar baned a chacen neu goffi a bisgïen i gadw'i hun i fynd yn nannedd y blinder llethol.

Roedd hi wedi trio tomen o ddulliau addawol eu sŵn er mwyn colli pwysau. O'r High GI Diet i'r Low Carb Diet, o'r Caveman Diet i'r French Women Don't Get Fat Diet, o'r Paleolithic Blood Group Diet i'r Cabbage Soup Diet. Doedd dim un ohonynt wedi gweithio iddi. A nawr dyma hi 'nôl unwaith yn rhagor ymhell dros ei phwysau, mewn dillad a oedd yn rhy fach iddi ac yn dyheu yn fwy na dim am baned a darn mawr o deisen i'w chysuro.

Pwysodd ei thalcen yn erbyn y ffenest ac edrych allan yn ddiflas ar yr olygfa tu fas. Gwelodd Dylan yn gwthio whilber yn llawn mieri i lawr tuag at ymyl y rhandir. O leia doedd hwnnw ddim o dan ei thraed hi bellach. Ond diflasodd eto wrth gofio ei bod hi wedi penderfynu ffonio Meriel prynhawn 'ma. Fyddai honno ddim yn sgwrs rwydd.

Yn y Rhath, canodd ffôn Meriel. Symudodd hi ddim am funud. Roedd hi wedi delwi o flaen *Prynhawn Da* ar y teledu ac wedi bod yn pendroni ers rhyw hanner awr oedd hi'n rhy gynnar i agor potel. Heb frwdfrydedd, cododd y ffôn a chlywed llais Beca'r pen arall.

'Meriel?'

'Beca, hia.'

'Ti'n ocê?'

'Pam? *Why shouldn't I be?*'

Suddodd calon Beca wrth glywed tinc mor amddiffynnol yn llais ei ffrind. Oedd hi wedi bod wrth y Chardonnay'n barod?

'Na, na, wrth gwrs...'

'Wi'n neud yn *fine*.'

'Wyt, wi'n gwbod 'ny. Ond, wel... grynda, Meriel. Ma Dylan 'ma 'da ni.'

Bu seibiant am funud. Llamodd calon Beca i'w gwddf.

'Mer?'

'O'n i ddim yn meddwl bysech chi'n cymryd 'i ochor e.' Roedd llais Meriel yn oer.

'Dy'n ni ddim, wir i ti – dyw e ddim yn byw 'da ni. Ma fe'n gwitho i ni.'

'Gwitho?'

'Wel, ti'n gwbod y patsyn rhandir 'na sy 'da ni sha cefen y tŷ? Ma Dylan yn byw yn y garafán ac yn ei witho fe i ni.' Eisteddodd Beca i lawr ar y soffa gan chwarae gyda chordyn cyrliog, hen ffasiwn ffôn y Mans. Gallai glywed Meriel yn anadlu wrth iddi feddwl am y newydd annisgwyl hwn.

'Sai'n cofio fe'n codi rhaw erio'd.'

'Ddysgodd e yn y carchar, ma'n debyg.'

'O.' Yng Nghaerdydd, eisteddodd Meriel hithau'n drwm ar y stôl wrth y *breakfast bar* gan edrych yn hiraethus i gyfeiriad yr oergell. Roedd angen gwydraid o Chardonnay arni'n fwy nag erioed.

'Fuodd e'n aros 'da ni dros dro, ond o'n i'n ddigon balch i ga'l gwared arno fe o'r tŷ,' esboniodd Beca. 'O'dd e'n hala colled arna i dan dra'd 'ma. Yn gorwedd o gwmpas fel rhyw glwtyn llawr.'

'Greda i 'na.' Doedd Meriel ddim yn barod i ddadmer yn llwyr ac arhosodd ei llais yn oeraidd.

'Wir i ti, fyset ti ddim yn 'i nabod e,' chwarddodd Beca, 'ma fe'n llawn nonsens, rhyw lyfyr therapi mae e 'di bod yn 'i ddarllen. Siarad dwli ma fe rili.'

'Pa fath o ddwli?' Allai Meriel ddim ymuno yn y chwerthin rywsut.

'O, rhyw rwtsh am faddeuant, a gwitho trwy 'i "issues" e.'

'Reit… Wel, ma 'da fe ddigon o reswm i deimlo'n euog.'

Tyfodd seibiant anghyfforddus rhyngddynt.

'O'dd Arwyn yn poeni bo dim unman arall 'dag e i fynd…' dechreuodd Beca, ond torrodd Meriel ar ei thraws yn swta.

'O'dd, sbo.'

'Meriel, paid â bod yn grac.'

'Iawn, OK, Beca. Diolch i ti am roi gwbod i fi. Ym… Gwell i fi fynd, wi'n nôl y *boys* o'r ysgol. Siaradwn ni 'to, OK?'

A diffoddodd Meriel yr alwad.

Ochneidiodd Beca'n ddwfn. Ond doedd ganddi ddim amser i feddwl yn iawn am y peth gan ei bod yn bryd iddi hithau nôl Ifan o'r ysgol. 'Fe ddaw hi rownd, wi'n siŵr.' A rhuthrodd Beca am y drws ffrynt.

'Nôl yng Nghaerdydd roedd Meriel wedi gafael yn y botel Chardonnay. Fel mae'n digwydd, doedd hi ddim yn gwarchod y *boys* y prynhawn hwnnw ac roedd hi'n gweld eisiau'r strwythur a roddai hynny i'w dyddiau. A nawr hyn. Blydi Dylan, shwd oedd y diawl 'na'n llwyddo i'w hypsetio hi bob tro? Carafán! A gweithio 'rhandir'!

'Wel, gawn ni weld pa mor hir bariff hwnna!' Aeth Meriel i nôl gwydr gwin, ond wrth droi am y cwpwrdd gwelodd lun o Osian a Twm yn gwenu'n ddireidus mewn *collage* o luniau oedd ganddi ar wal y gegin, a ffeindiodd ddigon o ewyllys i ddodi'r botel 'nôl yn y ffrij.

'Af i mas am dro,' meddyliodd. 'Ac wedyn ffona i Rhian a chynnig neud te i'r *boys* nos fory. Chaiff Dylan ddim spoilio popeth i fi eto!'

Gwisgodd bâr o welingtons a chot drwchus a throi am barc y Rhath. Byddai wâc yn gwneud byd o les iddi. Ac wrth iddi grwydro ar hyd y llwybrau, rhyfeddodd wrth feddwl am Dylan, o bawb, yn palu'r ardd.

Eisteddai Dylan yn y garafán yn sipian paned arall o Nescafé diflas. Roedd ganddo ddiwrnod arall o dorri mieri o'i flaen. Rhwng ei fod wedi blino'n siwps, a bod ei gyhyrau'n stiff, doedd e ddim yn gwybod sut gallai ffeindio'r nerth i frwydro 'mlaen gyda'r torri. Bu'n rhaid iddo fegian antiseptig gan Beca neithiwr i drin y clwyfau di-rif a gafodd cyn i gyngor Ifan ei achub o'r mieri. Cafodd ddigon o groeso yn y Mans a stiw blasus i swper yn y gegin, ond pan alwodd pâr ifanc oedd am drafod eu priodas gydag Arwyn, aeth Dylan 'nôl i'r garafán yn hytrach na threulio noson yng nghwmni Beca.

Aeth yn ôl yn ddiflas a chynnau'r tân bach nwy. Eisteddodd am dipyn yn syllu ar y waliau cyn trio darllen un o'r nofelau oedd wedi eu pentyrru yng nghornel y garafán. Ond mynnodd ei feddwl droi at y gorffennol a methodd ganolbwyntio ar y stori. Yn y pen draw, diffoddodd y golau a cheisio cysgu. Bu'n gwingo wedyn tan oriau mân y bore, yn troi a throsi rhwng y cynfasau chwyslyd, wedi ei feddiannu unwaith yn rhagor gan y llu o feddyliau chwerwon a fynnai ddod ac a wrthodai lacio'u gafael ar ei ymennydd blinedig.

A hithau'n fore bellach, eisteddai Dylan yn bwyta'i dost a Marmite gan wylio'r glaw yn taro'n erbyn y ffenestri. Roedd yr eira wedi diflannu gan iddi fod yn bwrw glaw ers oriau mân y bore (clywodd Dylan y smotiau cynta'n taro to'r garafán wrth iddo orwedd ar ddihun) ac roedd golwg wlyb a chwyddedig ar y llwyni a'r perthi. Gwisgodd Dylan ei welingtons heb rhyw lawer o frwdfrydedd a cherddodd drwy'r stecs i'r sied. Doedd y byd llwyd a gwlyb hwn ddim hanner mor ddeniadol â'r paradwys gwyn rhewedig fu yno ddoe.

Dechreuodd Dylan edrych drwy'r bagiau plastig (a oedd yn orlawn o eiddo John Bach), a dod o hyd i nifer o drysorau, gan gynnwys cot Barbour drwchus a oedd fymryn yn rhy fawr iddo ond a fyddai'n siŵr o gadw'r glaw mas. Ym mhoced y got roedd het wlân a deimlai'n fendigedig o gysurus a chynnes.

Ar ôl gwagio bag arall a chanfod darnau o rwyd a *fleece* i amddiffyn planhigion tyner, gwelodd Dylan fod y glaw wedi peidio a phenderfynodd fynd allan i ddechrau gweithio. Sylwodd fod y mieri wedi eu clymu fan hyn a fan draw gan daglys y perthi ac olion gaeafol y glymog ddu. Er na wyddai Dylan enwau'r chwyn, deallai y byddai'r rhandir yn well hebddynt.

Gafaelodd yn y siswrn garddio mawr ac ailddechreuodd dorri'r mieri – gan bwyllo tipyn wrth wneud a symud y brigau'n ofalus, un ar y tro. Roedd y menig cadarn a ffeindiodd yn y sied yn amddiffyn ei ddwylo'n dda, a chan ei fod yn fwy pwyllog ni lwyddodd y mieri i gael yr un gafael arno y tro hwn. Roedd y menig, fel pob dim arall o eiddo John Bach, yn rhy fawr iddo. Rhoddodd Dylan wên fach wrth iddo werthfawrogi'r enw eironig am y tro cyntaf. Gweithiodd yn ddyfal, ond ar ôl awr o dorri sylwodd yn siomedig fod y mieri'n edrych mor drwchus ag erioed. Brifai ei gefn ac fe allai deimlo pothell yn tyfu ar ei fawd.

'Mieri lle bu mawredd.' Daeth y llinell i gof Dylan yn sydyn. Roedd adfeilion Llys Ifor Hael bellach wedi eu cuddio gan gylchdro ger yr M4 yng Nghasnewydd. Roedd yna rywbeth ofnadwy o drist am y syniad. Ffeindiodd Dylan fod yr hen ddagrau hunandosturiol oedd wedi bod yn ei blagio gymaint yn ddiweddar yn llaethu'i lygaid ac eisteddodd yn drwm ar y sedd fach yn ymyl y sied.

Pwy oedd e'n ceisio'i dwyllo? Roedd pob dim yn gachu a fyddai clirio swp o fieri ddim yn newid hynny. Anghenfil o beth oedd y rhandir 'ma ac roedd yn amhosib gweld sut yn y byd y gellid ei droi'n dir ffrwythlon a llewyrchus.

Roedd hi'n rhy ddiflas heddiw i ddenu'r rhandirwyr mwya brwdfrydig. Doedd dim enaid byw i'w weld yn unman. Yn sydyn daeth fflach gochlyd heibio a hedfanodd y robin goch i eistedd ar y ffens.

'Ti ddim wedi fy anghofio i, 'te?' gofynnodd Dylan. 'Ddim fel pawb arall.'

A chafodd yr argraff fod y deryn bach yn edrych yn ôl arno'n llawn cydymdeimlad. '*Come on*, ti'n ei cholli hi, boi bach,' meddyliodd Dylan. 'Nage Doctor Dolittle wyt ti.' Ond serch hynny, eisteddodd yn syllu ar y deryn am rai munudau nes i Modlen y gath nesáu a gyrru'r robin i ffwrdd.

'Wel, dim dyma'r ffordd i ga'l Wil i'w wely,' meddai Dylan yn uchel, gan deimlo'n well yn sydyn. A chyda phwl o egni newydd, bwriodd ati i dorri a llusgo am awr arall. Yna cafodd seibiant bach, gan fod ei gefn yn brifo a bod chwant bwyd a phaned arno. Ac wedi awchio darn anferth o fara brith a menyn a phaned grasboeth o de, bwriodd ati eto i frwydro gyda'r mieri pigog a'r stribedi hirion o gwlwm y cythrel oedd wedi plethu o'u cwmpas.

O'r diwedd, erbyn iddi dywyllu, roedd wedi clirio patsyn bach teidi. Digon i weld ôl llwybr yn y mwd – roedd nifer o gerrig mawrion wedi eu gosod mewn rhes a ddiflannai o dan weddill y mieri. Arwydd gobeithiol o'r diwedd. Cododd calon Dylan fymryn.

Aeth yn ôl i'r garafán, a sylweddoli y byddai'n rhaid iddo fynd i siopa am fwyd. Chwiliodd am ei waled. Roedd ganddo dipyn o arian parod rhwng yr hyn a gafodd wrth adael y carchar a'r arian a gafodd gan Arwyn i brynu pethau ar gyfer yr ardd. Gwell oedd iddo wneud rhestr siopa. Beth o'dd isie arno fe, dwedwch? Lla'th a bara, wrth gwrs. A the a choffi. A chaws a menyn a… Jiw, beth yn y byd fyddai e'n ei fwyta i swper? Doedd e ddim wedi coginio pryd iddo'i hun ers blynyddoedd. Clywodd lais dirmygus Beca unwaith yn rhagor. 'Ddangosa i iddi hi,' meddyliodd yn chwerw.

Reit – *spaghetti Bolognese* oedd y peth mawr yn y coleg, ontyfe? Allai e gofio shwd i wneud hwnnw?

Wrth gerdded tua Spar bu bron iddo daro i fewn i ddynes mewn cot ffwr a oedd yn cerdded yn frysiog tuag ato a'i phen i lawr yn erbyn y gwynt.

'Ardderchog, ardderchog – ro'n i ar fin dod i'ch gweld chi,' meddai'r ddynes yn frwdfrydig. 'Leisa Huws 'di'r enw, mae'n siŵr gin i fod Tomi wedi sôn amdana i – ond peidiwch da chi â chredu popeth mae hwnnw'n 'i ddeud. Rŵan, pryd fedra i alw i esbonio'n cynllun organig ni i chi?'

Roedd Leisa Huws ymhell dros ei deg a thrigain ond roedd ganddi fwy o egni ac ymroddiad na nifer o bobol hanner ei hoed. Roedd ganddi wallt gwyn trwchus wedi ei dorri'n fyr ac wyneb cryf yn llawn rhychau dyfnion. Eto, roedd iddi ryw brydferthwch naturiol, yn deillio efallai o'r cadernid yn ei llygaid gleision deallus. 'Mi alwa i draw pnawn fory. Ddo i â theisen lap efo fi.' Ac yna roedd hi wedi mynd, yn brasgamu i lawr y rhiw, cyn i Dylan gael cyfle i ddweud gair ymhellach.

'Un arall yn busnesa,' meddyliodd yn frou wrth iddo gerdded i lawr y rhiw tuag at y siop.

Yn Spar, doedd Dylan ddim yn siŵr iawn lle i ddechrau. Triodd gofio beth oedd cynhwysion *spaghetti Bolognese*. Pasta, wrth gwrs – a winwns, mins o ryw fath. O, a garlleg, ie, garlleg. Aeth o gwmpas gyda'i fasged. Doedd dim lot o ddewis yn y siop, dim sôn am arlleg, ond roedd yna fins eidion a winwnsyn blinedig yr olwg. Llwythodd gaws Cheddar, llaeth, cracyrs, sos coch, coffi a the i'r fasged, cyn cofio bod angen tun o domatos hefyd. O leia roedd digon o'r rheini yno. Roedd digon o gwrw a seidr yn y siop hefyd. Cododd botel o lagyr ac edrych arni'n betrusgar. Yn rhyfedd iawn, er fod Dylan wedi mynd yn ddibynnol iawn ar y 'burners' yn y carchar, doedd e ddim wedi gweld eisiau alcohol na chyffuriau o gwbwl tra oedd yno. Roedd ganddo atgof rhy gryf rywsut o'r diwrnodau hunllefus hynny yn y Wern pan fuodd yn llowcio gwirod melys mewn panig gwyllt cyn i'r heddlu ddod i'w arestio. Atgof oedd yn troi ei stumog braidd. Felly, er fod y ddau'n ddigon rhwydd i gael gafael arnyn nhw yno, doedd e ddim wedi ymdrechu i chwilio amdanynt. Ac yfwr cymdeithasol oedd Dylan mewn gwirionedd (roedd yn un o'r bobol hynny oedd yn gallu trin cocên yn yr un ffordd), yn ei fwynhau'n awchus mewn partïon neu ar ddydd recordio, ond yn hapus i fod hebddo heblaw am hynny. Ond heno, am y tro cynta ers oesoedd, ac ar ôl diwrnod hir yn yr awyr agored, teimlodd yr awydd am ddiod fach, a rhoddodd gwpwl o boteli o lagyr yn ei fasged.

Ychwanegodd gwpwl o duniau o ffa pob cyn troi am y til, lle'r oedd merch ifanc yn ei harddegau yn eistedd yn pigo'i hewinedd ac yn siarad ar ffôn oedd wedi ei wthio rhwng ei hysgwydd a'i chlust. Aeth ei monolog ymlaen wrth iddi fflachio bariau cod y nwyddau heibio'r golau *laser* coch.

'No, no, he said he never done it… But I told him, I said Jordan says she saw him with his tongue down Kimberley's throat… (We're doin two for the price of one of these.)… No, I said I'm not 'avin it. (Do you want a bag? It's 5p.) And then he gone mad and started shoutin and I was like I AM NOR 'AVIN IT… Anyway. I've told 'im I'm not lettin 'im see Madison… (That'll be £12.60 please.)…'

'Er, thanks.'

'Yeah, whatever. Anyway, Madison was all… I wanna see 'im… an' I was like, no, yew can't, Madison, and I was like, I don' care if 'e is yewer dad…'

Edrychodd y ferch ddim lan wrth i Dylan adael y siop yn gafael yn dynn yn ei fag llwythog – diawch, roedd e wedi anghofio bod angen talu am y bagiau 'ma bellach. Aeth 'nôl i'r garafán a gosod y nwyddau ar y bwrdd.

Reit 'te. Lle'r oedd dechrau? Ffrio popeth. Winwns gynta? Roedd angen eu torri nhw'n fân, roedd e'n cofio cymaint â hynny. Damo, doedd dim saim ganddo – ond fe wnâi menyn y tro. Hmmm… oedd y mins yn edrych bach yn llwyd?

Llanwodd ei lygaid â dŵr wrth iddo dorri'r winwns.

'Aw!' Torrodd Dylan ei fys ar y gyllell fach. Sugnodd hwnnw yn ei geg wrth feddwl am y cam nesa. Padell ffrio yn y cwpwrdd 'ma. Grêt. Ie, winwns a chig i mewn ac wedyn y tomatos. Reit. Nawr 'te, ble oedd yr agorwr tuniau, sgwn i?

'O, 'co fe.'

Ond shwd yn y byd oedd e'n gweithio? Welodd Dylan ddim un tebyg i hyn o'r blaen. Lle oedd rhywun yn dodi'r bwlyn? A… twll fan hyn i ddechrau…

'Aw!'

Ebychodd Dylan wrth i don o sudd tomato dasgu yn syth i fewn i'w lygad chwith. Mewn natur wyllt, taflodd y tun tomatos i lawr ar y bwrdd, heb sylweddoli ei fod wedi llwyddo i agor y clawr bron yn llwyr. Aeth y sudd a'r tomatos i bobman.

'O, BLYDI HEL.'

Lluchiodd weddill y tomatos i fewn i fowlen a thrio sychu'r sudd oddi ar y bwrdd. Roedd sudd coch llachar wedi mynd ar draws ei ddillad gwely hefyd ac roedd sblashys cochlyd ar draws y ffenestri ac ar ddrych smotiog y cwpwrdd. Edrychai fel petai rhywun wedi cael ei drywanu'n wyllt ar lawr y garafán. Dechreuodd Dylan sychu'r sblashys ond wrth iddo wneud clywodd arogl llosgi. Trodd yn sydyn i arbed y winwns a'r cig, gan fwrw'r pecyn llaeth i'r sinc wrth wneud. Diflannodd hanner y llaeth yn don sgleiniog, wen i lawr twll y draen.

'O, BLYDI BLYDI HEL!'

Erbyn hyn roedd Dylan ar fin ei cholli hi'n llwyr. Ond atseiniodd geiriau dirmygus Beca yn ei gof. Anadlodd yn ddwfn a chyfri i ddeg. Pwyllo. 'Na beth oedd rhaid gwneud. Dim egni negyddol. Caru ei hun. Maddau iddo'i hun. Un... dau... tri... ac... anadlu. Iawn.

Sychodd yr olion tomatos a gorffennodd goginio'r saws. Bu bron iddo anghofio am y pasta, ond o'r diwedd eisteddodd Dylan i lawr i fwyta. Cymerodd gegaid yn awchus. A thagu. Argol, roedd e'n ddiflas! Y pasta fel mwydod blonegog a'r saws yn llwyd a seimllyd. Ystyriodd luchio'r cwbwl i'r bìn ond roedd e'n rhy lwglyd. Ac yn sydyn cafodd ei ysbrydoli – ychwanegodd damed o sos coch a gratio caws Cheddar ar ei ben (roedd wedi anghofio'n llwyr am y *parmesan*). O leia roedd blas gan sos coch a chaws. A chofiodd am y lagyr hefyd – bach yn dwym efallai, ond roedd fel neithdar o'i gymharu â'r bwyd.

Tynnodd y pentwr o lyfrau yn y gornel tuag ato. Roedd nifer o nofelau ditectif yn eu plith a gwelodd fod yna lyfr coginio syml yno hefyd. Diolch byth. Byddai'n well iddo ddilyn rysáit y tro nesa. Yfodd y lagyr wrth ddarllen, a theimlo fymryn yn well.

'Ti'n meddwl bod Dylan yn iawn?' gofynnodd Arwyn i ben ôl ei wraig wrth iddi olchi llawr y gegin. 'Wi 'di gweld 'i gefen e'n diflannu rownd y gornel i'r rhandir gwpwl o weithie. Ond sai 'di siarad ag e ers ddoe. Isie rhoi llonydd iddo fe. Ond sai moyn iddo fe deimlo'n ynysig chwaith.'

Rwtodd Beca ei chlwtyn ar draws y llawr bawlyd yn ddiamynedd. Roedd jyst clywed enw Dylan yn ddigon i'w hala hi'n grac.

'Ti'n meddwl ddylen i alw?' Roedd Arwyn yn hopian o un droed i'r llall wrth geisio osgoi'r patsys glân a'r pyllau gwlybion.

'O diawch, Arwyn, cer draw 'na os 'yt ti'n poeni cyment.'

'Ie, falle 'na i. Na. Falle ddylen i aros. Neu… O, wi'm yn gwbod wir.'

Dechreuodd Arwyn bigo ar ddarn o blaster oedd wedi dechrau dod yn rhydd uwchben yr Aga. Bwriodd Beca 'mlaen gyda'r glanhau. Roedd meddwl am wyneb hunandosturiol Dylan yn rhoi rhyw nerth rhyfedd iddi rwto'n galetach.

Plic, plic, plic, daliodd Arwyn i bigo'r plaster sych wrth fyfyrio. Ar ôl tipyn, gofynnodd i'w wraig, 'Be ti'n feddwl ddylen i neud?'

Ochneidiodd Beca. Doedd dim llonydd yn mynd i fod nes iddi roi trefn ar ei gŵr, roedd hynny'n amlwg. Sythodd ei chefn a throi tuag ato. Toddodd fymryn wrth weld yr olwg hawddgar ar ei wyneb, ond gwelodd fod twll mawr yn y plaster erbyn hyn.

'O, gad hwnna fod, er mwyn popeth, Arwyn! Ma Tomi'n dod draw fory i ga'l golwg arno fe.' ('Diolch byth,' meddyliodd Beca, gan fod Arwyn mor ddi-glem o gwmpas y tŷ.) 'Wi'n mynd i ddechre neud swper i ni nawr. Cer i ddodi Ifan yn y gwely ac fe gawn ni lased o win, *treat* bach. Cer i weld Dylan fory. Dyw e ddim yn mynd i ddiflannu, odi e?'

'Yn anffodus,' meddyliodd wrth droi yn ôl at ei chlwtyn llawr.

'Ti'n iawn. Af i draw fory.' Chwibanodd Arwyn yn hapus wrth fynd i chwilio am Ifan a gwenodd Beca ar ei ôl. Ond wrth iddi arllwys y dŵr brwnt i lawr y tŷ bach, siglodd ei phen wrth feddwl bod ganddi dri o fechgyn bach i'w gwarchod ar hyn o bryd, rhwng Ifan, Arwyn a'r llipryn diwerth yn y garafán.

Roedd hi'n bwrw'n drymach nawr. Tasgai'r diferion yn swnllyd yn erbyn to'r garafán. Ar ôl iddo orffen bwyta a golchi'r llestri, cyneuodd Dylan y tân nwy eto gan ei bod wedi oeri nawr ei fod wedi diffodd y stof. Yna eisteddodd ar y soffa a meddwl. Ocê, so, roedd e wedi dechrau'r gwaith – er bod yna lwyth o fieri a chwyn ar ôl ar y patsyn o hyd. A byddai'n rhaid iddo fe baratoi planhigion i'w tyfu hefyd. Yn y carchar, fe ddysgodd sut i ddechrau hadau mewn potiau bychain tu fewn i dŷ gwydr. Cofiodd am y tŷ gwydr trist yr olwg yng ngardd y Mans – mae'n siŵr y byddai'n iawn iddo ddefnyddio hwnnw. Wedi'r cyfan, roedd yn annhebygol bod Arwyn yn gwneud.

Gorweddodd yn ôl ar y cynfasau a oedd mewn pentwr blêr ar ben y soffa. Clywodd arogl y tun tomatos wrth orwedd a gwelodd fod ambell smotyn coch yn dal i fritho'r to. Damo – shwd oedd e wedi colli'r rheina? Edrychodd allan ar y glaw. Tasgai'r dŵr yn afonydd bychain seimllyd i lawr ochrau'r garafán. Roedd hi'n dywyll bitsh tu fas nawr, a thynnodd y llenni.

Gafaelodd yn un o'r llyfrau ditectif yn y pentwr. Rhyw sothach Americanaidd oedd e, ond llwyddodd i ganolbwyntio o'r diwedd (effaith y lagyr efallai) a ffeindiodd ddihangfa yn crwydro strydoedd peryglus Efrog Newydd gyda'r ditectif, a oedd yn un o'r rhai hynny a oedd yn byw ar ymyl cymdeithas, heb deulu, heb ffrindiau.

'Ni'n dau wedi ca'l cam,' meddyliodd.

Ar ôl tipyn, dylyfodd ei ên ac ymestyn ei freichiau gan synnu gweld ei bod hi'n ddeg o'r gloch. Ac am unwaith, teimlai'n ddigon blinedig i drio cysgu. Wrth iddo baratoi ei wely (a oedd hefyd yn arogli fel tun o domatos), teimlai'n fwy positif yn sydyn. Roedd e wedi coginio pryd o fwyd iddo'i hun (twll dy din di, Beca!) ac wedi llwyddo i ddarllen llyfr. Diffoddodd y golau. A chymaint oedd ei flinder, fe gysgodd reit drwy'r nos.

Treuliodd y bore wedyn yn torri a llusgo mieri i gornel y rhandir. Pan ddeuai Tomi draw fe allen nhw drafod y ffordd orau i gael gwared arnynt. Tân efallai? 'Ddim yn y glaw diarhebol 'ma,' synfyfyriodd Dylan.

Caws ar dost oedd i ginio (ar ôl llosgi dau ddarn fe lwyddodd Dylan i baratoi fersiwn bwytadwy) ac roedd Dylan wrthi'n golchi'r llestri (ie – golchi llestri, Beca!) ac yn disgwyl i'r tegell ferwi am baned (ie – paned, Beca!) pan ddaeth cnoc gadarn ar y drws. Miss Huws oedd yno, yn dal tun Quality Street yn ei llaw. Gwisgai hen got ffwr. Cwningen? Gwenci? Gwiwer? 'Dyw'r creadur ddim yn edrych yn rhy iach beth bynnag,' meddyliodd Dylan. O amgylch ei chanol lapiwyd gwregys *khaki* milwrol, ac roedd ganddi fŵts lledr cadarn ar ei thraed. Gwisgai drowsus *camouflage* gwyrdd trwchus am ei choesau tenau. Clywodd Dylan arogl camffor cryf wrth iddi wthio heibio iddo a gosod ei hun yn solet ar y soffa.

'Dyma hi'r deisen lap,' meddai hi'n wengar. 'Wela i fod y teciall ar y tân gynnoch chi. Mae Beca 'di gneud joban hyfryd yma, yn tydi? Ac mae'r tân nwy 'ma'n fendigedig ar hen ddiwrnod diflas fel heddiw. Hen law mân fel bysedd y meirw. Ych a fi. Dach chi'n hwylio panad?'

Cofiodd Dylan jyst mewn pryd fod eisiau twymo'r pot cyn arllwys y te iddo. Cofiai hynny gan ei fod wedi ffilmio golygfa gyfan am gweryl rhwng Meic Pierce a Nansi Furlong dros debotiad o de oer. 'Diolch, *Pobol y Cwm*,' meddyliodd iddo'i hun wrth arllwys y dŵr berwedig. Doedd e ddim eisiau hon yn swnian wrth Beca am de oer.

'Rŵan 'ta. Mi fydd gynnoch chi bob math o bryfaid yn llechu yn y tir 'ma, gan nad oes neb wedi ei weithio fo ers blynyddoedd.' Hoeliodd Miss Huws ei llygaid gleision arno wrth iddi siarad, gan anesmwytho Dylan fymryn.

'Reit, wel, o'n i'n mynd i chwilio am rwbeth i ladd y chwyn...' dechreuodd hwnnw'n ansicr.

'*Pesticides* dach chi'n feddwl?' Roedd golwg wyllt yn llygaid Miss Huws. '*Pesticides*! Be gebyst sy'n bod efo chi, ddyn?'

'Dim ond meddwl o'n i y byswn i'n...' dechreuodd Dylan eto.

Ond gwthiodd Miss Huws ei hwyneb tuag ato nes ei bod hi fodfedd i ffwrdd oddi wrth drwyn Dylan. 'Mae bob dim fydd angan arnoch chi yn fa'ma,' meddai wrtho.

Llosgai ei llygaid tu ôl i'w sbectol drwchus a sylwodd Dylan fod briwsion teisen lap ar ymylon ei gwefusau tenau.

'Gwrandewch ar GAIA!' sibrydodd yn ffyrnig.

'Reit... ym...' Symudodd Dylan ei ben yn ôl fymryn er mwyn pellhau oddi wrth wyneb Miss Huws. Ond gwthio'n nes wnaeth hi nes bod cefn pen Dylan yn gwasgu'n anghyfforddus yn erbyn ffenest y garafán.

'Efo hi mae'r atab, wyddoch chi!' taranodd Miss Huws.

'Ie, reit... y, Gaia, reit.' Ceisiodd Dylan edrych yn ddeallus. 'Ym, odi ddi'n gweithio ar y rhandir?'

Daeth sŵn tincial chwerthin o enau Miss Huws.

'O'r annwyl, dach chi'n cam-ddallt! Nid person ydi Gaia, ond ein mam ddaearol ni i gyd. Y blaned dirion hon, yr enaid sydd yn nhir y rhandir!' Bu bron iddi dagu ar ei theisen, roedd hi'n chwerthin cymaint.

'Wel, o'n i ddim yn blydi gwbod, o'n i?' meddyliodd Dylan yn sur. Roedd e wedi dechrau cael digon ar Miss Huws, un arall o'r llu o fenywod yna oedd yn gwybod yn well ac yn mynnu busnesu yn ei fywyd. A doedd e ddim yn lico pobol oedd yn ymyrryd yn ei *personal space.* O leia roedd y pwl o beswch wedi gorfodi Miss Huws i eistedd yn ôl yn ei chadair.

O'r diwedd, wedi iddi orffen peswch a chymryd llymaid anferth arall o de, dechreuodd gynnig cyngor iddo.

'Unwaith i chi orffen clirio a phalu, mi ddo i draw i gael golwg ar y pridd ac awgrymu cynllun plannu addas. Organig!' Tarodd Miss Huws ei dwrn ar fwrdd y garafán, gan dasgu ei phaned a pheri i weddillion y deisen lap fownsio ar ei phlât. Edrychodd yn ddisgwylgar ar Dylan.

'O ie, wrth gwrs,' atebodd yntau'n gyflym. Roedd yn fodlon dweud unrhyw beth i gadw'r hen het yn hapus. Doedd e ddim eisiau iddi ddechrau rhythu yn ei wyneb eto.

'A dach chi'n dallt am *nematodes* a ballu?' aeth Miss Huws ymlaen.

'Do, fe ddysges i am rheina yn y…'

Bu bron i Dylan ddweud 'yn y carchar', ond stopiodd ei hun mewn pryd a gofyn cwestiwn am y dulliau gorau o ddiogelu'r planhigion yn lle hynny.

'Ma hon yn boncers,' meddyliodd. 'Ond falle y bydd hi o help i fi…'

'Bydd isio chwynnu BOB DYDD…'

'Iawn…'

'Ga i ofyn i chi osgoi peledi malwod ar bob cyfrif – mae'n nhw'n beryg i'r adar. Defnyddiwch hen blisgyn wy neu olion coffi i amddiffyn eich planhigion ifainc.'

'Ocê…'

'Mae'n cynllun plannu amddiffynnol ni'n effeithiol iawn – mi allwn ni drefnu hwnnw ar ôl i ni weld sut dir sy gynnoch chi.'

Nodiodd Dylan, yn eiddgar am unwaith. Roedd y prif arddwr yn y carchar wedi sôn wrtho am y math yma o gynllun tyfu, lle'r oedd cyfuniadau arbennig o blanhigion yn amddiffyn ei gilydd ac yn ychwanegu maeth i'r tir wrth wneud. Byddai cael help gyda hwnnw'n arbed tipyn o amser iddo.

Dechreuodd Miss Huws sôn am hanes yr ardal.

'Mi fuo'r cwm yma'n fwrlwm o gymdeithas a bandia pres a chora pan oedd y pwll yn ei antarth. Ond Streic y Glowyr roddodd y farwol i hynny.'

'Gwedwch chi.' ('Allwn i wneud heb y blydi wers hanes 'ma,' meddyliodd Dylan. Ond gwenodd yn boléit yn y gobaith y clywai ryw berl arall mwy defnyddiol am weithio'r rhandir.)

'Mi ddoth rhyw ffatri nwydda trydanol o'r Dwyrain Pell i gynnig gwaith yma am rai blynyddoedd, ond mynd ddaru honno hefyd yn y pen draw. A does 'na'm byd yma bellach,' meddai Miss Huws yn drist.

''Na pam ma golwg wag ar gyment o'r adeilade 'na, ife?'

'Dach chi 'di dallt... Ond rhaid i ni neud y gorau o'r hyn sy gynnon ni ac mae'r rhandir 'cw'n rhoi modd i fyw i'r rhai ohonon ni sy'n ei weithio.'

'Ie, reit, so, am y rhandir. Os tips 'da chi? I wella —'

Torrodd Miss Huws ar ei draws. 'Ydach chi 'di bod i fyny i'r hen gaer 'na ar ben yr allt eto?'

'O... y... nagw, ddim 'to.'

'Ma'n rhaid i chi neud! Caer Oes Haearn ydi hi, ddudwn i.'

Pwysodd Miss Huws ymlaen eto i edrych i fyw llygaid Dylan. Teimlodd yntau fymryn o chwys ar ei dalcen. Roedd yna rywbeth digyfaddawd yn ei hedrychiad.

'Ewch cyfla cynta,' sibrydodd, 'mae 'na swyn arbennig i'r lle, wyddoch chi.'

'Ocê...' Meddyliodd Dylan y byddai'n well iddo gytuno.

'Iawn 'ta. Gwell i mi ei throi hi.' Cododd Miss Huws yn sydyn a gwisgo'i chot ffwr drwchus. Cyn troi at y drws fe gyhoeddodd, 'Tan tro nesa, 'ta. A cofiwch – gwrandewch ar y tir!' Yna martsiodd allan yn gefnsyth a chau'r drws.

Eisteddodd Dylan yn ôl yn ei sedd yn teimlo fel petai wedi bod yn y cylch bocsio drwy'r prynhawn, yn hytrach nag yn sgwrsio gyda dynes a oedd dros ei deg a thrigain.

Pan alwodd Arwyn yn hwyrach y prynhawn hwnnw, chafodd e fawr o groeso. Na, doedd dim amser gan Dylan am baned, roedd yn rhy brysur yn cario'r mieri toredig draw at y goelcerth yng nghornel y patsyn.

'Sori, Arwyn. Isie cwpla hwn cyn iddi dywyllu. Ti o'dd isie i fi witho'r patsyn 'ma, ontyfe, felly sori bo dim amser 'da fi i gymdeithasu.'

'Na, na, wrth gwrs.' Safodd Arwyn ar ymyl y patsyn yn edrych yn anghyfforddus.

'Jiw jiw, ma pethe'n araf 'ma, on'd y'n nhw? Beth wetan nhw yn y telefisiwn, 'te?'

Roedd Tomi wedi dod o rywle'n sydyn i sefyll drws nesa i Arwyn, gan ddechrau pwyntio at ddarnau o fieri oedd wedi eu gollwng ar y llawr wrth i Dylan eu cludo i'r pentwr. Llwyddodd Dylan i reoli ei dymer drwy afael yn dynn yn ei siswrn garddio. Doedd e ddim eisiau neb yn adrodd 'nôl i Beca. O'r diwedd, yng ngwyneb tawelwch styfnig Dylan, deallodd y ddau ymwelydd nad oedd llawer o groeso iddyn nhw na'u cynghorion ac fe ddiflannodd Tomi ac Arwyn i gyfeiriad y Mans am baned.

'Ac i glebran amdana i wrth Beca,' meddyliodd Dylan yn sarrug. Gwelodd fod marciau coch llachar ar ei ddwylo lle buodd e'n gafael yn dynn yn y siswrn. Siglodd ei ben yn anghrediniol a throi'n ôl at y dagfa o fieri trwchus.

Yng Nghaerdydd roedd Meriel wrth y bocs lluniau eto, yn gosod y ffotograffau mewn pentyrrau. Yn y pen draw roedd hi'n bwriadu eu rhoi mewn albymau a'u labelu'n daclus.

Ymestynnodd ei breichiau a dylyfu ei gên. Roedd angen paned arni. Na, roedd angen *drink* go iawn arni. Jinsen, efallai. Rhywbeth cryf.

Hen waith diflas oedd y sortio hwn. Gormod o wynebau hapus ac atgofion melys, a'r cyfan yn gwrthgyferbynnu'n anghyfforddus gyda diflastod ei phresennol, ac yn gwneud iddi feddwl am Dylan. Blydi Dylan. Edrychodd Meriel ar ei horiawr – roedd hi'n chwech o'r gloch.

'The sun's over the yardarm,' sibrydodd yn ddiolchgar wrth iddi estyn y botel jin a mynd ati i chwilio am iâ a sleisen o lemwn.

Amser i anghofio, am y tro, am ddiflastod y dydd.

Ar y rhandir tyfodd rhyw rythm i'r diwrnodau. Gweithiai Dylan bob dydd yn torri a chlirio. Roedd hi'n ganol Chwefror yn barod a gwyddai y dylai fod wrthi'n troi'r tir ac yn paratoi i hau. Ond ar hyn o bryd roedd rhannau o'r patsyn yn dal i fod ar goll o dan y mieri, ac roedd y tir a ddaeth i'r golwg yn llawn cerrig a gwreiddiau.

Yna, wedi iddi dywyllu, byddai'n darllen y llyfrau ditectif a choginio swper syml. Roedd y llyfr coginio wedi bod yn dipyn o fendith ac fe gafodd Dylan ambell bryd oedd bron yn fwytadwy. Drwy law y ddwyfol Delia Smith roedd wedi dysgu sut i ferwi wy – pwy feddyliai y gallai rhywbeth a ymddangosai mor syml fod mor dechnegol a chymhleth? Roedd Dylan wedi rhyfeddu wrth ddarllen llith manwl Delia ar y testun.

O'r diwedd, ar ddiwedd prynhawn diflas ac unig ar y rhandir tawel, gosododd Dylan y llwyth olaf o frigau pigog ar y pentwr mieri yn y gornel. Wrth i'r haul dyfrllyd wenu'n wan ar haenen drwchus o rew, aeth ati i asesu tir y rhandir. Roedd y clirio wedi datgelu nifer o lwyni bychain mewn un gornel, a edrychai fel y rhai y soniodd Tomi amdanynt. Closiai dwy goeden afalau at ei gilydd mewn cornel arall, ar bwys y dderwen osgeiddig. Pydrai nifer o afalau a mes llynedd o gwmpas eu gwaelodion ac, o edrych yn agos, gwelodd Dylan fod digon o flagur ar y coed yn tewhau wrth i'r gwanwyn agosáu.

Ond sut yn y byd y gellid trin y tir caregog a diffaith yr olwg? Penderfynodd balu mymryn ohono i weld a oedd gwell ansawdd i'r pridd o dan y cerrig. Yn fuan iawn gwelodd Dylan fod ganddo dalcen caled o'i flaen, nid yn unig oherwydd y cerrig mân a'r tir rhewedig, ond gan fod rhwydwaith o wreiddiau trwchus o dan yr wyneb a oedd yn lledaenu ar draws y patsyn tir i gyd. Roedd hi bron yn amhosib cael ei raw i fewn i'r tir hyd yn oed.

Roedd Tomi wrth ei ymyl eto heb iddo sylwi arno'n dod.

'Moch, gw'boi – 'na be sy isie arnat ti.'

'O, jiw jiw, Tomi, shwd yn y byd…?' Roedd dawn Tomi i sleifio draw yn dawel yn taflu Dylan oddi ar ei echel bob tro.

'Wi o ddifri, boi. Allan nhw droi'r tir i ti. Aros di fan'na, gw'boi. A' i i ffono Dan Porcyn.' A diflannodd Tomi i gyfeiriad ei sied.

Siglodd Dylan ei ben a chynnau sigarét. Mwy o blydi cyngor.

'Pwy ddiawl yw Dan Porcyn?' gofynnodd wrth y robin goch a oedd wedi dod i eistedd ar lwyn cyfagos. Tynnodd Dylan yn ddwfn ar ei sigarét gan ystyried y tir diffaith o'i flaen. Ciciodd ei droed yn ddiflas ymhlith y cerrig.

Daeth Tomi 'nôl yn cario pentwr o byst pren. 'Reit 'te, byddan nhw 'ma fory. O, jiw, fe fydd Porcyn yn lico gweld y fale a'r mes – ma'r moch yn lico'r rheini.'

'Sori, dw i ddim yn deall,' meddai Dylan.

'Wel,' atebodd Tomi'n bwyllog, fel petai e'n esbonio i blentyn bach, 'ma isie troi'r tir 'ma, on'd o's e?'

'O's, ond o'n i'n mynd i heirio *rotivator*.'

'Gwerth dim, gw'boi, gwerth dim. Gormod o ddistyrbans,

'mond tynnu'r chwyn i'r wyneb wnaiff *rotivator*. Ma'r moch yn
'u byta nhw i gyd wrth droi'r tir ac yn gadel gwrtaith naturiol
ar 'u hole nhw. Os ti'n deall be sy 'da fi.'

'O… ie, reit.'

'Ma isie adeiladu ffens i gatw'r bygars bach i fewn. O, 'co
fe'r Parch yn dod. Cofia, sai'n gwpod faint o help bydd hwn,'
ychwanegodd Tomi mewn llais tawel.

'Oes 'ma bobol?' Daeth Arwyn drwy'r iet fach.

'Sdim amser 'da ni glebran, gw'boi,' meddai Tomi, 'ma isie
cwpla ffenso achos fydd y moch 'ma ben bore fory.'

'Y… moch?' Roedd wyneb Arwyn yn bictiwr.

'Helô!' Daeth llais cryf Leisa Huws drwy'r cyfnos.

'O, beth ma hon isie nawr?!' meddyliodd Dylan.

'Wedi ffono Dan Porcyn, Miss H,' meddai Tomi.

'O, tsiampion. Ia, wela i,' ychwanegodd wrth edrych ar y tir
a ddinoethwyd gan Dylan. 'Moch fydd ora yn fa'ma.'

'Hen beth ofnatw yw cwlwm y cythrel.'

'Ia wir, mae o'n tyfu'n llwyn o ddim, yn tydy?'

Nodiodd y ddau'n ddoeth wrth lygadu'r tir.

'Gymrwch chi'r *netting* gwyrdd 'na sy gin i?'

'Perffeth, Miss H – ddaw y Parch draw i'w nôl e. Reit 'te,
Dylan, der mla'n, ma isie dodi'r pyst 'ma miwn.'

Chwysodd Dylan yn siwps wrth daro'r prennau a rhegodd
yn fewnol wrth wrando ar 'gyngor' Tomi.

'Na, ma isie bwrw modfedd arall yn fan'na' neu 'Ma hwnna'n
gam 'da ti, gw'boi.'

Ond na, doedd e ddim yn mynd i golli'i dymer. Dechreuodd
fonolog fewnol. 'Un… dau… tri… cyfra i ddeg… byddi di'n
iawn, Dyl,' meddyliodd. Ffeindiodd hefyd fod meddwl am
wyneb smyg Beca yn help mawr iddo reoli ei dymer wrth daro'r
pyst i mewn i'r tir caregog.

O'r diwedd, fe amgylchynwyd y patsyn gan ffens rwyd
blastig werdd. Erbyn hyn roedd hi wedi tywyllu a diflannodd

Miss Huws a Tomi yn ddiolchgar i gyfeiriad eu cartrefi, heb air o ddiolch gan Dylan, oedd wedi blino gormod i feddwl am fod yn boléit.

'Jiw jiw, o'dd hwnna'n dipyn o gamp, on'd o'dd e, Dyl?' meddai Arwyn, nad oedd wedi sylwi dim ar y tensiwn yn ysgwyddau blinedig ei gyfaill. Roedd ei ddychymyg wedi ei danio gan y weithred gymunedol hon – cyngor Tomi, rhwyd Miss Huws a nerth bôn braich Dylan.

'Wi am gynnig cwpwl o sylwadau ar hyn i gyd yn fy mhregeth fore Sul,' aeth ymlaen yn freuddwydiol wrth i Dylan ac ef gerdded yn ôl tuag at y garafán. 'Rhwbeth am godi ffens fel y codwyd y tai unnos ers talwm. Neu'r Amish yn codi sgubor yn *Witness*. Fuodd Beca a fi'n gwylio honno ar y teli wthnos diwetha.'

Teg dweud nad oedd Dylan ar ei orau ar ôl bwrw naw o byst i fewn i'r tir. Brifai pob cyhyr yn ei gorff ac roedd e'n dyheu am fàth twym a rhywbeth i'w fwyta. Edrychodd ar wyneb brwdfrydig Arwyn a fflamiodd ei dymer o'r diwedd.

'Grynda, Arwyn, 'mond ffens fach dila adeiladon ni. Sdim clem 'da fi pam wi 'di cytuno i ga'l llond lle o foch 'ma fory – na pam wi'n gwrando o gwbwl ar UNRHYW BETH mae'r ddau *weirdo* 'na'n ddweud. A wi wedi ca'l digon am heddi, Arwyn. So, os nad o's ots 'da ti, wi'n mynd i 'nôl *chips* a dou botel o lagyr a wi'n mynd i'r gwely. A weda i rwbeth arall wrthot ti hefyd, Arwyn: nid Harrison Ford wyt ti ac, yn sicr, nid Kelly McGillis yw Miss Huws!'

Caeodd Dylan ddrws y garafán yng ngwyneb Arwyn a throdd hwnnw'n ddiflas tuag at y Mans.

'Beth ma fe 'di neud nawr?' gofynnodd Beca wrth weld yr olwg ar wyneb ei gŵr.

'Sai'n gwbod, Beca. Bob tro wi'n meddwl bod Dylan yn troi cornel mae e'n...'

'Bihafio fel pwrs?'

'Nid dyna'r union eirie fyswn i'n eu dewis ond…'

Rhoddodd Beca ei breichiau o'i gwmpas.

'Pwrs fuodd e erioed, Arwyn, a phwrs fydd e am byth. Dere mla'n, ma 'da fi rwbeth yn ffrwtian yn y ffwrn i ti.'

Gwenodd Arwyn arni. 'Swno'n boenus.'

'Yyy…' Daeth Ifan i fewn a rhoi ei ddwylo o flaen ei lygaid rhag gorfod gwylio'i rieni'n lapswchan. 'Dadi, alli di helpu fi gyda'r prosiect Daearyddiaeth 'ma?'

Treuliodd Arwyn hanner awr fach hapus yn trafod dyffrynnoedd crog a symudiadau rhewlif… ac anghofio'n llwyr am Dylan a'i strancio.

'Nôl yn y garafán roedd Dylan yn stwffo *chips* ac yn yfed lagyr, ei feddwl ar strydoedd brwnt Efrog Newydd. Cyn cysgu'r noson honno, siglodd ei ben yn anghrediniol wrth feddwl sut yn y byd yr oedd rhywun mor ddawnus ag ef wedi ffeindio'i hun yn y twll 'ma. Un oedd wedi byw mewn tai crand yn llawn peiriannau drud, a theledu plasma ymhob stafell. Doedd dim sens yn y peth. Dim o gwbwl.

Y bore wedyn cyrhaeddodd Dan Porcyn a oedd, fel ei foch, yn grwn ac yn binc. Dau English Large White oedden nhw, yn ôl Dan, ac roedd yn rhaid i hyd yn oed Dylan gyfadde eu bod yn bethau bach annwyl iawn. Pefriai eu llygaid yn frwdfrydig wrth i'w trwynau pinc busneslyd fynd ati i archwilio'u cartre newydd. Safodd Tomi, Dan a Dylan wrth y ffens newydd yn eu gwylio'n snwffian yn hapus ymhlith y gwreiddiau a'r afalau.

'Wythnos weten i, Tomi,' meddai Dan Porcyn.

'Ie, 'na weten i 'fyd,' atebodd Tomi gan grafu cefn ei ben.

Teimlai Dylan yn fwy dedwydd ei fyd ar ôl noson o gwsg

a molchad (llwyddodd i gael cawod gyflym yn y Mans tra bod Beca'n hebrwng Ifan i'r ysgol) ac roedd wedi hanner ymddiheuro i Arwyn am ei dymer bigog y noson cynt.

'Sori, boi, o'n i 'di blino'n siwps nithwr. Gormod o egni negyddol o gwmpas, ti'n gwbod…'

Fe fu'r moch bach yn troi'r tir yn hapus drwy'r dydd a gallai Dylan weld gwahaniaeth o fewn ychydig oriau. Roedd dechrau gweld y stribedi o wreiddiau'n diflannu yn beth calonogol iawn.

Am bedwar o'r gloch daeth Ifan a Beca draw i weld y tenantiaid newydd.

'Ga i fwydo nhw, Mami?' gofynnodd Ifan.

'Wel, fe alli di ddod â sgraps o'r gegin,' meddai Beca. 'Blydi Dylan,' meddyliodd, 'trysto fe i neud rhwbeth fel hyn. Pam na alle fe ddefnyddio caib a rhaw fel pawb arall?'

'Enw da i Dan yw "porcyn",' meddai Dylan. 'Mae e'n gwmws fel mochyn bach 'i hunan,' ychwanegodd.

Dechreuodd Tomi wichian yn rhyfedd.

'Jiw… Tomi? Ti'n ocê?'

Roedd wyneb Tomi'n goch i gyd, a'i gorff yn cael ei siglo gan byliau rhyfedd wrth iddo geisio dal ei anadl. Ond nid llefain na thagu roedd e.

'O, gw'boi, gw'boi,' chwarddodd Tomi wrth sychu ei lygaid, '*nudist* yw Dan, 'na pam ma'n nhw'n galw fe'n Porcyn. Ddim achos fod e'n cadw moch. Lico hala amser yn 'i *birthday suit* ma fe.'

A dechreuodd yr hanner gwichian, hanner tagu-chwerthin eto.

'Ocê, ocê,' meddai Dylan. Doedd e ddim yn hoffi bod yn destun sbort, ac yn sicr doedd e ddim yn hoffi'r wên oedd yn chwarae ar wefusau Beca.

'Beth yw *nudist*, Mami?'

Diflannodd gwên Beca.

'Dim byd i ti boeni amdano fe. Dere mla'n, ma isie dechre swper arna i. Ac, ocê, gei di ddod â sgraps mas atyn nhw wedyn.'

'Wi'n mynd gatre e'd,' meddai Tomi. 'Ond jiw, o'dd hwnna'n *priceless*,' ychwanegodd wrth fynd.

Arhosodd Dylan i wylio'r moch. Roedd yn falch o gael llonydd. Pam roedd pawb mor feirniadol? Mor negyddol. Ochneidiodd yn ddwfn a siglo'i ben, gan anghofio, wrth gwrs, nad oedd neb wedi bod yn fwy beirniadol a negyddol fel cynhyrchydd na Dylan ei hun.

Ar foncyff cyfagos eisteddai'r robin goch, ei ben ar dro.

'Ar beth wyt ti'n ddisgwyl?' gofynnodd Dylan.

Stompiodd 'nôl i'r garafán a chau'r drws yn glep.

Hedfanodd y deryn i ffwrdd.

Pennod 8

Eisteddai Gwen mewn sied ar fferm yn Nyffryn Ardudwy yn gwylio Charlotte Church a Glyn Wise yn cneifio. Wel, yn trio cneifio. Doedd y naill na'r llall yn cael lot o hwyl arni, er bod Charlotte yn gwneud jobyn gwell na Glyn yn ôl yr hyn welai Gwen. Sioe ddiweddara Llinos ar gyfer S4C oedd *Hei Fugail!*, cyfres a etifeddwyd ganddi yn sgil cwymp cwmni Dylan.

Edrychodd Gwen ar ei ffôn a gweld bod ganddi signal o'r diwedd. Manteisiodd ar y cyfle i ffonio'i thad. Rhyfedd. Doedd dim ateb. Lle'r oedd o, dudwch? Oedd hi'n noson y Cymmrodorion? Na, nos Iau ola'r mis oedd hwnnw. Lle'r oedd o, felly? Damia, piti nad oedd rhif ffôn Mrs Ifans ganddi. Gallai hi fod wedi picio i fewn dros Gwen.

'Gwen, cariad, ma isio trefnu tacsi i Glyn a Charlotte mewn rhyw awr. Gobeithio i Stifyn Parri a Siân Lloyd gael gwell hwyl arni yn clustnodi defaid.' Torrodd llais pryderus Llinos ar draws meddyliau Gwen.

'Iawn, wrth gwrs.' Cododd Gwen y ffôn i ordro tacsi. Byddai'n rhaid i ddirgelwch ei thad aros am y tro.

Fe fu'r moch bach yn gweithio'n ddyfal ar y tir ac, o fewn wythnos, gallai Dylan weld gwahaniaeth mawr. Roedd yn rhaid iddo glirio'r cerrig ei hun, wrth gwrs, ond sicrhaodd y moch fod y gwreiddiau a'r tameidiau o hen blanhigion wedi diflannu'n llwyr, gan gynnig cyflenwad o wrtaith drewllyd ond maethlon yn eu lle. Hoffai Dylan bwyso ar ei raw bob hyn a hyn a gwylio'r moch yn tyrchu'n chwilfrydig ymhlith yr afalau a'r mes.

Er bod rhythm y gwaith – palu'r gwrtaith i fewn i'r tir a chwilio am gerrig – yn caniatáu i Dylan anghofio weithiau am ei ddiflastod, mynnodd cwlwm styfnig o chwerwder a chenfigen aros yn ei berfedd i'w boenydio. Ond, myfyriodd Dylan wrth iddo balu, o leia roedd y blinder corfforol affwysol a deimlai ar ddiwedd bob dydd yn caniatáu iddo gysgu'n well.

Deuai Ifan draw yn aml gyda gweddillion o'r gegin ar gyfer y moch, ac roedd Dylan yn synnu mor falch ydoedd i'w weld. O leia doedd Ifan ddim yn busnesu. Nac yn beirniadu. Ac roedd ei sgwrsio diniwed yn gwneud i Dylan chwerthin.

'Dylan?'

'Ie, Ifan.'

'Ti'n lico brocoli?'

'Odw, Ifan.'

'O.'

'Pam, Ifan?'

'Wyt ti'n mynd i blannu peth?'

'Wyt ti isie i fi blannu peth?'

'Ddim rili.'

'Iawn, wna i ddim, 'te.'

'Cŵl. Ond Dylan?'

'Ie, Ifan.'

'Paid â gweud wrth Mami, wnei di?'

'Weda i ddim gair, Ifan.'

'Cŵl.'

Bob nos Iau câi Dylan fàth yn y Mans tra bod Beca allan yng nghyfarfod y Chwiorydd. Roedd ymlacio yn y dŵr twym, sebonllyd yn teimlo fel y nesa peth i'r nefoedd i gyhyrau blinedig Dylan. Ac roedd cael osgoi dirmyg Beca wrth wneud yn fwy nefolaidd byth. Doedd honno ddim wedi gweld unrhyw newid mawr yn y cyw rhandirwr.

'Ocê, wi'n gallu gweld 'i fod e'n trio, ond mae e'n dal i

fod yn fabi mawr,' meddai Beca wrth Arwyn un bore. 'Pan o'n i'n rhoi'r dillad ar y lein bore ddo', o'dd e mewn natur wyllt gan fod un o'r moch wedi neud 'i fusnes dros 'i sgidie fe.'

Chwarddodd Beca wrth gofio gweld Dylan yn hopian o un droed i'r llall yn gweiddi nerth ei ben.

'Y bastads bach! O GOD, MA HWNNA'N DREWI!'

A'r olwg ar ei wyneb wrth iddo sylweddoli bod Beca'n dyst i'r cyfan.

'Becs, ti'n bod yn greulon nawr,' dwrdiodd Arwyn.

'Odw, sbo. Ond fe gyniges i nôl clwtyn a dŵr twym iddo fe ga'l sychu 'i sgidie.'

Rholiodd Arwyn ei lygaid. Roedd ar fin pledio achos ei gyfaill pan ganodd y ffôn.

'Beca?'

'Meriel, ti'n ocê?' Gosododd Beca y pentwr o dywelion roedd hi ar fin eu cario i'r llofft ar y bwrdd. Gwyddai y gallai sgwrs gyda Meriel barhau am dipyn o amser.

'Odw. Jyst meddwl o'n i. Odi Dylan yn dal i fod 'da chi?'

'Odi. Pam? Ti isie siarad 'da fe?' Methodd Beca gadw'r syndod o'i llais.

'Nagw, nagw. Ond… Sai'n gwbod. Wedi bod yn… *just a thought*, 'na i gyd.' Swniai Meriel yn nerfus.

'Ma fe'n iawn hyd y gwela i, Mer,' atebodd Beca yn ansicr. Doedd hi ddim yn siŵr beth roedd Meriel eisiau'i glywed am Dylan – oedd hi am iddo fod yn hapus ynteu'n ymdroi mewn pwll o ddiflastod? Ymdrechodd i ysgafnhau'r awyrgylch.

'Ma fe'n dal i siarad bolycs, cofia. Ond ma Arwyn yn gweud 'i fod e'n gwitho'n itha caled ar y rhandir. A ma fe'n dishgwl ar ôl 'i hunan yn y garafán. Sai'n gwbod ar beth ma fe'n byw. Lot fawr o ffa pob, wi'n credu.'

'Ocê, wel, 'na ni. 'Mond gofyn. Pawb yn iawn 'da ti?'

'Odyn, odyn. Ifan isie cadw moch.'

'*What*?'

'O, Dylan a'i ddwli, defnyddio moch i droi'r tir.'

'Wnai'm gofyn.'

'Na, gwell peido.'

'Nawr,' meddai Beca wrth ddiffodd y ffôn a rhoi cusan sydyn ar dop pen ei gŵr. 'Pam oedd honna'n ffono, sgwn i?'

Ar yr union eiliad honno, nid ffa pob roedd Dylan wrthi'n eu coginio. Roedd wedi rhoi tro ar ei gaserol cynta (diolch eto i'r ddwyfol Delia), gan ei fod wedi dechrau cael y blas rhyfedda ar goginio. Dychmygai ei hun fel rhyw gyfuniad o Gordon Ramsay, Jamie Oliver a Dudley. Hoffai Dylan annerch y drych smotiog wrth goginio, fel plentyn yn esgus bod ar y teledu.

'Reit 'te, ma isie torri'r winwns yn fân iawn, a choginio rheina gynta cyn ychwanegu'r garlleg.' (Chwerthiniad boddhaus.) 'Sdim byd yn waeth na garlleg wedi llosgi – wi'n teimlo 'u bod nhw'n rhoi blas chwerw i unrhyw saws.' (Gwenu'n llachar ar y drych smotiog.) 'A nawr ma hi'n amser ychwanegu unrhyw berlysiau – wi'n hoff iawn o flas *oregano* mewn saws tomato…'

Roedd Dylan wedi galw sawl gwaith yn Spar erbyn hyn. Lianna oedd enw'r ferch wrth y til – roedd Dylan wedi deall hynny wrth ddarllen y bathodyn ar ei chot neilon. Doedd e ddim wedi torri gair gyda hi eto, gan ei bod hi wastad ar y ffôn yn adrodd y bennod ddiweddara yn opera sebon gymhleth ei bywyd.

''E's with Shelley… Yew know… Yes… From Ponty?… Works in Lidl?… Nose ring and pink hair?… Tha's right… 'Er… Well… 'E've been seein 'er as well as Jacey… Jacey?… Yes, yew do… From Top Row?… Blonde hair extensions?… Thinks she looks like Jennifer Lopez?'

Wrth fwyta'r caserol (oedd ddim yn ffôl, wir) dechreuodd

Dylan gynllunio. Roedd Dan Porcyn yn dod i nôl y moch y bore canlynol ac roedd Miss Huws wedi addo galw'n hwyrach yn yr wythnos i edrych ar y tir.

'Hen drwyn busneslyd yw hi,' meddyliodd Dylan wrth roi talp anferth o fara yn y grefi, 'ond mae'n deall 'i stwff. A ma isie'i help arna i os wi'n mynd i dyfu unrhyw beth teidi.'

Synnodd Dylan ei fod bron yn edrych ymlaen at y dyddiau nesa, ac at brofi i Beca nad oedd tamed bach o arddio yn ddim byd i rywun fel Dylan Morgan.

'*Hell*, fe drefnes i *live link-up* o bum gwlad yn Ewrop. A dodi Shân Cothi mewn *helicopter* uwchben y Royal Welsh. Dyw plannu cwpwl o lysie'n ddim byd o gymharu â hynny.'

Ond byddai'n rhaid iddo gysylltu â Douglas fory, meddyliodd. Roedd e am wybod faint o arian oedd yn debygol o fod ganddo wedi iddo orffen talu'r ddirwy. A gweld a oedd rhai o'i hen freindaliadau yn dal i gael eu talu i fewn i'w gownt. Ac yn fwy pwysig, pryd byddai modd iddo ddechrau tynnu ar y cownt hwnnw? Sut fath o ddyfodol fyddai'n bosib iddo ar ôl gadael y rhandir?

'One minute to air. Live in one minute.'

Roedd Gwen yn ôl yn y galeri symudol tu fas i Ganolfan y Mileniwm. Eisteddai'r criw arferol yn eu llefydd: Suzanne yn cyfri'r eiliadau nes bod y rhaglen yn fyw ar S4C; Barbara drws nesa iddi yn barod i ddechrau torri rhwng y camerâu; a Llinos, mewn siwmper *cashmere* a sbectol Prada, yn aros i gael dechrau cyfarwyddo'r rhaglen. Sioe arall o eiddo Dylan oedd hon, un gerddorol y tro hwn, ond roedd yr awyrgylch yn wahanol iawn gyda Llinos wrth y llyw. Dim strancio diangen, a phawb yn teimlo rywsut eu bod yn rhan o'r un tîm.

'Ten seconds to live. Nine... Eight... Seven...'

'Pob lwc, stiwdio, *good luck, studio*,' meddai Llinos drwy'r meicroffon oedd yn ei chysylltu â'r tîm.

Gallai Gwen weld Heledd Cynwal yn gwrando ar y cyfri drwy'r teclyn yn ei chlust ac yn paratoi'n feddyliol am y linc agoriadol. Dechreuodd y gerddoriaeth.

'We are on air. Ten seconds of sig tune. Nine... eight... seven... Coming to you in five, Heledd... four... three...'

'Helô, a chroeso i Gyngerdd Mawreddog y Gwanwyn yma yng Nghanolfan y Mileniwm,' gwenodd Heledd ar y camera.

Gan fod Gwen wedi trefnu ei gwaith hi o flaen llaw, doedd ganddi ddim llawer i'w wneud tra bod y rhaglen yn fyw. Dechreuodd feddwl am ei thad (fel yr oedd hi'n dueddol o wneud pan gâi bum munud iddi hi ei hun). Roedd hwnnw wedi bod yn ymddwyn yn ddigon rhyfedd yn ddiweddar, yn gwrthod ateb y ffôn am un peth.

'Paid â ffonio ar ôl wyth o'r gloch, Gwen. Ma Eiris a finna'n gwylio *Pobol y Cwm* ac yna'n troi'n syth at *Midsomer Murders*. Ma gynnon ni *box set*.'

Wedi i Gwen ddod dros y sioc o glywed bod ei thad yn gwylio *Midsomer Murders*, dechreuodd feddwl am y newid mawr a ddaethai yn ei berthynas gyda Mrs Ifans. 'Eiris a Tegid' oedden nhw erbyn hyn, mae'n amlwg, ac roedd hi'n amlwg hefyd bod Eiris yn treulio cryn dipyn o amser yn Addfwynder.

O'i blaen, dechreuodd cast *Rownd a Rownd* ganu detholiad o ganeuon o *Les Misérables*. Syllodd Gwen arnynt yn stompian i flaen y llwyfan, ond nid oedd ei meddwl ar y trueiniaid yn eu dillad carpiog. Yn hytrach, roedd hi'n ceisio dychmygu ei thad ac Eiris yn eistedd yn gyfforddus o flaen y teli. Byddai'n well iddi ymweld â'r gogledd dros y penwythnos i weld beth arall yn union oedd wedi newid ym mywyd ei thad.

Cyn i Miss Huws a Tomi gael cyfle i sgwrsio gyda Dylan am y tir, fe gymerodd e gam mawr yn ôl. Roedd Beca wedi synhwyro'r gwir amdano wedi'r cyfan. Er bod Dylan yn teimlo gymaint yn well ers dyfodiad y moch, ac yn dechrau gwerthfawrogi pethau syml bywyd – pryd o fwyd neu baned a theisen – o dan yr wyneb roedd yr hen Ddylan ffuantus a hunanol yn dal i lechu. Ac fe wnaeth hwnnw ailymddangos pan roddodd Tomi barsel o datws had iddo. Roedd wedi ei lapio, yn digwydd bod, mewn darn o bapur newyddion ac arno erthygl ddiddorol iawn:

Local Boy is Headed for Hollywood!

Local lad Llŷr Wyn Jones was on top of the world this week as filming began in west Wales of his screenplay, co-written with Daniel Tudur. Originally developed with disgraced producer Dylan Morgan, the writers were left high and dry when he went to prison for fraud and tax avoidance last year. Desperate, Tudur sent a copy of the script to Welsh Hollywood star Gwyn Maskell, who immediately saw the potential in the project. His involvement secured the funding they needed from Channel 4. After that, it wasn't long before Hollywood came calling and the rest, as they say, is history.

'I absolutely love these boys,' Gwyn Maskell told me as he relaxed in his trailer on the set at Newquay. 'They've got a really original voice, and my colleagues in the US were just blown away by the script. I predict great things for Llŷr and Dan.'

Rhwygodd Dylan y papur yn ddarnau mân.

'Y bastads bach. A Gwyn! Blydi Gwyn Maskell o'dd wedi gwrthod ateb pob un alwad a fuodd ddim yn agos pan o'n i yn y llys!'

Tarodd ei ddwrn yn erbyn y bocs pren wrth stepen y drws.

Diawch, roedd hwnna'n teimlo'n dda. Daliodd i'w fwrw nes iddo falu'r bocs yn deilchion. Edrychodd yn wyllt am rywbeth arall i'w ddinistrio, ac er bod briwiau dyfnion ar ei law, theimlodd e mo'r boen o gwbwl. Dechreuodd redeg tuag at y gaer ar y bryn, heibio'r nant fach a'r hen adfail a lan y llwybr cul at y ffosydd cynta. Roedd y gwanwyn ar gyrraedd, ond sylwodd Dylan ddim ar y blagur chwyddedig oedd wedi dechrau dangos eu dail cynta, nac ychwaith ar y saffrwm swil oedd yn cuddio wrth draed y llwyni pigog.

Powliai dagrau hallt i lawr ei ruddiau wrth iddo redeg. Fe, Dylan, oedd wedi gweld y potensial yn y sgript! Fe oedd yr un a weithiodd y bont rhwng y bois a Gwyn Maskell. Jiw, do'n nhw ddim wedi MEDDWL am Gwyn nes i Dylan sôn amdano. Na'r bitsh na o Channel 4 chwaith!

Heb wybod beth roedd e'n ei wneud yn iawn, rhedodd o gwmpas y ffosydd nes i flinder ei lethu a thaflodd ei hun i lawr ar y glaswellt, ei galon yn pwmpio'n wyllt. Daeth awydd chwydu drosto a bu wrthi nes iddo deimlo bod ei berfedd yn wag. Gorweddodd yn ôl ar ei gefn. O'r diwedd, arafodd ei galon a dechreuodd ei anadl lyfnhau.

Sut yn y byd roedd hi'n bosib iddo fe fod yn styc fan hyn tra bo Gwyn a'r bastads bach 'na yn byw yn fras ar ei gysylltiadau ef?! Pwy hawl oedd ganddyn nhw? A pha fath o ffrind fyddai'n gwneud rhywbeth fel hyn? Sôn am gico dyn yn y ceilliau. Ife hyn oedd ei dynged, felly – byw fel rhyw hen drempyn mewn rhandir yn llawn *weirdos*? A blydi Beca.

Cododd ac ymlwybro 'nôl yn araf i'r garafán. Tasgodd drwy'r pyllau ar y llwybr heb deimlo oerfel y dŵr mwdlyd a dreiddiai drwy ei *trainers* tenau. Golchodd ei ddwylo heb deimlo'r cytiau poenus chwaith, cyn gosod y plasteri a gafodd gan Beca adeg torri'r mieri dros y briwiau gwaetha. Yna trodd at y botel whisgi a adawodd Tomi yn y garafán ddeuddydd ynghynt, 'i wlychu'r baned o de'.

'Twll 'u tine nhw.' Estynnodd Dylan am y botel ac yfed yn syth ohoni. Roedd e am feddwi'n dwll. Gweithiodd ei ffordd yn benderfynol drwy'r botel, yn hel meddyliau chwerw ac ebychu'n uchel ac yn sur weithiau am ei anlwc ac am frad ei gyn-gyfeillion. Cwympodd o'r diwedd i drwmgwsg rhochlyd.

Y bore trannoeth, a'i geg yn sych a'i ben yn brifo, penderfynodd aros yn y gwely, yn un bwndel pwdlyd. Smygodd becyn cyfan o sigarennau gan lanw'r garafán â mwg chwerw.

'Beth yw'r pwynt i fi godi beth bynnag?' rhesymodd wrtho'i hun. 'Smo'r blydi rhandir yn mynd i unman, odi e? Fan hyn fydd e eto fory, a fan hyn fydda i hefyd. Fan hyn fydda i am byth.'

Ganol y prynhawn daeth cnoc ar y drws.

'Dylan?'

Saib.

'Be?'

'Ti'n iawn?'

'Dim nawr, ocê?'

'Ti'n swno'n od. Gai ddod miwn?'

Tawelwch. Ond doedd Arwyn ddim yn mynd i symud.

'Wi o ddifri. Agor y drws.'

'Ma fe ar agor.'

Crychodd Arwyn ei drwyn wrth glywed yr aroglau sur, myglyd yn y garafán. 'Isie agor ffenest 'ma, wi'n meddwl.'

Eisteddai Dylan ar ben ei gynfasau gwely chwyslyd, ei ben yn ei ddwylo.

'Beth sy, 'chan?'

Gwthiodd Dylan y papur newyddion draw at Arwyn.

'Ma'n nhw wedi dwyn popeth wrtha i. Fi withodd y bont iddyn nhw. O'n i'n grêt am neud 'ny, ti'n gweld. Nabod talent, neud cysylltiade. A sdim uffach o ddim byd alla i neud am y peth.'

'Dyl...'

'Sneb yn mynd i wrando arna i nawr. So wi'n styc fan hyn tra bo nhw'n byw'n fras ar gefn yr holl waith 'nes i. Styc yn y blydi twll 'ma.'

'Dere mla'n, dyw pethe ddim mor ddrwg —'

'Ti isie i fi fod yn ddiolchgar, wyt ti? Am y dyfodol disglair sy o 'mla'n i yn y garafán 'ma?'

'Na, ond —'

'Fi jyst yn bod yn *realistic*. Wi 'di cwpla. Ma popeth ar ben. *Kaput.*'

Am funud, eisteddodd y ddau'n meddwl yn dawel. Yna cododd Arwyn ar ei draed yn benderfynol a dweud, 'Dere 'da fi i'r tŷ. Ma isie cawod arnat ti ac ma isie golchi'r *sheets* 'ma, felly dere â nhw 'da ti. Molcha a wedyn dere lawr i'r gegin. Ma 'da fi rwbeth i ddangos i ti.'

Trodd Dylan tuag ato, yn ymbilio arno am gydymdeimlad.

Ond caledodd Arwyn ei galon gan ddweud yn gadarn, 'Os wyt ti isie fy help i, der 'da fi nawr.'

Gydag ochenaid ddofn, felodramataidd, cododd Dylan a dechrau tynnu'r cynfasau oddi ar y gwely. Aeth Arwyn i'r cwpwrdd a ffeindio dillad iddo ac yna cerddodd y ddau draw i'r Mans. Ddywedwyd yr un gair. A phan gyrhaeddon nhw'r gegin, a phan welodd Beca wyneb Arwyn, ddywedodd hi'r un gair chwaith, hyd nes i Dylan ddringo i'r llofft a dechrau ei gawod.

'Wel, wi'n synnu dim.' Stwffiodd Beca *sheets* Dylan i fewn i'r peiriant golchi yn egnïol. 'A wi'n mynd i roi tamed o *disinfectant* miwn 'da'r rhain. Ffiw! Faint o ffags ma fe 'di smoco? Be nesa, 'te? Estyn y *fabric conditioner* 'na i fi, 'nei di?'

'Ma 'da fi syniad,' meddai Arwyn yn fyfyriol wrth edrych allan ar yr ardd, lle'r oedd haul dwrllyd yn taro golau gwan ar batsyn o eirlysiau a oedd yn nodio'u pennau yn erbyn y ffens.

Cododd Beca ei hallweddi car a'i bag llaw, yn fyr ei thymer nawr – roedd Dylan wastad yn llwyddo i godi ei gwrychyn. 'Wi'n mynd i 'nôl Ifan. O leia mae E wedi stopo ymddwyn fel babi,' galwodd yn ôl dros ei hysgwydd wrth iddi adael.

Gwnaeth Arwyn baned a brechdan i Dylan, a ymddangosodd yn y gegin yn y man, dipyn yn lanach a mwy persawrus nag o'r blaen.

'Reit – byt hwn.'

'Arwyn…' dechreuodd hwnnw.

'Na, jyst byt, a bydd dawel, plis.'

Roedd rhywbeth yn llais Arwyn a barodd i Dylan wrando am unwaith ac fe fwytaodd y frechdan ac yfed ei baned yn ufudd.

Hanner awr yn ddiweddarach roedd Arwyn yn gafael ym mwlyn drws festri'r capel. Llanwyd un ochr o'r stafell gan bentyrrau o focsys bwyd. Roedd dau neu dri bwrdd ynghanol y llawr, a chadeiriau o'u cwmpas. Roedd rhywun wedi gwneud ymgais i lonni pethau drwy osod llieiniau bwrdd plastig blodeuog dros bob bwrdd. Ar ben bob un hefyd eisteddai potyn jam yn llawn cennin pedr. Chwaraeai crwt bach ar y llawr gyda bocsed o Lego tra bod ei fam ifanc yn eistedd wrth un o'r byrddau yn llanw ffurflen gyda help Miss Huws. Gwenodd hithau a'u cyfarch.

'Sut dach chi'ch dau pnawn 'ma? Yma i helpu, gobeithio? Ma isio symud y bocsys 'ma i gyd cyn pedwar, ma gynnon ni gyflenwad arall ar y ffor gin Tesco.'

'Torcha dy lewys 'te, Dyl.'

Wrth iddo godi'r bocsys trymion, sylwodd Dylan ar y gweithgarwch o'i gwmpas. Roedd wedi darllen am y llefydd hyn, ond doedd y festri yma, na'r bobol oedd yn mynd a dod yn dawel, yn ddim byd tebyg i'r syniadau y bu'n eu coleddu.

Daeth unigolion o bob math i fewn: hen ŵr mewn cot dyllog a choler a thei seimllyd oedd wedi gorfod dewis rhwng gwresogi ei dŷ neu fwyta; dyn canol oed pruddglwyfus yr olwg oedd wedi colli ei swydd ac oedd yn methu'n deg â ffeindio un arall; cyn-filwr yn diodde o iselder ysbryd gafodd ei anfon yno gan y meddyg lleol.

Ymddangosodd yr heddlu ar un pwynt, yn dal braich bachgen yn ei arddegau oedd wedi cael ei ddal yn dwyn bwyd o Asda. Un main ydoedd, ei wallt wedi ei dorri'n fyr, a'i groen yn edrych yn boenus o dyner o dan lu o greithiau *acne*.

'Hasn't eaten for a few days,' meddai'r heddwas. 'Giving him a break, here's the voucher.'

Gwisgai'r bachgen hwdi bawlyd a jîns brwnt. Siglai ei goes chwith yn ddi-baid a sylwodd Dylan fod gwyn ei lygaid yn felyn.

'I need you to drink this bottle of water,' meddai Miss Huws wrtho'n garedig, 'then we'll see about getting you something to eat.'

'Stedda 'da hwn wnei di, Dyl?' meddai Arwyn. 'Ma 'da fi waith papur i'w gwpla 'da'r heddlu.'

'What's your name?' gofynnodd Dylan yn ansicr.

Atebodd y bachgen ddim, dim ond parhau i sipian y botel ddŵr yn ddiflas. Ond llonnodd pan welodd e Miss Huws yn dychwelyd gyda phlatied o sosej a sglodion.

'Jordan,' meddai'r bachgen, cyn bwrw ati i fwyta.

Daeth Arwyn yn ôl wedi cael yr holl hanes gan yr heddlu.

'Mae e 'di bod yn gofalu am 'i fam, mae'n debyg,' meddai wrth Dylan yn dawel. 'O'dd cancr arni. A phan fuodd hi farw ddau fis yn ôl, gorffennodd y taliade wrth y wladwriaeth a nawr ma peryg y bydd e'n colli'r fflat gyngor hefyd, achos o'dd honno yn ei henw hi.'

'Are you still at school?' gofynnodd Arwyn yn uchel i'r bachgen.

'Gorra be,' atebodd Jordan, 'till I'm 18.'

'Is there anyone else you can live with?'

'Might be able to crash on my mate's floor.'

'We can talk to Social Services.'

'Wharrever.' Doedd Jordan ddim yn edrych yn rhy obeithiol.

Gostyngodd Arwyn ei lais a throi at Dylan. 'Mae e mewn sefyllfa anodd – rhy hen i fynd i gartre plant ond yn rhy ifanc i ga'l help wrth y wladwriaeth. A do's dim lot o hwnnw i'w ga'l beth bynnag erbyn hyn.'

'It's sixth form college,' meddai Jordan yn sydyn, 'dunno why I'm both'rin. Can' afford to go to uni.'

'Ma pobol yn y cwm 'ma'n rhy dlawd i fynd ar y bws i Abertawe, heb sôn am fynd i'r coleg,' ategodd Arwyn.

Daeth Miss Huws yn ôl gyda phaned a chwpwl o ffurflenni. Sylwodd Dylan mor dda oedd hi gyda'r bachgen, yn llwyddo i wneud iddo chwerthin hyd yn oed, wrth lenwi'r ffurflenni biwrocrataidd.

'Fydd hi'n gallu helpu fe, Arwyn?' gofynnodd.

'Sai'n gwbod. Ma hi'n nabod cwpwl o bobol yn y gwasanaethe cymdeithasol…' Cododd Arwyn ei ysgwyddau.

Dechreuodd y ddau symud bocsys eto. Ar ôl tipyn, cododd Dylan ei ddwylo. 'Ocê, Arwyn. Wi'n deall. *Reality check*. Fydda i'n fachgen da nawr. A… diolch…'

'Am be?' atebodd hwnnw.

'O, am boeni amdana i, sbo. A finne'n bach o boen…' atebodd Dylan.

'Ti'n llai o boen na fuest ti,' atebodd Arwyn gan wenu. A diolch yn dawel i'r Hollalluog bod ei gynllun wedi gweithio. Am y tro, beth bynnag.

Yn y garafán y noson honno, pwysodd Dylan yn ôl ar ei wely a meddwl. Roedd gwers fach Arwyn wedi ei anesmwytho. Gwelodd wyneb diflas Jordan eto.

'Ond *come on*,' meddai wrtho'i hun yn ddig, 'wi'n haeddu cydymdeimlad hefyd!' ('Ond chaiff Jordan fyth mo'r cyfleo'dd gest ti,' meddai llais bach anghyfforddus yn ei ben. 'Wastraffest ti'r cwbwl, on'd do fe, Dylan?') Trodd ar ei ochr yn anniddig.

Mynnodd geiriau Simon wthio'u hunain i flaen ei feddwl.

'Accept some responsibility for your actions, Dullan. You can't let go of all this anger and bitterness till you do...'

'Mindfulness, 'na beth o'dd e'n mynd mla'n amdano fe, ontyfe, rhywbeth am fyfyrio a byw yn y foment?' meddyliodd Dylan.

Cododd ar ei eistedd, gan gofio bod Simon wedi sôn rhywbeth am *app* defnyddiol ar gyfer y ffôn. Ond shwd gallai unrhyw un fyfyrio gyda'r holl feddyliau 'ma'n chwyrlïo o gwmpas ei feddwl drwy'r amser? Shwd o'dd rhywun yn stopio meddwl?

Diolch byth, roedd signal ffôn cryf yma – diolchodd am unwaith ei fod ar ben mynydd. Aeth ar y we a ffeindio sawl cyfeiriad at *mindfulness*. Diawl, roedd cannoedd o lyfrau ac *apps*. A nifer ohonynt yn dod o'r Unol Daleithiau. Chwiliodd y rhestr nes iddo ffeindio *app* Prydeinig – am ryw reswm, doedd e ddim eisiau gwrando ar lais Americanaidd. Ddim eisiau clywed Yank yn pregethu. Agorodd yr *app* a gweld cwrs byr, pymtheg diwrnod yn rhad ac am ddim.

'Man a man i fi drio fe,' meddyliodd. 'Ma unrhyw beth yn well na'r meddwl, meddwl, meddwl di-baid 'ma.' Doedd dim rhyddhad i'w gael yn yr holl resymu, yr aildwymo hen deimladau, y corddi di-ben-draw. Gwasgodd yr eicon ar y ffôn.

'Hello,' meddai llais caredig. 'Are you trying to find peace in a crazy world?'

'God, yes,' meddai Dylan. A dechrau gwrando.

Yn y gwely y noson honno, fe gafodd Beca sgwrs feddyliol gyda'r Duw yr oedd hi'n rhyw hanner credu ynddo.

'O Dduw, mae Arwyn yn gweud 'ych bod chi'n hollwybodus a doeth a bod yna bwrpas i bopeth. Ydw i'n bod yn hollol afresymol? Achos alla i ddim maddau i Dylan am yr hyn wna'th e i Meriel. A man a man i fi gyfadde i chi nawr – wi jyst ddim yn 'i lico fe. Un hunanbwysig a chaled fuodd e erioed a newidiff e fyth. Ma Arwyn mor dda gydag e, a wi'n gwbod y dylwn i fod yn drugarog – a wi YN trio. Ond, jiw, ma'n anodd pan mae rhywun yn gyment o BWRS...! Sori. O'n i ddim yn meddwl gweiddi, Duw.'

Drws nesa iddi, cysgai Arwyn fel babi. Chwyrnai'n ysgafn. Gwenodd Beca. Duw neu beidio, roedd hi'n dwlu ar ei gŵr. Ac efallai ei fod e'n iawn. Efallai fod yna rywbeth gwerth ei achub yn Dylan. Amser a ddengys, sbo. Diffoddodd Beca'r golau a chwtsio lan at Arwyn.

Yn y garafán, eisteddai Dylan fel bwda, ei goesau wedi eu croesi a'i lygaid ar gau.

'Just concentrate on the breath,' meddai'r llais.

'Ocê,' meddyliodd. 'Miwn a mas... miwn a... mas. Ma 'nhrwyn i'n cosi... jyst crafad bach cloi... 'na well... ocê... miwn a mas... miwn a mas.'

'Just breathe.'

'Ma cramp yn 'y nhro'd chwith i nawr... aw... aw... symuda i fymryn... 'na well... iawn... miwn a mas... o damo, nawr ma fe yn yr un arall... jyst symud... o gwd... miwn a mas... miwn a mas.'

'Just breathe.'

'Anadlu... ie... miwn a mas... miwn a mas... peth od yw anadlu, ontyfe... o na... paid â meddwl amdano fe... jyst... miwn a mas... ma'r gader 'ma'n galed... na, na, jyst anadlu...

miwn a mas… miwn a mas… ond ma fe'n galed… 'mond *foam* tene yw'r *cushion* yn y darn yma, wi'n meddwl…'

'Sooner or later your mind will start to think of other things,' meddai'r llais. 'Don't worry about it. Just notice it and come back to the breath when you can. And breathe…'

'O… ocê. Alla i neud 'na, wi'n meddwl. Ha! Meddwl! Wi'n meddwl 'to. Ocê, wi'n mynd 'nôl i anadlu nawr… miwn a mas… miwn a mas…'

Yn rhyfedd iawn, unwaith iddo sylweddoli bod ei feddwl yn mynd i grwydro a bod hyn yn hollol naturiol, fe beidiodd â phoeni am y peth. A ffeindio bod eistedd ac anadlu'n teimlo'n syndod o dda.

Ar ôl pymtheg munud daeth y sesiwn i ben. 'Come back tomorrow,' meddai'r llais caredig.

'Falle wnaf i wir,' atebodd Dylan, 'falle wnaf i.'

Pennod 9

Safai Gwen wrth y llungopïwr, yn poeni unwaith eto am ei thad. Welodd hi mo'r sgriptiau'n pentyrru ar waelod y peiriant, na chlywed sŵn bywiog y swyddfa o'i chwmpas. Pan gynigiodd Saffrwm 'Fel coffi, fel *latte* neu fel *cappuccino* neu rhywbeth?' chlywodd hi ddim. Roedd ei meddwl ym Mhenrhyndeudraeth, lle y bu hi dros y penwythnos blaenorol. Y gwir oedd bod Gwen wedi cael tipyn o sioc. O'r eiliad y cerddodd hi i fewn i Addfwynder a gweld y llenni newydd pinc yn gorchuddio cefn y drws ffrynt, roedd hi'n amlwg bod Eiris Ifans wedi bod yn gosod ei stamp digamsyniol ar gartre plentyndod Gwen.

Gwelodd fod *doilies* les yn gorchuddio nifer o'r byrddau yn y parlwr ffrynt, a chlywai Gwen arogl sawl math o *pot-pourri* (a oedd wedi ei rannu mewn powlenni bach ffyslyd ar ben y *doilies*), yn ogystal ag oglau cŵyr gwenyn a sebon gwyddfid. Sylwodd fod nifer fawr o addurniadau newydd wedi eu pentyrru ar y silff ben tân – llygod bach tsieina gan mwya, gyda llygaid anferth a choleri rhuban pinc, ond roedd ambell arth flewog mewn gwisg Fictorianaidd yno hefyd.

Gorchuddiwyd drysau'r oergell gan fagnedau lliwgar, yn awgrymu bod Eiris a Tegid wedi bod yn crwydro o gwmpas arfordir y gogledd. 'We've been to lovely Llandudno' cyhoeddai un mewn llythrennau breision, 'It's lovely up the Great Orme' meddai un arall. Uwch eu pennau roedd magnedau o 'Delightful Deganwy' a 'Beautiful Beaumaris', ac yn goron ar y cyfan, magned mawr amryliw yn nodi bod rhywun 'nearer God's heart in the garden than anywhere else on earth'.

Sylwodd Gwen fod llun priodas ei rhieni wedi diflannu

o'r dresel ac yn ei le roedd darlun paentiedig o fachgen bach mewn dillad Fictorianaidd, ei lygaid yn byllau mawr duon a'i wyneb yn drwch o huddyg. Gwenai'n llawen wrth ddal cyfarpar glanhau simne. Roedd un o'i ddannedd blaen ar goll.

'I lle aeth eich llun priodas chi, Tada?' gofynnodd Gwen yn syn.

Ond Eiris, yn ei het ddu a'i *housecoat* neilon, atebodd.

'I lofft Tegid, cofiwch. Isio llonni'r lle 'ma o'dd o. Fo fynnodd brynu hwn i mi, gan i mi wirioni ar yr hogyn bach 'cw.'

Heb fedru yngan gair, dihangodd Gwen i'r baddondy am funud i feddwl, a gwelodd fod rhywun wedi gosod doli wlân wedi ei chrosio i orchuddio'r rholyn sbâr o bapur tŷ bach pinc. Roedd yn amlwg bod Eiris wedi bod yn aildrefnu ymhobman, er, ar ôl edrych, gwelodd Gwen nad oedd hi wedi cyffwrdd â'i stafell hi eto. Ond byddai honno wedi ei thrawsnewid erbyn y tro nesa y deuai adre, roedd hi'n siŵr o hynny. Yn wir, tybiai Gwen, petai hi'n aros yn ddigon llonydd, y byddai Eiris yn gosod *doily* les a llygoden fach tsieina ar ei phen hithau hefyd.

Aeth i lawr llawr. Roedd Eiris wedi paratoi gwledd o ginio i'r tri ohonynt, ac roedd yn amlwg ei bod hi wrth ei bodd yn gweini ar Tegid a Gwen. Gwibiai o gwmpas y gegin, yn llanw'r tebot, yn torri mwy o fara menyn, yn rhannu'r darten afalau gartre'n drionglau mawr sgleiniog a thywallt hufen trwchus ar eu pennau.

'Ma hwn yn fendigedig, Eiris.'

'Yndi wir, diolch o galon i chi, Mrs Ifans.'

'Galwch fi'n "Eiris", wir i chi, Gwen.'

'Diolch… Eiris.'

'Pleser pur. Gym'rwch chi banad arall?'

Fe aeth y tri ohonynt allan am *run* i Gaernarfon yng nghar Gwen. Roedd Eiris a Tegid wrth eu boddau, wedi gwirioni ar y siwrnai yn y car cyfforddus ('Hyn yn well na'r bws, tydi Tegid?'), y golygfeydd ysblennydd a'r baned a theisen ar y Maes. Roedd ganddynt amryw o jôcs bach diniwed am deithiau blaenorol wrth wibio mewn amryfal fysys ar hyd yr A55.

'Yli, Teg – dyna fo'r caffi 'na efo'r *Victoria sponge* sych.'

'O ia, a'r hogyn yna oedd ddim yn dallt be oedd *tea strainer*.'

A chwerthin mawr rhyngddynt.

Mynd adre wnaeth Eiris ar ddiwedd y dydd. 'Ond a fyddai hynny wedi digwydd petawn i ddim yma?' gofynnodd Gwen iddi hi ei hun. Doedd hi ddim am feddwl am hynny'n rhy fanwl. A pham, a'i thad yn amlwg ar ben ei ddigon ac wrth ei fodd yng nghwmni Eiris, yr oedd gan Gwen deimlad mor annifyr ym mêr ei hesgyrn? Ai oherwydd bod yna gadernid haearnaidd yn y llygaid bychain craff ac yn ystum cefnsyth y ddynes yn yr het a'r *housecoat* neilon? Ond onid hi, Gwen, oedd wedi gwahodd Eiris i fewn i dŷ ei thad? Ac wedi ei hannog i gyflawni'r dyletswyddau roedd Gwen ei hun wedi gwrthod eu gwneud? Onid ei bai hi ei hun, felly, oedd y newidiadau mawrion hyn?

'Gwen, odi'r sgriptiau'n barod?' Barbara oedd wrth ei hymyl. 'Gwen?'

'Sori… ydan. Ma'n nhw fan hyn.'

'Ti'n iawn?'

'Yndw, yndw.'

'Gawn ni ddrinc ar ôl gwaith?'

'Ia, bysa hynna'n grêt.'

Diolch byth am gyfeillion, meddyliodd Gwen. O leia gallai hi bwyso a mesur bob dim gyda Barbara dros wydraid o win. Caeodd glawr y llungopïwr a gafael yn y pentwr sgriptiau. Gwaith amdani nawr – gallai boeni am ei thad wedyn.

Y bore ar ôl i Dylan fod yn y banc bwyd, daeth Tomi a Miss Huws draw i edrych ar y tir. Synnodd Dylan wrth weld y ddau ar eu gliniau'n byseddu'r pridd. Chymeron nhw ddim sylw ohono ac yn y pen draw aeth Dylan i hwylio paned i'r tri ohonynt. Erbyn iddo ddychwelyd, gwelodd fod Tomi wedi rholio baril fawr o hylif gwyrdd drewllyd i ymyl y rhandir.

'Dyna fo,' meddai Miss Huws, 'diolch, Tomi. Cyfardwf Rwsia a dŵr 'di hwn, dull reit gyffredin o wrteithio'r tir,' esboniodd wrth Dylan. 'Mi wnaiff o fyd o les i'r hen bridd 'ma.'

'Paned cyn palu, 'te,' meddai Tomi, gan estyn ei law yn ddiolchgar am y pecyn Jaffa Cakes a brynwyd gan Dylan yn Spar y bore hwnnw. 'Torcha dy lewys,' ychwanegodd wrth Dylan. 'Bydd isie palu hwn i gyd miwn bore 'ma.'

Synnodd Dylan o ddeall bod Tomi yn mynd i weithio ar ei batsyn, er bod ganddo fwy na digon o waith i'w wneud ar ei dir ei hun. Teimlodd broc o gydwybod wrth gofio am y ffordd y bu'n rhefru am y ddau 'weirdo' y diwrnod o'r blaen. Tyfodd ei euogrwydd pan gynigiodd Tomi hadau ffa a phys melys iddo. A theimlai'n waeth byth pan ddaeth Miss Huws draw yn hwyrach wedi iddo orffen palu, gyda choron riwbob ysblennydd a nifer o hadau *nigella*, pabi coch a llysiau'r wennol.

'I ddenu'r fuwch goch gota,' esboniodd. ''Wan 'ta. Be am i ni gael golwg ar y tŷ gwydr 'cw?' ychwanegodd, a brasgamodd drwy'r iet fach at ardd y Mans.

Dilynodd Dylan yn ufudd a gweld bod Beca'n aros amdanynt gyda phowlen o ddŵr sebonllyd a chlwtyn yn ei dwylo.

'Cofia bod isie newid y dŵr 'ma'n amal,' meddai. 'Dere i'r gegin i nôl dŵr pan fydd isie. Gwell i ti wisgo'r rhain,' ychwanegodd, gan gynnig pâr o fenig rwber melyn iddo. 'Bydd isie i ti rwto'n galed yn rhai o'r corneli 'na.'

'Ia! Rhaid i chi gael gwared ar bob MYMRYN o faw. Fe allai PRYFED fod yn llechu yno!' ategodd Miss Huws.

Gwenodd Beca wrth estyn y Marigolds iddo.

'Ti'n blydi dwlu rhoi ordyrs i fi, on'd wyt ti, Beca?' meddyliodd Dylan yn sur wrth fwrw ati i lanhau, a gweld ei gwên ddirmygus yn llygad ei feddwl wrth iddo rwto'n galed ymhob cornel fawlyd.

'Rhaid i ti gyfadde, Becs,' meddai Arwyn wrth edrych ar ffrwyth llafur Dylan yn hwyrach y prynhawn hwnnw, 'allet ti fyta dy gino yn y tŷ gwydyr 'ma nawr.'

'Hy,' atebodd Beca. 'Gawn ni weld pa mor hir bariff e tro 'ma cyn ca'l *tantrum* bach arall. Cofia,' ychwanegodd yn feddylgar wrth i'r ddau ohonynt gerdded yn ôl i'r Mans, 'sai 'di clywed rhagor o nonsens am *issues* nac "egni negyddol" ers sbel. Ma hynny'n rhwbeth i ddiolch amdano fe, on'd yw e?'

Cyn i Dylan gael plannu'r un hedyn, fe fynnodd Miss Huws eu bod yn trafod y cynllun plannu amddiffynnol a'r dulliau o gylchdroi'r cnydau ar gyfer y patsyn, penderfynu beth i'w wneud gyda'r planhigion blynyddol a lle i osod y blodau llesol oedd yn mynd i gadw rhai o'r pryfed gwaetha draw.

'Ma isio rhannu'r cnydau er mwyn osgoi clefydau. Teulu'r bresych yn un man, tatws a tomatos mewn gwely arall, a ffa, winwns a moron mewn darn gwahanol eto.'

'Wi'n meddwl bod tato'n neud *ground cover* da,' meddai Tomi'n obeithiol.

'Ia, wn i…' cytunodd Miss Huws, ond mewn llais a oedd yn awgrymu'n gryf ei bod hi'n meddwl bod Tomi'n siarad dwli.

'Beth am y telefision, 'te?' apeliodd Tomi at Dylan. 'Smo nhw moyn *say* yn hyn i gyd? Ti'n meddwl bod yr Angharad Mair 'na'n lico tato?'

Yn sydyn, teimlai Dylan y cywilydd rhyfedda. Am ei fod wedi dweud cymaint o gelwyddau, am alw Miss Huws a Tomi'n *weirdos*, am yr holl dwyllo. Ond malu awyr wnaeth e yn lle cyfadde'r gwir, rhyw nonsens am yr oriau o waith ymchwil cyn i'r camerâu ddod yn agos. Nodio'n boléit wnaeth y ddau arall, a llifodd ton arall o euogrwydd drosto am fod eu twyllo nhw mor rhwydd a bod yntau'n gymaint o feistr ar y grefft. Roedd yn falch pan aeth Tomi adre i gael ei ginio a Miss Huws draw i wneud ei shifft yn y banc bwyd. Dihangodd Dylan 'nôl i'r garafán, a'i gynffon rhwng ei goesau.

Bu wrthi fel lladd nadroedd yn plannu a hau am y dyddiau nesa. Llanwodd y tŷ gwydr â bocsys hadau a phlanhigion a oedd yn rhy dyner i'w gosod tu allan. Plannodd ffa gwyrdd, sbigoglys, pys melys, teim, saets a basil, corbwmpenni gwyrdd a melyn, tsilis coch, puprau oren a gwyrdd, a winwns. Penderfynodd blannu tri math o domatos. Rhai bach melys, fel ceirios coch; rhai canolig eu maint ond â'u croen yn streipiog fel teigr; a thomatos eidion boliog. Roedd Miss Huws a Tomi'n llawn cynghorion hefyd.

'Ma isio amgylchynu'r tomatos efo blodau'r rhuddos i gadw'r llyslau i ffwrdd – *aphids* i chi, Dylan,' dechreuodd Miss Huws.

'Digonedd o fresych, 'na beth sy'n dda am gatw'r bygars bach bant,' ychwanegodd Tomi. 'Smo nhw'n lico'u gwynt nhw.'

'Be am blannu amball beth ar gyfer y cnwd hydrefol – pwmpenni a ballu? Ma isio rhwbath yn tyfu drwy'r flwyddyn, on'd oes?'

'Tip bach arall i ti, ma sbrowts yn lico daear galed, *compacted soil*, ontyfe. Neidia ar ei ben e bob dydd – caletu'r tir, 'na beth sy ore i sbrowts.'

'Rŵan, yn fa'ma ma isio gosod y perlysia, maen nhw'n dda am gadw pryfaid i ffwrdd. Ac os blannwch chi botiau *pelargonium* neu *geranium* hefyd mi fydd y mosgitos yn cadw draw, dyna sut maen nhw'n neud petha ar y cyfandir, w'chi...'

Gyda help Tomi, dysgodd Dylan sut i rannu *pelargoniums* drwy dorri eu coesau, eu trin gyda phowdwr gwreiddio a'u tyfu 'mlaen mewn potiau pridd. Dysgodd sut i binsio planhigion tomato i'w hannog i ddwyn ffrwyth, sut i glymu pys melys bregus at styllod, sut i ailblannu planhigion ifainc heb eu malurio a sut i greu rhwydwaith o fambŵ a weiren i gynnal planhigion sawl math o ffa.

Cafodd wers ar greu gwely *asparagus* gan Miss Huws. Wrth weithio, hoffai hi dynnu sylw Dylan at y myrdd o bryfed ac adar oedd yn byw ar y rhandir.

'Chwilen sowldiwr yw hwn, dach chi'n gweld, mae o'n oren i gyd.'

'Llwyd y gwrych yw'r deryn bach 'na. Ffrind mawr i'r garddwr, yn hoff iawn o lyslau.'

'Gwyn blaen oer yw'r glöyn byw yna. Y gwanwyn wedi cyrraedd o'r diwedd…'

Ac yn wir, yn sydyn iawn roedd y byd wedi diosg ei glogyn monocrom gaeafol gan ddatgelu creadigaeth *technicolor* yn ei le. Roedd Dylan wedi ei swyno gan y blodau ceirios ac almwn, y coed gellyg ac afalau, y piws a'r pinc a'r gwyn.

Rough winds do shake the darling buds of May,
And summer's lease hath all too short a date…

Rhyfedd fel yr oedd hen ddarnau o farddoniaeth yn mynnu gwthio'u hunain i flaen y cof. Teimlai Dylan ei fod yn profi'r gwanwyn am y tro cynta rywsut. Sylweddolodd (yn llawn o'r euogrwydd rhyfedd oedd wedi dod i'w bigo yn ddiweddar) nad oedd wedi sylwi'n iawn ar yr atgyfodiad rhyfeddol hwn o'r blaen.

'Mae Tada mor hapus, Barbara. Ond dw i'm yn siŵr be i'w feddwl.'

Roedd Gwen a Barbara yn eistedd yn y Conway yn bwyta *superfood salad* ac yn sipian Merlot.

'Ond o's yw e'n hapus, nag yw hwnna'n beth da?' Gwthiodd

Barbara ei fforc i fewn i ddarn amrwd o frocoli cyn ei rhoi'n ôl yn ddiflas ar ei phlât. 'Smo'r bwyd cwningod 'ma'n ddigon i fi. Wi'n mynd i ga'l *side order*. Galla i demtio ti?'

'Na, dw i'n iawn 'sti.' Chwaraeodd Gwen gyda'r gwyrddlesni ar y plât heb lawer o arddeliad a galwodd Barbara ar y weinyddes ifanc ac archebu powlen 'fach' o *chips*.

'Gweld o'n ymddwyn yn rhyfadd ydw i. Yr holl dripia bws 'ma, y sothach mae o'n wylio ar y teli. Ac mae HI yno drwy'r amsar, 'ddyliwn i.'

'Gwen. Grynda. Ti'm yn meddwl dy fod ti —'

'Be?'

'Wel, bach yn... genfigennus?'

''Rargol, nac'dw siŵr!'

'Ti'n siŵr? Ti sy 'di bod yn *number one* yn 'i fywyd e ers blynyddo'dd. Falle bo ti ddim yn lico bod yn *number two...*'

'Na... wir i chdi. Mae o'n grêt fod gynno fo gwmni a ballu. A'i fod o'n mwynhau 'i hun. Ond...'

'Ti ddim yn lico'r Eiris 'ma o gwbwl...'

'Nac'dw. Tydw i ddim. Mae 'na rywbath... calad amdani.'

'Ocê, digon teg.' Cyrhaeddodd y *chips* ac arllwysodd Barbara sos coch dros y cwbwl. 'Ond meddylia o ddifri, Gwen. 'Se hi, Eiris, ddim o gwmpas, TI fydde'n gorfod mynd ag e i'r Great Orme a *sunny* Rhyl. A gwylio blydi *Midsomer Murders*. Achos yr Eiris 'ma, ti DDIM yn gorfod rhuthro lan i'r gogledd bob penwythnos a ti'n gallu yfed Merlot 'da fi yn y Conway yn lle 'ny. Resylt, weden i. Gwydred arall?'

'Ocê,' gwenodd Gwen. Roedd Barbara bob amser yn llwyddo i godi ei chalon.

'First take a raisin and really look at it. Imagine that you've just arrived from another planet and have never seen an object like this before in your life.'

Syllodd Dylan ar y grawnwin sych yn ei law. Roedd yn ceisio gwneud ymarfer *mindfulness* a doedd e ddim yn llwyddo'n rhy dda. Er ei fod yn deall egwyddor y peth – eich bod chi'n byw'n llwyr yn y foment wrth fwyta – roedd hi'n anodd canolbwyntio.

'Remember, this is difficult for everyone...'

Ond prin oedd yr eiliadau o heddwch meddwl a thawelwch hyd yn hyn. Roedd syniadau'n mynd a dod yn barêd parhaol ym meddwl Dylan, yn chwildroi a chynhyrfu, yn ailadrodd ac yn cordeddu, un o gwmpas y llall. Roedd Dylan yn meddwl drwy'r amser. Wrth wagio'r *septic tank*, wrth dorri'r glaswellt ar lawnt y Mans, wrth wisgo'i esgidiau, wrth wneud paned o de, wrth fwyta'i dost a Marmite. Meddwl, meddwl, meddwl. Ni allaf ddianc rhag hon. Meddwl, meddwl, meddwl...

'Pwy halodd y llythyr 'na? Beches i lot o bobol, on'd do fe? Ond wedyn, o'n i jyst isie... na... *come on*, Dylan, wharest ti'n *fast and loose*, on'd do fe? Do... ond o'n i jyst yn trio... anadlu... miwn a mas... miwn a mas... Ocê, so o'n i ddim yn berffeth ond... miwn a mas... licen i weld Osian a Twm... a Rhian... Ond smo Rhian 'di madde i fi... Pwy halodd y llythyr 'na...? O, jyst gad e i fynd, Dyl... miwn a mas.'

'Each in-breath a new beginning, each out-breath a release...'

Roedd eistedd i fyfyrio gyda'r peth anodda wnaeth Dylan erioed. Yn anghyfforddus ac undonog. Ond roedd yn barod i drio unrhyw beth i chwilio am dawelwch meddwl erbyn hyn. Ac yn wir, yn raddol, wrth eistedd bob dydd a chanolbwyntio ar ei anadlu, dechreuodd deimlo rhyw bellter, rhyw berspectif hyd yn oed, yn tyfu rhyngddo a'r chwyrlïo di-baid yn ei feddwl. Gallai edrych yn fwy gwrthrychol ar bethau. Ac roedd hyn, rywsut, yn ei helpu i leddfu'r tensiwn dychrynllyd yn ei berfedd.

Ac er i Beca ei ddal sawl gwaith yn taranu o gwmpas y

170

rhandir, wedi torri ei fys neu golli ei dymer wrth fethu cyflawni rhyw dasg syml, aethai'r achlysuron hyn yn fwy prin. A bu'n rhaid iddi hithau gyfadde ei bod yn gweld rhywfaint o newid ynddo.

'Jiw jiw, Arwyn, ofynnodd Dylan i fi shwd o'n i bore 'ma. A ma fe 'di stopo'r gwenu *creepy* 'na hefyd.'

'Fi'n lico Dylan,' cyhoeddodd Ifan. 'Fe yw ffrind fi. Fi'n tyfu tomatos, ciwcymber a moron gyda fe. Ond dim brocoli,' ychwanegodd, gan edrych fymryn yn euog.

'Wyt ti wir, Ifan? Wel, falle bod gobeth iddo fe o'r diwedd, 'te,' meddai Beca, ond heb rhyw lawer o argyhoeddiad.

Roedd Dylan yn sicr dipyn yn hapusach. Ac yn mwynhau'r pethau mwya annisgwyl. Gweld y wawr yn torri wrth yfed paned gynta'r bore. Sylwi ar nyth y deryn du, a'r gwenoliaid yn gwibio o dan fondo'r Mans. Dod i arfer â'r fwled fach goch oedd yn ei ddilyn ef a'i raw i bob man. A'r pâr o lygaid du a'r coesau matsys. Gweld yr hadau'n egino a'r planhigion bach yn araf dyfu.

Dysgodd yn gyflym iawn fod angen amddiffyn ei gnydau rhag y myrdd o bryfed, gwlithod ac adar oedd yn benderfynol o rannu'r wledd yn y rhandir. Cadwodd bob plisgyn wy a'u gosod ar lwybrau'r gwlithod, taenodd nifer o rwydau i gadw'r adar draw. Ac ar un noson wlyb, ar ôl sylwi ar haid o wlithod yn tyrru ar ymyl y gwelyau tyfu, llanwodd nifer o grwyn oren â chwrw i'w denu am ddogn go dda o Brains yn hytrach na'i blanhigion ifainc.

'Jiw jiw,' meddai Tomi, 'tafarn i'r gwlithod, myn uffach i. O'n i'n meddwl 'mod i'n gwpod y cwbwl. Ti'n clywed nhw'n canu "Myfanwy" withe ar ôl *stop tap*?' gofynnodd yn ddireidus.

Ond roedd y tafarnau'n gweithio'n dda, er nad oedd y dasg o glirio'r cyrff chwyddedig yn bleserus iawn.

Hoffai Ifan wylio Dylan yn gweithio, ac roedd ganddo

ddiddordeb mawr ym mywyd gwyllt y rhandir. Treuliodd y ddau un prynhawn yn creu bwgan brain.

'Wi moyn iddo fe edrych tamed bach fel Darth Vader.'

'Syniad da, Ifan.'

'Bydd e'n codi ofon ar yr adar.'

'Bydd.'

'All e wisgo'r got ddu 'ma roddodd Mami i fi, a wi moyn neud masg iddo fe.'

'Syniad da.'

'Alli di helpu fi neud y masg, Dylan?'

'Ocê, Ifan, gad i fi gwpla clymu hwn gynta.'

'Ocê. Ti'n lico byw yn y garafán, Dylan?'

'Odw.'

'Wyt ti ofon y tywyllwch?'

'Nagw.'

'Ma Mami'n gweud bod lot o bethe'n dy gadw di ar ddihun yn y nos, Dylan.'

'Odi ddi wir?' Siglodd Dylan ei ben wrth glymu'r planhigyn bregus i'r weiren gaws.

'Ife poeni am fonstyrs wyt ti, Dylan?'

'Sdim monstyrs i ga'l, Ifan.'

'Ma 'da fi olau bach ar bwys 'y ngwely. Falle gall Mami brynu un iti yn Asda?'

Gwenodd Dylan yn sur wrth feddwl am ofyn cymwynas gan Beca.

'Sai'n credu, Ifan. Nawr 'te. Beth am y masg 'ma?'

Roedd Beca wedi dechrau cerdded bob dydd, yn benderfynol o golli pwysau. I ddechrau, teimlai'r llethrau'n serth ofnadwy ac erbyn iddi gyrraedd y ffosydd ucha roedd ei hwyneb yn goch, ei hanadl yn fyr a'i gwallt chwyslyd wedi ei blastro dros ei thalcen. Ond yn raddol, wrth iddi ddyfalbarhau, fe ddaeth y dringo'n rhwyddach iddi, a phan ofynnodd Ifan iddi un noson a oedd 'bola mawr 'da ti achos bo ti'n dishgwl babi?' fe fwriodd ati gyda mwy o frwdfrydedd nag erioed.

Un bore, wrth i Beca fynd heibio'r rhandir ar ei ffordd tuag at y gaer, sylwodd ar Dylan ac Ifan yn gweithio gyda'i gilydd. Roedd Dylan yn dysgu Ifan sut i drawsblannu planhigion tomatos oedd wedi mynd yn rhy fawr i'w potiau plastig. Oedodd am funud a sylwi mor annwyl oedd Dylan gyda'r crwt bach.

'Torra dwll yn y pridd sy yn y potyn newydd, Ifan.'

'Odi hwn yn ddigon mawr?'

'Na, bach yn fwy... Ocê, 'na ti.'

'Wyt ti'n lico Minecraft, Dylan?'

'Sai 'di whare fe erio'd.'

'Ma fe'n bril, ti'n adeiladu pethe, a ma 'na *zombies*, a ti'n gallu whare 'da dy ffrindie a ma fe mor cŵl...'

'Watsha'r gwreiddie nawr, bydd yn ofalus.'

'Ocê... fel hyn?'

''Na ti – jobyn gwych, Ifan. Da iawn ti.'

'Dylan?'

'Ie?'

'Gei di whare Minecraft 'da fi os wyt ti isie.'

'Ym... diolch, Ifan. Wi ddim yn dda am ddelio 'da *zombies*, cofia.'

'Dim probs, fi'n zappo nhw gyda fy *super zapper*.'

'Fyddwn ni'n iawn, 'te. Estyn y potyn nesa 'na i fi, 'nei di?'

Roedd Beca'n ddigon balch bod cwmni gan Ifan. Doedd dim llawer o blant yn byw lan ar y topiau. Yn hytrach, roedd ei ffrindiau ysgol yn byw ar waelod y cwm, lle'r oedd mwy o fywyd a chyffro.

'Wi'n meddwl bod Dylan wedi newid tamed bach, ti'n gwbod, Mer,' meddai Beca wrthi ar y ffôn y noson honno. 'Jiawch, gynigiodd e dorri'r lawnt i fi ddo'. A dynnodd e'r dillad o'r lein tra 'mod i mas achos bod hi 'di dechre bwrw.'

Bu bron i Meriel dagu ar ei phaned o glywed hyn. '*He did what*? Sai'n credu bod e'n gwbod beth o'dd *washing line* pan o'n ni'n briod!'

'Na. O'n i'n ffaelu credu'r peth chwaith!' Chwarddodd Beca. 'A ma'n rhaid i fi gyfadde 'i fod e'n ffein iawn gydag Ifan. Meddwl 'i fod e'n gweld isie Osian a Twm…'

'Wel, *no-one forced him* i neud beth na'th e, Beca!' Gwylltiodd Meriel yn sydyn.

'Na, na. Ond —'

'Rhedeg bant gyda chroten hanner ei oedran e, dwyn yr holl arian 'na…'

'Ti'n iawn, ti'n iawn. Sori, Mer.' Doedd Beca ddim eisiau cweryla gyda'i ffrind. Roedd y sgyrsiau rhyngddynt wedi bod gymaint yn rhwyddach yn ddiweddar.

'Ofynnodd Rhian amdano fe neithiwr, ti'n gwbod,' cyfaddefodd Meriel ar ôl saib byr.

'Do fe? Beth wedest ti?'

'Y gwir. Fod e'n whare Alan Titchmarsh gyda chi. O'dd hi'n ffaelu credu'r peth.'

Roedd Rhian wedi rhyfeddu wrth glywed hanes Dylan. Daethai i fewn i'r baddondy lle'r oedd Meriel yn rhedeg bàth i'r bois ac achub ar y cyfle i sgwrsio tra bod ei mam yn rhy brysur i greu drama fawr.

'Mam?'

'Ie, bach?' Arllwysodd Meriel hanner potel o swigod i mewn i'r dŵr.

'O, paid â rhoi cyment miwn – aiff e i bobman.' Gallai Rhian weld yr ewyn gwyn yn cronni ar y dŵr yn barod.

'Ma'r *boys* yn lico whare peli eira – paid stresso, fe gliria i'r cwbwl wedyn,' atebodd Meriel.

Ochneidiodd Rhian yn fewnol a dechrau eto. Doedd hi

ddim eisiau colli'i thymer gyda'i mam, er bod honno'n siŵr o anghofio'i chynnig gan nad oedd Meriel yn un dda am gymoni.

"Ti 'di clywed hanes Dadi'n ddiweddar?'

Diolchodd Meriel na allai weld wyneb ei merch, a hithau'n plygu dros y bàth. Roedd hi'n amlwg bod Rhian wedi bod yn poeni am ei thad, a theimlodd Meriel yn euog am y canfed tro fod ei chynllun i ddial wedi brifo cymaint mwy o bobol na dim ond Dylan.

'Ma Beca'n gweud 'i fod e lot yn well nag o'dd e.' Triodd Meriel swnio'n bositif. 'Yn gwitho yn yr *allotment*, ac yn byw yn 'u carafán nhw...'

'Beth? Dadi yn... garddio?'

'Ie.' Ni allai Meriel beidio â chwerthin. 'Wi'n gwbod, glywest ti'r fath *nonsense* erio'd?' Sythodd ei chefn a throi at ei merch. Ond fe'i sobrwyd gan yr olwg ddagreuol yn llygaid Rhian.

'Sai'n dymuno unrhyw ddrwg iddo fe, Mami.'

'Na, wi'n gwbod 'ny.'

'A 'se fe'n profi 'i fod e wedi tyfu lan o'r diwedd, wel, 'ethen i â'r bois draw i'w weld e.'

'Rhian...' dechreuodd Meriel, a oedd wedi cael awydd sydyn i ddweud y gwir wrth ei merch, 'ti'n gwbod y llythyr...'

Ond torrodd Huw ar ei thraws. Safai wrth y drws mewn crys T coch llachar, y geiriau 'FRACK OFF!' mewn llythrennau breision yn dynn ar draws ei frest a rhan o'i fola.

'Am bwy ni'n siarad?'

Trodd Rhian oddi wrth Meriel.

'Huw, smo ti'n gwisgo hwnna heno, wyt ti? Plis, cer i wisgo crys teidi.'

'O'n i'm yn sylweddoli bo ni'n cwrdd â'r Cwîn yn y pyb.'

'Huw!'

'Ocê, 'mond jocan o'n i, ma 'da fi grys ar y gwely'n barod. Gwell i fi ddatgysylltu'r bois wrth yr iPad gynta, neu ddo'n nhw fyth lan llofft.'

Gwenodd Rhian ar ei ôl. Ond dal i sefyll yno wnaeth hi, yn chwarae gyda llawes ei siwmper.

'Beth?'

'Wel, os glywi di ragor, Mam, gad i fi wbod, 'nei di?'

Cofiodd Meriel y geiriau hyn wrth ddiffodd yr alwad gyda Beca. Gwell iddi ffonio Rhian nawr. Roedd hi'n bryd iddi ddechrau datod y cwlwm cymhleth a glymwyd ganddi dros flwyddyn yn ôl.

Wrth i'r tywydd wella dechreuodd Dylan dreulio mwy o'i amser tu fas i'r garafán, yn bwyta prydau o fwyd ar stepen y drws wrth edrych ar y rhandir dros y ffens, ac yn yfed paneidiau o de tra oedd yn syllu'n fyfyriol lan at y gaer ar y bryn uwchlaw. Roedd yn dal i fwynhau coginio ac roedd safon ei fwyd wedi gwella'n rhyfeddol. Torri'r llysiau, ffrio cig, blasu ac ychwanegu perlysiau, yn enwedig nawr bod digon ohonynt yn dechrau dod yn y potiau bychain a osodwyd o gwmpas y gwelyau tyfu i ddenu'r gwenyn. Basil, persli, rhosmari, saets o bob math a nifer o lwyni lafant persawrus yn frith o flodau porffor gogoneddus.

Chafodd Dylan ddim llawer o lwc wrth drafod ei faterion ariannol gyda Douglas – doedd pethau ddim wedi eu setlo'n derfynol ar ôl gwerthiant eiddo Dylan, yn ôl y cyfreithiwr, a oedd yn dal i negydu gyda'r awdurdodau. Ond caniatawyd i Dylan dderbyn incwm bychan o'r diwedd o ddau freindaliad a delid iddo bob mis fel awdur y cartŵn llwyddiannus *Beni'r Bwni!*, a werthwyd o gwmpas y byd gan S4C yn yr wythdegau. Roedd ganddo ddigon i fyw arno am y tro, felly – yn enwedig os byddai'n ofalus gyda'r ceiniogau. Diolch byth, roedd y cyflenwad bach hwn o arian bob mis yn golygu nad oedd angen iddo ofyn am help gan y wladwriaeth. Diolchodd Dylan yn daer am fedru osgoi'r diflastod hwnnw, a chywilyddiodd wrth gofio ei fod yn ystyried y breindaliadau hyn yn arian poced yn y gorffennol, ac wedi eu gwario ar botel o win stiwpid o ddrud, neu linell neu ddwy o gocên mewn parti.

Âi Arwyn ag ef i'r Asda mawr ar waelod y cwm bob pythefnos. Rhyfeddodd Dylan wrth sylweddoli bod modd byw'n dda yn gymharol rad os oeddech chi'n barod i ddefnyddio'ch dychymyg. Dechreuodd siopa'n ddoeth, gan ddilyn cyngor Jack Monroe, y blogiwr bwyd, ar sut i fyw ar nesa peth i ddim, gan brynu lentils, ffa a reis yn lle cigoedd drud a phrydau parod.

Un o hoff brydau Dylan oedd pasta gyda thomatos a chaws. Chwarddodd yn sur un amser cinio wrth setlo gyda'i fowlen ar stepen y drws a chofio'r prydau drud: y stec Siapaneaidd a'r *truffles*; y platiau o *sushi* a *sashimi* a'r *nouvelle cuisine* bondigrybwyll mewn tai bwyta drud yn Llundain a oedd wedi bod yn gymaint rhan o'i fywyd cyfryngol.

'Aros di nes bo ti'n byta'r llysie 'na'n syth o'r ardd,' meddai Tomi wrtho. 'Y ffa gwyrdd cynta, moronen yn syth o'r pridd, pys sy'n blasu fel losin a'r daten newydd gynta 'na'n morio mewn menyn a mintys. Beta i y byse Angharad Mair yn lico rheina,' ychwanegodd yn obeithiol.

Trodd Dylan i ffwrdd yn euog. Pryd yn y byd yr oedd e'n mynd i gyfadde'r gwir wrth Tomi? Teimlai'n sydyn y byddai colli parch Tomi yn beth ofnadwy – roedd wedi bod yn gymaint o gefn iddo. Ac wedi estyn y fath groeso. A Miss Huws hefyd, wrth gwrs. Byddai gweld y siom yn ei llygaid treiddgar yn loes calon iddo.

Treuliodd y noson honno ar ddihun yn poeni – y tro cynta iddo wneud hynny ers dechrau ar y myfyrio o ddifri. O'r diwedd, cododd ar ei eistedd a thynnu'r llenni er mwyn cael edrych allan ar y noson felfedaidd. Roedd y lleuad yn llawn, yn ariannu'r olygfa o'i gwmpas. Sleifiodd Modlen y gath heibio, yn isel ac yn llyfn ei cherddediad, ei llygaid barcud wedi gweld rhyw lygoden anffodus yn y llwyni trwchus.

Rhyfeddodd wrth weld teulu o gadnoid wrth iet y rhandir – dau gena bach yn rhowlio wrth chwarae ymladd, eu mam yn sniffio'n wyliadwrus yn eu hymyl. O'r diwedd, wrth i fysedd pinc y wawr ymddangos yn y dwyrain, uwchben ffosydd y gaer, llwyddodd i gysgu.

'Gwen, allwch chi nôl panad i fi?' Atseiniodd llais Llinos drwy ddrws ei swyddfa. 'Ma gin i lwyth o waith papur i'w neud a dw i'n hepian cysgu yn fa'ma. Coffi cryf, plis.'

Cododd Gwen i wneud y baned. Nid Llinos oedd yr unig un a oedd yn teimlo'n gysglyd – bu Gwen hithau ar ddihun am ddwy awr y noson cynt, yn chwysu oherwydd yr *hot flushes* bondigrybwyll ond yn poeni hefyd am ei thad.

'Aw!' Tasgodd dŵr berwedig dros law Gwen. Damia, roedd ganddi ormod ar ei meddwl, dyna oedd. Rhoddodd ei llaw o dan y tap dŵr oer. A doedd y sgwrs ryfedd gafodd hi neithiwr ddim wedi helpu. Eiris atebodd y ffôn yn Addfwynder. Roedd ei thad yn y bàth, os gwelwch chi'n dda, ac yn methu dod at y ffôn. 'Ydw i'n bod yn paranoid?' meddyliodd Gwen. Ond pam na ffoniodd ei thad yn ôl? A pham roedd e'n cael bàth am chwech yr hwyr beth bynnag?

'Mae gynno fo boen cythreulig yn ei gefn, w'chi,' oedd esboniad Eiris. 'Wedi rhoi tamad o fwstard yn y bàth iddo fo. Fydd o'n tsiampion wedi hynny. Tynnu *muscle* wnaeth o, yn symud y *bureau* allan i'r gegin gefn.'

'Mwy o'r aildrefnu gwirion 'na,' meddyliodd Gwen. Gwthiodd dop y *cafetière* i lawr. Roedd y coffi'n ddu ac yn drwchus, yn union fel yr hoffai Llinos ef. Aeth â'r cyfan ati ar hambwrdd.

'Dach chi isio bisgïen?'

'Gwell i mi beidio. Diolch am y banad.'

'Gai ofyn cymwynas, Llinos?'

'Cewch tad.'

'Ma isio picio i Benrhyn arna i. 'Nhad wedi brifo'i gefn. Fydda ots gynnoch chi taswn i'n mynd fory yn hytrach nag aros nes y penwythnos? Mi weithia i'n hwyr wythnos nesa…'

'Wrth gwrs. Ydi bob dim yn iawn, Gwen?'

Roedd Llinos yn ymddangos yn llawn consýrn – ond gan fod cymaint o Botox yn ei hwyneb, roedd hi'n anodd gwybod beth roedd hi'n ei deimlo mewn gwirionedd. Ond roedd ei llais yn garedig.

'Yndi, dw i'n meddwl. Ond dw i isio bod yn siŵr.'

''Na fo, 'ta. Ewch chi.'

Wrth iddi gerdded 'nôl i'w desg, teimlai Gwen yn well o wybod bod ganddi gynllun pendant ar y gweill.

Ar y cyfan, a hithau bellach yn ddiwedd Mai, roedd y rhandir yn ffynnu. Roedd y tir yn ffrwythlon ac roedd cynllun plannu Miss Huws yn gweithio'n wych i amddiffyn y cnydau rhag y pryfed a'r heintiau gwaetha. Ond roedd yna siomedigaethau hefyd.

Un bore fe gyrhaeddodd Dylan y rhandir i weld nifer o gynffonnau bach gwynion yn diflannu i fewn i'r llwyni ar y cyrion. Ac o gyrraedd y gwely letys, gwelodd fod pob un planhigyn wedi ei falurio'n siwps. Er bod hanner gwaelod pob letysen ar ôl, roedd eu topiau wedi eu cnoi'n rhacs a'u tasgu'n weddillion carpiog ar y pridd.

'BLYDI HEL! BLYDI, BLYDI…'

Ond na.

'Anadla'n ddwfn, Dylan,' meddai wrtho'i hun. 'Miwn a mas… miwn a mas… Alli di ailblannu'r letys 'ma. A dy'n nhw ddim wedi byta dim byd arall…'

'Isie *cloches* sy arnat ti.'

Neidiodd Dylan yn sydyn wrth weld bod Tomi'n sefyll reit

wrth ei ymyl heb iddo'i weld yn dod. Shwd yn y byd roedd e'n llwyddo i wneud 'ny o hyd?

'Uffach gols, Tomi, o't ti bron â rhoi harten i fi!'

''Na'r unig bethe gadwiff y bygyrs bach mas, creta ti fi. O's hen boteli dŵr plastig 'da ti sha'r garafán 'na? Allwn ni ddefnyddio nhw i ddiogelu'r lot nesa.'

Bu'n rhaid difa'r moron i gyd ar ôl ymweliad brwdfrydig gan y gleren wen.

'Anadla'n ddwfn, miwn a mas... miwn a mas...'

Trodd y tomatos eidion yn beledi duon oherwydd haint genetig yn yr hadau.

'Miwn a mas... miwn a mas...'

Ac fe bydrodd y sbigoglys yn y ddaear, gan wrthod tyfu'n llwyni gwyrddion, eu dail llipa'n ddu ac yn seimllyd.

Yng ngwyneb pob trychineb, brwydrodd Dylan i reoli ei dymer.

'Ma'n iawn i fi deimlo'n grac am y pethe hyn,' myfyriodd yn y garafán bob bore, ei goesau wedi'u plethu'n fwy cyfforddus erbyn hyn, ei gefn yn syth a'i lygaid ar gau. 'Wi'n derbyn yr anawsterau hyn ac yn cydnabod eu bod yn ddiflas ac yn achosi poen i fi.'

Nid bod hyn yn gweithio bob tro. Gwelwyd Dylan yn rasio o gwmpas y rhandir yn sgrechen ar y cwningod ar fwy nag un achlysur.

'Y blydi bastads!'

Ymunodd Ifan gydag e un tro, y ddau'n nadu nerth eu pennau wrth redeg ar ôl y cynffonnau bach gwynion. Bu'n rhaid i Dylan ymddiheuro i Beca pan glywodd hi Ifan yn llafarganu 'y blydi bastads' drosodd a throsodd ar dôn *Pobol y Cwm* yn y bàth.

Ac roedd wythnos o law trwm yn sialens anferth i'r Dylan newydd tangnefeddus hwn hefyd. Gallai weld y dŵr yn cronni, yn mynnu aros yn byllau styfnig o gwmpas y cnydau.

'DAMO DIAWL, UFFERN DÂN!' sgrechiodd Dylan wrth weld bod un gwely cyfan o fetys wedi pydru'n barod. Dechreuodd dynnu'r planhigion allan o'r ddaear yn wyllt, gan luchio dŵr a mwd i bobman a gorchuddio'i ddwylo, ei drowsus a'i wyneb mewn haenau o lysnafedd gwyrdd.

'Ahem.'

Trodd Dylan a gweld Beca ac Ifan yn edrych arno'n syn. Gwenai Beca arno'n llydan. A dim ond jyst llwyddo i gyfri i ddeg wnaeth Dylan y tro hwnnw. Am unwaith, trugarhaodd Beca wrth weld ei fod yn trio cadw'i dymer a bod ffrwyth ei lafur caled wedi difetha.

'Ocê, Rambo, stica i'r trowsus 'na yn y mashîn. A pham na gei di fàth yn y Mans?'

'Alli di ga'l y bybl bàth ges i Nadolig, Dylan.'

'Diolch, Ifan.'

'Un Star Wars yw e.'

'Lyfli... a diolch... Beca...'

Oedd yna gysgod o wên ar wyneb Beca wrth iddo ddiolch iddi?

Bu bron i'r cwbwl fynd yn drech nag ef pan alwodd Tomi draw i'r garafán un prynhawn gwlyb i chwarae cardiau, gan nad oedd modd 'neud lot o ddim yn y glaw uffarn 'ma'.

Doedd Dylan ddim yn dda am golli ar y gorau, ond gan fod Tomi'n dipyn o ddewin ar y cardiau ('Ddysges i shwd i whare pan o'n i'n neud *national service*') bu'n rhaid iddo gnoi'i dafod yn boenus o aml wrth iddo golli dro ar ôl tro.

'Jiw, Dylan, sdim lot o siâp arnat ti, o's e?'

Yn y pen draw, aeth Dylan i guddio yn y tŷ bach drewllyd, gan esgus iddo gael pwl o salwch annisgwyl. Curodd Tomi ar y drws.

'Rownd bach arall, Dylan?'

'Meddwl well i fi aros fan hyn am y tro, Tomi,' meddai Dylan. 'Rhwbeth fytes i, siŵr o fod.'

Diolch byth, fe'i hachubwyd ef gan y tywydd.

'Meddwl i fi weld llygetyn o haul, Dylan. Welai di 'to.'

'Ie wir, cer di, Tomi.'

Taniodd Dylan sigarét yn ddiolchgar. O leia doedd e ddim wedi colli ei dymer. Ac roedd hynny'n dipyn o gamp ynddo'i hun.

Yn hwyrach, wrth chwynnu yn y rhandir ar ôl i Tomi fynd adre, dechreuodd Dylan feddwl.

'Ydw i wedi newid?'

Parhaodd i ystyried hyn wrth olchi ei ddwylo a sylwi ar ei ewinedd toredig duon, a'r croen sych, garw. Gwthiodd darlun ei hun i flaen ei feddwl ohono'n mwynhau *manicure* a *pedicure* yn y *spa* yn y Bae. Dwy ferch yn penlinio yn ei ymyl, ac yntau ar y ffôn yn eu hanwybyddu'n llwyr. Ac yn gadael heb ddweud diolch.

Ebychodd Dylan yn sydyn.

'O'n i'n ddiawl twp, on'd o'n i?' meddai mewn syndod wrth y robin goch oedd wedi dod i eistedd ar y ffens ar ei bwys.

'Diawl,' dywedodd eto. 'O'n i'n *idiot* llwyr!' A siglodd ei ben yn drist.

Eisteddodd am amser hir yn meddwl. Doedd dim i'w glywed ar y rhandir ond sŵn y gwynt yn siffrwd yn y dail. Roedd Dylan yn dal i fod yno'n eistedd ac yn meddwl pan ddechreuodd yr haul fachlud rai oriau'n ddiweddarach.

'*Darling, I'm on the wagon.* Wi'n trio pido yfed mwy na tair gwaith yr wythnos. A wi ar y 5:2 hefyd. *It's done wonders for my waistline...*'

Roedd Meriel a'r *girls* yn mwynhau cinio yn Mimosa ym Mae Caerdydd – ac roedd Meriel yn benderfynol o sticio at salad a dŵr pefriog. Fe'i daliwyd hi gan Rhian yn yfed Chardonnay ganol y prynhawn wythnos ynghynt, ac roedd honno wedi bygwth peidio â gadael y *boys* gyda hi eto. A bod yn deg i Meriel, trefniant munud ola oedd hwnnw – doedd hi ddim wedi disgwyl gwylio'r *boys* am y prynhawn. Ond roedd Rhian yn bendant nad oedd hi eisiau *lush* yn gwarchod ei phlant.

Cafodd Meriel y braw rhyfedda. Byddai byw heb gael gwarchod yn annioddefol. Felly, addawodd i'w merch ei bod am gallio.

'So, what's new then? Who's doing who?'

O leia doedd anturiaethau Dylan ddim ar yr agenda y dyddiau hyn. Ond wrth hanner gwrando ar ryw stori ddiflas am ddyn canol oed arall yn potsian â merch oedd yn iau na'i blant, gwthiodd Dylan ei hun yn ôl i fewn i'w meddyliau.

Ddeuddydd yn ôl bu'n ciniawa gyda Beca yn Abertawe a chlywed eto bod rhyw newid mawr wedi dod dros ei chyn-ŵr.

'Wir i ti, wi'n meddwl 'i fod e'n dechre callio o'r diwedd. Wi ddim yn gwbod os bariff e, ond ma'r holl fyfyrio ma fe'n neud, wel, ma'n amlwg yn gwitho. Ma fel ca'l y Dalai Lama'n byw yn y garafán. Eniwe. Ti'n dishgwl yn grêt, be ti 'di neud i dy hunan?'

'Y botel Chardonnay'n aros yn y ffrij yn amlach, sbo. Ti 'di colli pwyse hefyd?'

'Odw, wi 'di colli o'r diwedd. 'Di bod yn cerdded lot. Lan i'r gaer ar ben y bryn. O'dd e'n uffernol i ddechre – ffaelu anadlu, chwysu, ti'n gwbod. Ond ma fe'n rhwyddach nag o'dd e, a wi'n joio bod mas yn yr awyr iach.'

'Wi'n cerdded rownd y llyn yn y parc – *power walking*. Ma golwg uffernol arna i erbyn y diwedd!'

Cododd y ddwy eu gwydrau o ddŵr pefriog.

'At fybls heb *booze*!'

Ond wrth i Meriel yrru 'nôl i Gaerdydd, disgynnodd y cwmwl o euogrwydd cyfarwydd drosti. Roedd Dylan yn amlwg yn trio'i orau. Efallai ei fod e wedi newid. A oedd Meriel yn ddigon dewr i fynd i weld a oedd hynny'n wir?

Pennod 10

Roedd dyddiau hirion, llesmeiriol yr haf wedi cyrraedd, a threuliodd Dylan sawl noson yn eistedd ar stepen y drws, wedi ei gyfareddu gan y nosweithiau cynnes, golau a'r machludoedd rhyfeddol. Câi ei syfrdanu gan y lliwiau'n newid o goch llachar i oren a phinc, a rhyw wawr euraid yn ymddangos jyst cyn i'r belen danllyd ddisgyn o dan yr wybren. A gwyrth cân y gwcw – rhywbeth nas clywyd ganddo erioed o'r blaen. Sŵn ystrydebol, fel fersiwn comedi o'r sŵn y dylai deryn ei wneud efallai, ond roedd ganddo wên hollol ddwl ar ei wyneb wrth ei chlywed yn canu nerth ei phen yn y llwyni.

Clywodd arogl lafant un bore, ac yn sydyn roedd yn ei ôl yn yr ardd gefn gyda'i fam-gu. Yn eistedd yn ei chôl a phice cynnes yn ei ddwylo. Gallai gofio'r blas – y sbeis a'r menyn yn toddi yn ei geg – am y tro cynta ers hanner canrif.

Un noson, sylwodd ar lwyn gwyddfid anferth draw wrth yr hen adfail ar waelod y rhandir. Aeth yr arogl melys ag ef 'nôl i'r ardd yn Sblot, yn y tŷ cynta brynodd e a Meriel gyda'i gilydd. Cafodd atgof sydyn ohoni'n rhwto'i thrwyn yn y blodau melyngoch. Roedd hi'n feichiog ar y pryd ac yn ffeindio bod pob arogl gymaint yn gryfach nag arfer. Chwarddodd Dylan wrth gofio amdani'n damnio drewdod y siop *chips* drws nesa ar nosweithiau cynnes, a hithau mor falch bod y gwyddfid yno i guddio rhywfaint ar wynt y pysgod a'r saim.

'Dylan!'

Torrodd llais Miss Huws ar draws ei fyfyrdodau. Trodd Dylan a'i gweld yn sefyll o flaen yr hen ddrws pren yn ochr yr adfail.

'Dowch i weld y 'stlumod.'

Roedd gwahoddiadau Miss Huws bob amser yn swnio'n debycach i orchmynion ac aeth Dylan draw ati'n ufudd. Agorodd Miss Huws y drws ac aeth y ddau i fewn i siambr fechan, dywyll.

'Ffiw.' Crychodd Dylan ei drwyn wrth glywed yr arogl amhleserus.

Chwarddodd Miss Huws. 'Tydw i ddim yn sylwi arno bellach. Amonia sy'n ei neud o mor gryf, mae'n debyg.'

Cerddodd y ddau i fewn i ben pella'r stafell a sylwodd Dylan ar nifer fawr o greaduriaid duon yn gwibio o gwmpas y nenfwd. Roedd yr arogl yn gryfach fyth yma wrth iddynt symud i ffwrdd oddi wrth yr awyr iachach ger y drws.

'Dyma'r unig ddarn o'r hen sgubor sy ar ôl,' aeth Miss Huws ymlaen. 'Mi adeiladwyd hi yn y 18fed ganrif, ac mae'r darn bach yma, fel y gwelwch chi, yn llawn 'stlumod.'

Plygodd Dylan yn isel a cheisio amddiffyn ei ben. Doedd e ddim am gyfadde wrth Miss Huws ond roedd y creaduriaid bychain chwim a'u hadenydd papuraidd yn hala llond twll o ofon arno.

'Peidiwch â phoeni, wir! Ddown nhw ddim yn agos atoch chi. Petha bach del ydan nhw, yndê?'

'Wel, ddim yn ddel falle, Miss Huws,' meddai Dylan yn ansicr, 'ond yn ddiddorol iawn, yn wir,' ychwanegodd, wrth edrych yn hiraethus i gyfeiriad y drws.

'Rhan o ysbryd y rhandir. Wedi bod yma ers canrifoedd, dybiwn i.'

Methai Dylan weld llygaid Miss Huws yn yr hanner tywyllwch, ond roedd ei llais yn llawn edmygedd. Safodd y ddau am eiliad yn gwylio'r ystlumod yn hedfan a sylwodd Dylan eu bod yn prysur ddiflannu drwy amryw o dyllau bychain yn nenfwd y sgubor.

'Dyna nhw ar eu ffordd i hela. A gwell i ninnau ei throi hi hefyd.'

Trodd Miss Huws am y drws a dilynodd Dylan hi'n ddiolchgar.

Cerddodd y ddau'n araf 'nôl i randir Dylan gan edrych gyda chryn bleser ar y rhesi o lysiau iach yr olwg. Llwyni o blanhigion tatws wedi eu coroni gan flodau bychain gwynion, india-corn euraid yn eu gwelyau gwelltog a ffa *borlotti* smotiog gwyn a choch yn hongian o'r gwifrau uwch eu pennau. Dail sibwns mewn hen welingtons tyllog, a blodau porffor tri math o winwns yn chwythu yn yr awelon tyner a chwaraeai o'u cwmpas wrth iddi ddechrau nosi. Corbwmpenni melyn, stribedi main yn chwyddo'n gylchoedd boliog; mwclis o domatos ceirios, peli bychain cochion a oedd yn fwy melys na losin, yn ôl Ifan. A mwy melys eto, wrth gwrs, oedd y rhesi o blanhigion mefus mewn rhwydi trwchus, er mwyn eu cuddio rhag yr adar barus a wibiai o gwmpas y rhandir. Chwyddai'r cwrens duon a'r gwsberis ar y llwyni ffrwythau hefyd, ac yn frenin ar yr holl ffrwythlondeb hwn safai'r bwgan brain yn ei fwgwd cardbord a'i glogyn du.

'Ma Darth Tatws yn dipyn o foi, on'd yw e – helpodd Ifan i neud y bwgan,' meddai Dylan wrth weld yr wên ar wyneb Miss Huws.

Chwarddodd hithau. 'Mae o'n hogyn annwyl.'

Taenodd yr haul ei wawr gochlyd dros y rhandir wrth fachlud.

'Mae'n nefolaidd yn fa'ma, yn tydi hi?' anadlodd Miss Huws yn ddwfn. 'Ac mae'r toreth o floda 'ma ar 'u gora. Ylwch y cyfoeth sy 'ma, Dylan. Pabi coch a melyn, tresgl y moch, hocysen borffor, blodau'r rhuddos, blodau'r ŷd, lafant, a llygaid y dydd a blodau menyn. A bob un ohonyn nhw'n denu'r gwenyn. Cylch natur wyddoch chi, Dylan.'

Ychydig fisoedd yn ôl roedd Dylan yn meddwl bod Miss Huws yn greadures ecsentrig iawn. Y brolio Gaia parhaus a'r rhefru am ddyletswydd i'r tir. Ond heno, rywsut, doedd hi ddim yn swnio mor wallgo.

'Ma pethe'n dod o'r diwedd, Miss Huws,' meddai Dylan yn wresog.

'Ma canol yr haf yn amsar gwyrthiol w'chi, Dylan', ychwanegodd Miss Huws yn freuddwydiol. 'Ma rhywun yn teimlo y gall unrhyw beth ddigwydd. Bob dim ar ei orau. Anodd peidio cael eich swyno, tydi!'

Safodd y ddau am rai munudau yn mwynhau prydferthwch y noson.

Deffrodd Meriel yn sydyn, ei chalon yn curo a'i hanadl yn gyflym. Hunlle, mae'n siŵr. Edrychodd ar y cloc digidol ar y bwrdd ar bwys y gwely. Tri o'r gloch. 'God, ma'n dwym heno.' Ciciodd y cwilt oddi arni. 'Ac ma'r glustog 'ma fel craig.' Suddodd ei chalon. Gwyddai y byddai ar ddihun am oriau nawr.

Cododd. Doedd hi ddim am aros yn y gwely yn pendroni, yn meddwl a meddwl. Am y gorffennol, am Dylan.

'Af i neud paned. Ma popeth yn teimlo'n well ar ôl ca'l paned. *Camomile*, falle. Ie, helpith hwnna fi i gysgu.'

Llanwodd y tegell. Efallai y byddai darllen yn syniad da. Ond doedd hi ddim yn gallu canolbwyntio ar ddim ar hyn o bryd. Roedd wyneb Dylan yn mynnu gwthio'i hun i flaen ei meddwl.

'*Come on*, o'dd y diawl yn euog, on'd o'dd e?' ebychodd yn uchel. ('Ond o't ti'n ddigon hapus i fyw'n fras ar ei arian, on'd o't ti? O lle'r oedd e i gyd yn dod 'te, Meriel?')

Arllwysodd y dŵr berw dros y camoméil. ('Ac roeddet ti'n amau weithiau, on'd oeddet ti?')

Gwasgodd ei phen yn ei dwylo. Roedd ganddi awydd sydyn i weld Dylan ac i gyffesu pob dim iddo. Ond na, allai hi byth ddweud y gwir wrth neb. Roedd ganddi ormod o gywilydd. Beth ddywedai Rhian? A Huw? A'i ffrindiau? O, beth gododd arni hi, dwedwch? *It was all her fault.*

O'r diwedd, a'r wawr wedi torri ar ddiwrnod bendigedig o haf, fe gysgodd yn ei chadair, wedi blino'n lân ar ddadlau gyda'i chydwybod didostur.

Tri o'r gloch. Ar ddihun.

Sŵn telyn a ffidil yn y pellter. Golau cochlyd. Cysgodion yn fflachio.

Lleuad lawn yn ariannu'r llwybr caregog. Traed yn pigo'u ffordd yn ofalus tuag at nodau'r delyn deires.

Boncyff anferthol yn fflamio'n goch.

Polyn Mai. Rhubanau amryliw yn siglo a throelli.

Creadur o ddail yn chwarae'r ffidil.

Medd a theisen fel neithdar.

Coron o wyrddlesni, lelog a blodau'r ddraenen wen.

Carlamu. Cylchdroi. Nodau'r delyn, cân swynol y chwythbrennau.

Y ddraenen wen, ei blodau'n wyn fel y galchen.

Fflamau'r boncyff yn codi.

Llygaid gleision treiddgar, mantell aur. Bochau fel dwmplenni, mantell arian.

Rhythmau gwyllt. Teimlo'n chwil. Ildio'n llwyr.

Ac yna tywyllwch.

Deffrodd Dylan yn teimlo'n rhyfedd iawn. Roedd hi wedi bod yn noson ferwedig a theimlai'r garafán fel ffwrn. Agorodd y drws ac anadlu'r awyr iach yn ddiolchgar. Mwythodd ei wddf a'i ysgwyddau. Diawch, roedd e'n stiff bore 'ma. Wedi cysgu'n gam, mae'n siŵr. A jiw, roedd blas od yn ei geg, yn gwmws fel mêl. Ac roedd e'n teimlo fel petai *hangover* gydag e. Ceg uffernol o sych a chur yn ei ben.

''Mond paned o de ges i neithwr,' meddai wrth y drych smotiog. Ond roedd golwg y diawl arno fe bore 'ma. Effaith y gwres llethol, mae'n siŵr.

Wrth folchi yn y sinc bach, sylwodd Dylan fod blodau'r ddraenen wen yn drwch ar y llawr wrth ddrws y garafán. Ai gwth o wynt ddaeth â nhw yno?

Gwthiodd darlun yn sydyn i flaen ei feddwl: merched yn dawnsio, sŵn telyn, blodau'r ddraenen wen. Y freuddwyd ryfedd 'na. Rhywbeth am Miss Huws a Tomi? Siglodd ei ben. Roedd e wedi bod mas yn y wlad yn rhy hir! Angen trip i Abertawe neu rywbeth oedd arno fe. Dringo cwpwl o *escalators*, yfed paned yn Starbucks, hala hanner awr fach yn Waterstones. Mymryn o berspectif dinesig. Ie, 'na beth oedd ei angen. Ond rhyfedd hefyd bod cymaint o drwch o flodau'r ddraenen wen ar lawr y garafán.

Deffrodd Meriel yn sydyn gydag ebychiad. Roedd hi'n dal i fod yn y gadair. Ymestynnodd yn stiff. Am noson ofnadwy. Ymlwybrodd yn araf lan i'w llofft i redeg cawod.

'Be wna i?' Gofynnodd y cwestiwn i'w hadlewyrchiad yn y drych. Ond ddaeth yr ateb ddim.

'Gwen!' Eiris agorodd ddrws Addfwynder a'i gwahodd i fewn.

'Lle mae Tada?'

'Yn siafio.' Trodd Eiris a gweiddi, 'Teg! Ma Gwen yma!'

'Toeddan ni ddim yn eich disgw'l chi,' aeth ymlaen fymryn yn gyhuddgar.

'Do'n i ddim yn meddwl bod isio i mi neud apwyntiad i ddŵad adra,' atebodd Gwen yn sychlyd.

Am eiliad, safodd y ddwy yn y cyntedd, yn llygadu ei gilydd. Eiris ildiodd gynta.

'Na, na, wrth gwrs, dowch drwodd. Wna i banad i ni.'

'Gwen!' Daeth ei thad i'r gegin, yn rhwbio'i ddwylo ac yn annaturiol o hapus. 'Mi o'n i am dy ffonio di heno 'ma. Oes rhwbath yn bod? Wyt ti'n iawn?'

'Yndw. Jyst isio gneud yn siŵr fod bob dim yn iawn, 'na i gyd. Hefo'ch cefn a ballu.'

'Ia, ia, mae o'n iawn, reit siŵr. Mwstard yn y bàth. Tsiampion. Yli, Gwen…'

Stopiodd ei thad yn sydyn a sylwodd Gwen arno'n edrych i gyfeiriad Eiris a'i gweld hithau'n nodio'i phen. Dechreuodd ei thad eto.

'Mae gin i newyddion i chdi…'

Gafaelodd Tegid yn llaw Eiris a throi at Gwen, ei wên yn llachar a'i lygaid yn sgleinio.

'O, na!' meddyliodd honno, yn gwybod yn sydyn yn union beth oedd yn dod.

'Mae Eiris wedi cytuno i 'mhriodi i!'

Wrth i Gwen rythu'n syn, gwenodd Eiris arni. Ond chyrhaeddodd y wên mo lygaid bychain craff y ddynes gefnsyth yn yr *housecoat* neilon.

Roedd Dylan wedi gwneud paned a brechdan ac roedd yn eistedd ar stepen y drws pan ddaeth Ifan draw â llythyr ato.

'Wi'n gorfod mynd i siopa gyda Mami nawr, alla i ddod draw wedyn?'

'Wrth gwrs, bach.'

Rhedodd Ifan 'nôl at y Mans a setlodd Dylan i ddarllen y llythyr.

'Wrth Douglas,' meddai wrtho'i hun a thorri'r papur hufennog. 'Sai'n nabod neb arall fyse'n sgrifennu ar bapur mor *posh*.'

Darllenodd y llythyr yn eiddgar; roedd wedi bod yn aros ers misoedd am hwn.

Dear Dylan,

I hope that you are well. I am happy to tell you that final terms have been agreed in the matter of your financial settlement and with respect to your creditors. All valid claims on your estate have been resolved and the Financial Services Authority has agreed to release the remaining funds. The fines and court costs have also been settled. I enclose a statement of your current financial position and an invoice for my services in respect of the above.

Payment is expected within 28 days.

Yours sincerely,

Douglas

Agorodd Dylan y ddau ddarn arall o bapur a oedd wedi eu plygu'n dri. Roedd rheini hefyd yn drwchus a hufennog. Chwarddodd a siglo'i ben. 'Arian i losgi gan rai, myn uffach i,' meddyliodd.

Dechreuodd daro'i lygaid dros y colofnau o rifau a cheisio gwneud sens o'r ffigyrau o'i flaen. Ceisiodd ddilyn y rhesymeg – yr arian a gafwyd wrth werthu'r Lexus a'r fferm a'r fflat yn y Bae, wrth gwrs. Ocê, deall hwnna… ond, na, allai hyn ddim bod yn iawn, o's bosib? I le aeth y cwbwl?

Trodd i'r ail dudalen a gweld rhestr yn olrhain maint y ddirwy a'r costau llys. Cytundeb ariannol gydag Astrid, a'r unigolion eraill yr oedd yn ddyledus iddynt. A bil Douglas.

Ebychodd mewn syndod – beth?

Roedd y diawl yn gofyn am filoedd ganddo. Edrychodd Dylan ar y ffigwr pitw oedd ar waelod y rhestr. Fyddai ganddo nesa peth i ddim yn ei boced ar ôl talu Douglas.

Safai Gwen yn y baddondy yn gafael yn y sinc. Roedd ei hwyneb fel y galchen a'i chalon yn curo'n wyllt.

'Gwen? Ti'n iawn?'

'Yndw, Tada, fydda i allan 'ŵan.'

Priodi! Roedd ei thad am glymu ei hun i Eiris am byth! Sut yn y byd roedd Gwen wedi gadael i hyn ddigwydd?

'Gwen?'

'Ia, iawn, allan yn y munud.'

Roedd golwg mor hapus ar ei thad. Ond roedd yn rhaid iddi drio siarad gydag o heb bod Eiris o gwmpas. Gwneud yn siŵr ei fod o eisiau priodi. Mai ei syniad o oedd hyn. Ac nad oedd honna yn ei, wel, ei fwlio fo. Ia. Bwlio.

Tasgodd Gwen ddŵr oer dros ei hwyneb. Sgwariodd ei hysgwyddau ac agor drws y baddondy.

'Rhian?'

'Mami? Ti'n iawn?'

Rholiodd Rhian ei llygaid ar ei gŵr a siglodd hwnnw ei ben. Roedd wrthi'n clirio'r twmpath o bitsa, ciwcymber a moron oedd yn coroni'r bwrdd ar ôl i'w feibion fwyta'u swper.

'Odw, odw. Grynda. Dw i'n meddwl mynd draw i weld dy dad. Gweld shwt ma fe. Ti isie dod?'

'Sai'n gwbod, Mami.'

Edrychodd Huw arni'n awgrymog.

'Ti'n meddwl o ddifri bod Dadi 'di newid?'

Chwarddodd Huw yn uchel wrth glywed ei geiriau. Ond trodd Rhian ei chefn arno a symud tuag at y cyntedd.

'Sai'n gwbod. 'Na beth ma Beca'n weud… ond falle dylen i fynd draw ar ben 'yn hunan gynta?' atebodd Meriel.

'Ie…'

'Ie. A falle ddoi di tro nesa?'

Eisteddodd Rhian ar waelod y grisiau a dechrau dilyn patrwm y papur wal ar ei phwys gyda'i bys.

'Rhian?'

'Iawn. Pryd ti'n mynd, 'te?'

'Ddim yn siŵr 'to – ond ffonia i'n syth pan ddo i 'nôl. OK?'

Ffarweliodd â'i merch, ond daliai i wasgu'r ffôn yn erbyn ei brest. Os oedd yr hyn a ddywedodd Beca'n wir, myfyriodd Meriel, a oedd y garddwr gweithgar hwn yn debycach i'r dyn briododd hi flynyddoedd yn ôl?

Gwasgodd Dylan y papur yn belen yn ei law a'i daflu ar lawr. Brasgamodd draw i'r rhandir a dechrau palu darn diffaith o dir. Gwthiodd ei raw yn ddwfn i'r ddaear a chodi priddellau anferth o fwd a cherrig, un ar ôl y llall, a'u taflu'n egnïol i'r ochr.

Wrth balu, ceisiodd edrych yn wrthrychol ar y newydd ysgytwol yn llythyr Douglas.

'Ma'n iawn 'mod i'n poeni am hyn, ma'n iawn 'mod i'n grac am hyn. Mae e wedi bod yn sioc,' ailadroddodd y geiriau fel mantra, yn ceisio arafu ei galon a gwastatáu ei anadl. Ond ffrwydro wnaeth ei dymer, serch ei holl ymdrechion. Roedd yr ergyd yn ormod.

Rhegodd yn wyllt a thaflu ei raw ar y ddaear. Roedd y diawl Douglas wedi ei flingo fe! Heb sôn am Glyn, Astrid a Meriel, ac S4C a'r FSA, a phob ffycar arall oedd yn mofyn pishyn ohono fe. Dechreuodd blymio'r rhaw i fewn i'r ddaear eto gan obeithio y byddai'r weithred o dorri a rhwygo yn diwallu ei angerdd.

'Ti'n iawn, boi?'

Tomi oedd yno, ei wyneb rhadlon yn llawn consýrn.

'Ei di ddim yn bell wrth rwygo'r chwyn 'na. 'Mond tyfu 'nôl wnân nhw. Pam ti'n whare 'da'r patsyn 'ma beth bynnag? O'n i'n meddwl bo ni 'di cytuno y byse hwn yn aros tan flwyddyn —'

'Dylan, be dach chi'n neud? Mi ddaru ni gytuno mai gorffwys y darn yma tan flwyddyn nesa 'sa ora.' Roedd Miss Huws wedi cyrraedd nawr.

Taflodd Dylan ei raw gydag ergyd mor drom fel y bu bron i'r ddolen bren dorri oddi ar y badell haearn. Syllodd Tomi a Miss Huws arno'n syn.

Plygodd coesau Dylan yn sydyn ac eisteddodd yn drwm ar y twmpath o ddaear. Ochneidiodd yn hir ac yn ddwfn. Roedd y funud fawr wedi dod.

'Man a man i chi ga'l gwbod y gwir,' cyhoeddodd yn ddramatig. 'Wi 'di bod yn byw celwydd.' Allai Dylan ddim peidio â mynnu sylw hyd yn oed pan oedd e'n trio bod yn ddiffuant. Cododd ar ei draed cyn bwrw 'mlaen gyda'i gyffes fawr.

'Dim ymchwilio i raglen deledu odw i, ond byw ar gardod Arwyn a Beca. Do'dd dim unman 'da fi i fynd, chi'n gweld. Achos… hales i ran fwya o'r flwyddyn llynedd yn y carchar!'

Arhosodd am eiliad, ei lygaid yn llawn dagrau, cyn ychwanegu mewn llais oedd yn drwm gan emosiwn, 'Ac o'n i yn y carchar achos 'mod i'n ddiawl twyllodrus sy'n brifo pawb.'

Dechreuodd frasgamu i ffwrdd.

'Dere 'nôl, y cwlffyn dwl.'

'Be?'

Trodd Dylan ei ben am yn ôl yn syn.

'O't ti ddim yn meddwl bo'n ni'n cretu'r nonsens telefision dwl 'na, o't ti?' Roedd Tomi'n chwerthin nawr, y llygaid duon ar goll tu ôl i'r bochau twmplenni.

'Tydan ni ddim yn *bumpkins* llwyr, Dylan. Roedd yn ddigon hawdd chwilio amdanach chi ar Google, w'chi.'

'Felly chi'n...'

'Dylan. O't ti yn y papure i gyd.'

Ochneidiodd Dylan mewn embaras llwyr.

'O't ti'n noti boi, on'd o't ti, Dyl...' Dechreuodd Tomi chwerthin, ond calliodd pan welodd Miss Huws yn edrych arno'n gyhuddgar.

Trodd honno ei llygaid gleision treiddgar tuag at Dylan.

'Ylwch, Dylan, mi dach chi 'di gneud cawl o betha. A 'swn i'n deud bod gynnoch chi nifer o bontydd i'w croesi o hyd. Ond mi dach chi 'di bod o flaen 'ych gwell ac mae hynny'n ddigon da i ni.'

'A whare teg, ti 'di neud gwyrthie fan hyn, Dylan. Er taw *townie* uffarn wyt ti.'

'Ma hynny'n ddigon gwir, Tomi,' ategodd Miss Huws. 'Swyn y rhandir ella, ia, ond mi dach chi 'di gweithio'n galad hefyd. Rhyw feddwl dw i ella dylach chi ddechra madda i chi'ch hun.'

'Wi'm yn haeddu'ch...' dechreuodd Dylan.

'Nag'dach, ella...' Cododd Miss Huws ei dwylo. 'Ond mi gewch chi o be bynnag.'

'O God, ma isie *drink* arna i.'

'Syniad da, gw'boi. Ma 'da fi hanner potel o whisgi yn y sied. Miss H?'

'Syniad campus, Tomi. Mi bicia i i Spar i nôl *ginger ale*.'

Tua diwedd y prynhawn, aeth Eiris draw i drefnu blodau yn y capel, a llwyddodd Gwen i gael sgwrs gyda'i thad.

'Tada?'

Daeth Gwen i sefyll yn nrws y parlwr, lle'r oedd ei thad yn eistedd ar ben ei ddigon yn darllen y papur bro, ei draed ar y *pouffe* lledr, y baned a'r darn o deisen a adawyd iddo gan Eiris wrth ei ymyl ar y bwrdd bach.

'Ia, Gwen? W't ti isio panad? Mae 'na 'chwanag o'r deisen 'ma yn y tun dw i'n meddwl.' Cyfeiriodd ei law'n ddioglyd tuag at y gegin.

'Na, dw i'n iawn, diolch. Na… jyst isio gair bach o'n i.'

Edrychodd ei thad arni'n amheus.

'Gair?'

'Ia…'

Sythodd Gwen yr *antimacassar* gwyn ar y gadair o'i blaen, yn chwilio'r geiriau. 'Dach chi'n siŵr… eich bod chi'n gneud y peth iawn?'

'Pam? Wyt ti'n ama hynny?' Roedd nodyn amddiffynnol yn llais ei thad.

Gwyddai Gwen y byddai'n rhaid iddi ddewis ei geiriau'n ofalus.

'Gweld o'n benderfyniad… sydyn iawn, 'na i gyd.'

''Dan ni wedi nabod ein gilydd ers blynyddoedd, Gwen.'

'Wel, do, wrth gwrs, ond…' Symudodd Gwen i eistedd yn ymyl ei thad. 'Dach chi mor wahanol.'

'Nac'dan siŵr, 'dan ni'n mwynhau'r un petha.'

'Be, y rhaglenni ditectif 'ma dach chi'n wylio? A'r geriach sydd o gwmpas y lle 'ma rŵan?'

'Yli, Gwen, dw i'n digwydd licio gwylio tipyn o sothach ar y teli weithia. Mae o'n codi calon rhywun. Ac mae'r petha bach del 'ma sy gin Eiris o gwmpas y lle… Wel, maen nhw'n gneud y tŷ'n fwy cartrefol.'

'Ond hen betha coman ydan nhw!'

Roedd y geiriau allan o geg Gwen cyn iddi sylweddoli.

'Sori, Tada…'

'Ti 'di troi'n rêl snoban lawr yng Nghaerdydd, Gwen.'

'Do'n i'm yn meddwl…'

'Yli, Gwen, mae Eiris a finna'n cael hwyl efo'n gilydd. 'Dan ni'n mwynhau bywyd.'

'Ond mae hi'n llygadu eich petha chi, Tada. Dw i 'di gweld hi'n gneud.'

'Mae croeso iddi gael bob dim sy gen i. Mae Eiris yn rhoi rheswm i mi godi yn y bora rŵan. Ac mae hi yma yn edrych ar fy ôl i. Sy'n fwy nag wyt ti'n gneud, Gwen.'

'O, Tada!' Cododd Gwen ar ei thraed a symud at y lle tân. Doedd hi ddim am aildwymo'r hen sgwrs yna eto.

'Ti fynnodd fynd a 'ngadael i. Fedri di ddim cwyno 'ŵan bod Eiris wedi llenwi'r bwlch. Ac i ti gael gwbod, dw i'n malio dim be w't ti'n feddwl. Ti 'di symud i'r sowth.' Cododd ei thad yntau ar ei draed. 'Dw i'n priodi Eiris a dyna ddiwadd arni!' Roedd e bron â bod yn gweiddi nawr.

Ebychodd Gwen mewn rhwystredigaeth lwyr a mynd i ferwi'r tegell. Roedd am ddianc cyn iddi ddweud rhywbeth arall y byddai'n ei ddifaru. Doedd ei thad ddim yn mynd i newid ei feddwl, roedd hynny'n amlwg, a doedd dim pwynt dweud mwy. Dim ond gwthio'i thad i ffwrdd wnâi hynny. Roedd yn gallu bod yn ddyn styfnig ar y naw. Llanwodd y tebot a'i osod ar hambwrdd gyda'r jwg laeth a dau gwpan. Aeth yn ôl i'r parlwr.

'Mae'n flin gen i. Do'n i'm yn bwriadu bod mor feirniadol.' Triodd Gwen gymodi rhywfaint.

'Mae hi'n gneud i fi chwerthin, Gwen.'

'Mi wn i.'

'Ac mae'n gwmni.'

'Ia. Dw i'n dallt.' Ond doedd hi ddim. Ceisiodd fywiocáu. 'Ylwch, a' i i brynu potel o siampên i ni gael dathlu pan ddaw Eiris yn ei hôl.'

Roedd eisiau awyr iach a llonydd ar Gwen.

Llonnodd ei thad. 'A phan ddaw Eiris adra mi gei di glywed am ein cynllunia pr'odas ni.'

'Iawn, wrth gwrs.'

Ond diflannu wnaeth ei gwên wrth iddi gau drws ffrynt y tŷ a cherdded yn ddiflas at ei char.

Roedd Dylan yn chwynnu'r gwely moron, yn dal i bendroni am newyddion Douglas, pan glywodd Tomi'n gweiddi.

'Dylan, gw'boi, ma 'da ni greisis!'

Roedd Tomi'n llythrennol yn hopian o un droed i'r llall, ac yn chwifio llythyr yn ei law.

'Maen nhw am werthu'r rhandir!'

'Beth?'

Bu bron i Dylan rwygo'r papur wrth dynnu'r llythyr o ddwylo Tomi er mwyn ei ddarllen. Roedd tipyn o fanylion ffurfiol i ddechrau yn sôn am yr angen am 'increased revenue streams' ac yn y blaen. Yna daeth Dylan at y darn pwysig:

… I am therefore writing to you as one of the tenants of Caer Ucha Allotments to inform you with great regret that as of this September, the allotment will close.

Due to the need to generate new income for the council, we are having to sell the land. Every effort will be made to accommodate you in other council allotment properties.

On behalf of the council I'd like to thank you for all your hard work over the past few years.

With best wishes

Elwyn Evans

Allotment Officer

If you would like a copy of this letter in Welsh please contact us at the above address.

Syllodd Dylan ar y llythyr yn gegrwth. Oedd hyn yn bosib? Yn gyfreithlon hyd yn oed?

'Allan nhw ddim neud hyn jyst fel'na. O's bosib y dylen nhw ymgynghori â ni gynta, neu rywbeth... Odi Miss Huws yn gwbod?'

'Tomi! Dylan!' Martsiodd honno drwy'r iet tuag at y rhandir â golwg ffyrnig ar ei hwyneb.

'Odi, weten i,' atebodd Tomi.

Roedd Miss Huws wedi cynhyrfu gymaint, roedd hi'n dal i fod yn ei phyjamas streipiog, ac wedi stwffio'i thraed i bâr o welingtons mwdlyd a tharo hen got frethyn dros y cwbwl.

'Mae isio ni fynd draw i swyddfa'r cyngor. Rhaid i ni ymladd hyn!'

Dyn bach eiddil a gwelw yr olwg oedd Elwyn Evans, y swyddog cyngor fuodd ddigon anffodus i gael ei landio gyda'r broses o gau rhandir Caer Ucha. Roedd yn edrych ymlaen yn eiddgar at ddyddiad ei ymddeoliad, a oedd yn prysur agosáu, ac yn awyddus i orffen ei gyfnod yn y cyngor drwy gau pen y mwdwl ar y busnes rhandir 'ma. Doedd gan Elwyn ddim llawer o ddiddordeb ym myd natur. Hoffai, yn hytrach, dreulio pob gwyliau yn nodi rhifau hen drenau stêm. *Gricer* oedd Elwyn – un o'r criw rhyfedd sydd i'w gweld mewn gorsafoedd ar hyd a lled Ewrop, yn un haid sbectolog, yn mynd o un platfform i'r llall ac yn gafael yn dynn yn eu llyfrau nodiadau a'u camerâu.

Pan gafodd alwad gan ei ysgrifenyddes i ddweud bod 'Mr Morgan' a 'Miss Huws' yno i'w weld i drafod rhandir Caer Ucha, suddodd ei galon.

'Dim apwyntiad? Dywedwch wrthyn nhw am nodi eu cwynion mewn llythyr,' cyfarthodd i'w ffôn.

'Maen nhw'n gwrthod symud, Mr Evans,' atebodd ei

ysgrifenyddes gan hanner sibrwd, 'maen nhw'n dweud eu bod nhw am weld dogfennau swyddogol Caer Ucha.'

Ochneidiodd Elwyn. Pam roedd 'na wastad rywun yn barod i gonan?

'Iawn, Glenys, gwell i chi eu hala nhw miwn.'

Paratôdd Elwyn ei hun. Roedd wedi hen arfer â sgyrsiau tebyg, a'i bolisi bob amser oedd ateb cyn lleied o gwestiynau ag oedd yn bosib a gwadu unrhyw gyfrifoldeb os oedd raid.

Agorwyd y drws bron yn syth ac fe ddaeth Dylan a Miss Huws i fewn.

'Eisteddwch – be alla i wneud i chi bore 'ma?' gofynnodd Elwyn gyda gwên fawr.

Chafodd e ddim gwên yn ôl gan Miss Huws. Doedd hi ddim eisiau gwastraffu amser ar ryw falu awyr dwl. Aeth hi'n syth at y pwynt.

''Dan ni'n cynrychioli tenantiaid rhandir Caer Ucha, a 'dan ni ddim yn hapus o gwbwl am y llythyrau ddaeth bore 'ma ynglŷn â'ch cynlluniau gwerthu. Allwch chi'm gneud ffasiwn beth heb ymgynghoriad swyddogol. Rhag eich cywilydd chi!'

'Wel, mi roedd nodyn am werthiant y tir yng nghofnodion y cyfarfod diwetha a gyhoeddwyd ar y we i bawb gael eu darllen…' dechreuodd Elwyn.

'Hy!' sniffiodd Miss Huws. 'Dach chi'n gwbod yn iawn nad yw hynny ddim byd tebyg i gynnal "ymgynghoriad swyddogol".'

'Wel, Miss Huws, gan na fu ymateb i'r cofnodion roedden ni o dan yr argraff nad oedd angen ymgynghoriad —'

Ond torrodd Miss Huws ar ei draws. Roedd hi wedi cwrdd â digon o bennau bach fel Elwyn mewn oes o brotestio a doedd hwn ddim yn ei hanesmwytho hi o gwbwl.

'Rwtsh.'

'Wel… y, dyna'ch barn chi…'

'Be yn union 'di cynlluniau'r cyngor ar gyfer y tir 'ma? Tai? Fferm wynt? Dwedwch y gwir 'ŵan... Dowch... Dowch wir, ddyn...'

'Wel, mae 'na sawl un wedi dangos diddordeb, ond does dim byd wedi ei benderfynu —'

'Pwy? Pwy ydan nhw? Gynnon ni hawl i wbod y petha hyn...'

'Wel, mae 'na gonsortiwm —'

'Pa fath o gonsortiwm?'

Penderfynodd Elwyn y byddai'n haws cyfadde.

'Mae un cwmni ynni cynaladwy...'

'Fferm wynt!' gwaeddodd Miss Huws yn fuddugoliaethus, gan daro ei dwrn i lawr ar ddesg Elwyn.

'Ie, ond dim ond rhan o'r cynlluniau —'

'Pryd oeddech chi'n bwriadu trafod hyn efo'r gymuned?'

'Mae 'na broses —'

Torrodd Miss Huws ar draws Elwyn eto. Sylwodd Dylan fod perlau o chwys wedi dechrau ymddangos ar ei dalcen, a'i fod yn gafael yn dynn ym mreichiau ei gadair.

'Welish i ddim ôl PROSES yn fa'ma. Cuddio a thwyllo dach chi'n gneud!'

Tarodd Miss Huws ei dwrn i lawr eto gan gynhyrfu'r papurau ar y ddesg. Roedd Dylan yn dechrau teimlo dros Elwyn. Ond nid bonllefau Miss Huws yn unig oedd yn poeni Elwyn. Roedd rhywun wedi dwyn ei beiriant tyllu papur. Hoffai Elwyn ei beiriant tyllu papur yn fawr iawn. Roedd wedi bod gydag ef ers ei ddyddiau cynnar yn y cyngor ac yn dal i weithio'n berffaith. Achos, er bod Elwyn wedi gorfod derbyn holl welliannau'r oes ddigidol, roedd ei galon yn dal i fod gyda'r bocsys ffeilio, y cardiau mynegai a'r botel fach Tipp-Ex. Ac roedd colli ei beiriant tyllu yn loes calon iddo. Yn waeth na hynny, roedd deall bod rhywun (y criw ifanc 'na draw yn IT, siŵr o fod) wedi bod yn ei swyddfa, yn eistedd yn ei gadair hyd yn oed, ac wedi symud – na, DWYN – y peiriant tyllu, yn ei wylltio'n gandryll!

A nawr roedd hon wrthi'n ei boenydio gyda rhyw nonsens am ymgynghoriad. Am ryw dwll o le ar dop un o gymoedd hylla Cymru, a oedd, roedd Elwyn yn siŵr, yn llawn jyncis a phobol rhy ddiog i godi bant o'u tine i chwilio am waith. Llamodd fflam ym mrest Elwyn, a sythodd ei gefn.

'Bydd yn rhaid i mi ofyn i chi fynd o 'ma, Miss Huws. Os oes cŵyn ganddoch chi a'r tenantiaid gallwch ei nodi mewn llythyr manwl, gan ddynodi faint o denantiaid y rhandir yr ydych yn eu cynrychioli mewn gwirionedd.'

'Iawn.'

Gallai Miss Huws weld bod y frwydr fach yma ar ben am y tro. Trodd am y drws, ond cyn mynd allan pwyntiodd un bys hir, esgyrnog i gyfeiriad Elwyn.

'Mi fydd y llythyr gynnoch chi ben bore fory, Mr Evans. Ac mi fydd y wasg yn cael copi hefyd. Mae ffermydd gwynt yn gallu cynhyrfu'r dyfroedd, Mr Evans. Cofiwch hynny!'

A hwyliodd allan o'r stafell gan adael Dylan ac Elwyn yn rhythu ar ei hôl. Un mewn edmygedd pur, a'r llall a'i galon yn suddo i lawr i'w berfedd, yn goron ar y diflastod a'r galar a deimlai am ei beiriant tyllu coll.

Pan gyrhaeddodd Dylan a Miss Huws yn ôl roedd Arwyn a Tomi'n disgwyl amdanynt yn y rhandir.

'Beth wedon nhw, 'te?' Roedd Tomi wedi diosg ei het Yankees ac yn ei gwasgu 'nôl a 'mlaen rhwng ei ddyrnau. Roedd golwg bryderus ar ei wyneb a sylwodd Dylan fod datguddio'i gorun moel, pinc yn gwneud iddo edrych dipyn yn hŷn, ac yn fwy bregus rywsut. Gyda chalon drom, ailadroddodd yr hyn a ddysgwyd ganddynt yn swyddfeydd y cyngor.

'Ma fe'n wir. Sdim ymgynghoriad wedi bod, ond ma'n

amlwg 'u bod nhw'n bwrw mla'n gyda'r gwerthiant eniwe.'
Eisteddodd yn ddigalon ar dwmpyn glaswelltog o dir nesa at
yr hen dderwen.

'Allan nhw neud hynny?' gofynnodd Arwyn.

Cododd Dylan ei ysgwyddau. 'Sai'n gwbod... falle?'

''Dan ni'n mynd i ymladd hyn!' Roedd Miss Huws yn trio'i
gorau i swnio'n hyderus. Ond eistedd wnaeth hithau'n drwm
ar y twmpyn glaswelltog, wedi colli ei hegni a'i brwdfrydedd
yn sydyn.

Bu tawelwch tra bod y criw bach yn pendroni yng nghysgod
y dderwen fawr. Doedd pledio achos y rhandir ddim yn mynd
i fod yn rhwydd pan oedd pob cyngor yng Nghymru mor brin
o arian.

Edrychodd Dylan i fyny a gweld tameidiau o awyr las
rhwng ymylon y dail gwyrddion. Canodd y deryn du yn
rhywle. Setlodd y robin goch ar un o frigau'r goeden, a'i lygaid
bychain duon yn eu gwylio.

'Wi 'di ca'l syniad.' Trodd Dylan at fôn y goeden ac
archwilio'r rhisgl cnotiog. 'Tomi, alla i fenthyg y tsiaen 'na
fuodd 'da ti rownd y sied? A bydd isie sach gysgu a chwpwl o
bin bags arna i. O, a cwshin.'

'Be sy 'da ti mewn golwg, Dyl?' gofynnodd Arwyn yn syn.

Trodd Dylan yn ôl at y criw bach, yn wên o glust i glust.

'Os odyn nhw isie torri'r goeden 'ma er mwyn palu'r
rhandir,' chwarddodd, 'bydd yn rhaid iddyn nhw ga'l fi mas
o'r goeden gynta!'

Ychydig oriau'n ddiweddarach, safai Dylan o dan y goeden
yn edrych am y lle gorau i ddechrau dringo. Bu tipyn o fynd a
dod gyda nwyddau a pharatoadau drwy'r prynhawn ac roedd
pawb wedi eu cyffroi gan ei syniad. Wel, bron pawb.

'Ond falle bydd yn rhaid i ti fod lan 'na am wythnose!'

Ebychu'n amheus wnaeth Beca pan glywodd hi am fwriad Dylan. Ffordd arall o dynnu sylw ato'i hun oedd hyn, meddyliodd yn chwyrn.

'Wi'n gwbod 'ny – ond ma'n rhaid i ni neud rhwbeth, on'd o's e?'

Am eiliad, llygadodd y ddau ei gilydd yn anfodlon.

Yna ebychodd Beca'n anghrediniol, 'Ocê. Os wyt ti'n mynnu whare Tarzan, fe baratoa i bicnic i ti. Gan beidio anghofio pacio bananas, wrth gwrs…' ychwanegodd o dan ei hanadl wrth droi am y gegin.

'Bryniff e amser i ni, beth bynnag sy'n digwydd nesa,' meddai Dylan yn uchel ar ei hôl. Trodd at Miss Huws. 'Ma isie i ni ddenu digon o sylw, bod yn niwsans a chreu probleme i'r cyngor. Neud y cwbwl mor anodd ag y gallwn ni iddyn nhw. Atgoffa pawb am y busnes fferm wynt 'ma.'

'Ia,' ategodd hithau. 'Bydd o'n gefn i'r llythyr swyddogol – mi a' i ati pnawn 'ma i gasglu enwau pawb ar y rhandir.'

'Ac fe aiff Ifan a finne rownd y pentre i chwilio am ragor o enwe. Ma'n syndod gymaint o'r pentrefwyr sy'n dod am dro i'r rhandir, hyd yn o'd os nad o's ganddyn nhw batsyn 'u hunen,' ychwanegodd Arwyn.

'Mi gysyllta i efo'r criw fu'n protestio ym Meifod – dw i'n nabod sawl un ohonyn nhw, ac ma hen ddisgybl i mi'n gweithio i Radio Cymru,' aeth Miss Huws ymlaen. 'Mi ffonia i hi.' Disgleiriai ei llygaid, a daeth ei geiriau'n llif byrlymus. 'Ddo i ag olew rhosmari a lafant draw i chi'n hwyrach, mi fydd o'n help i chi gysgu ar y boncyffion calad 'na. O – ac ma gin i garthan gynnas ar ôl Nain gewch chi lapio o'ch cwmpas. Ew, ma hyn yn mynd â mi 'nôl at ddyddia Greenham!' Brasgamodd i ffwrdd yn hapus i gyfeiriad ei chartre.

'Dylan!'

'Ifan!' Gwenodd Dylan wrth weld Ifan ar goll mewn bwndel o neilon oren llachar.

''Ma'r sach gysgu ges i wrth Ta'cu Brynaman i fynd i Langrannog. Ma fe'n ddigon trwchus i ti gysgu yn yr Artig!'

'Diolch, Ifan, bydd hwnna'n help mawr.'

'A wi 'di dod â *lightsaber* fi i ti. Galli di bwno unrhyw un sy'n trio ca'l ti lawr o'r goeden. Plis ga i ddod lan y goeden hefyd? Wi'n WYCH am ddringo.' Roedd Ifan yn gwingo yn ci gyffro. 'Plis, Dylan, plis?'

Plygodd Dylan yn ei gwrcwd a rhoi ei ddwylaw ar ysgwyddau Ifan.

'Ifan, ma isie *top agent* arna i ar y llawr. I hala negeseuon drosta i, a cadw *look out*, ti'n gwbod? Ti yw'r *number two*, ocê?'

'Ocê…' Doedd Ifan ddim yn hapus ond gwyddai nad oedd yr oedolion yn debygol o newid eu meddyliau.

'Ti'n hollol siŵr am hyn, Dyl?' Roedd Arwyn yn ôl gyda rhaffau cadarn yr olwg yn ei ddwy law. Safai Tomi tu ôl iddo gydag ysgol fetel oedd yn ymestyn a tsiaen drwchus.

'Ma'n bryd i fi neud rhwbeth yn iawn, sbo.'

Gwenodd Arwyn arno.

'Iawn, 'te. Ma Beca ar y ffordd gyda chlustogau o'r garafán a digon o fwyd i gadw ti i fynd dros nos. Gei di fwy yn y bore… Reit, os wyt ti'n barod… Cer di lan ac fe ddechreuwn ni ar y gwaith clymu.'

'Bydd isie fe'n ddigon tyn i fi allu cysgu. Os orwedda i ar y boncyff lle mae e'n torri'n ddau fe ddyle hynny weithio.'

'Shwd ei di i'r tŷ bach, Dylan?'

'Paid â busnesa, Ifan!' dechreuodd Arwyn.

'Na, na, ma'r crwt yn llygat 'i le,' meddai Tomi. 'Ma isie sorto hynny. Dylan, gwna di dy fusnes yn y bwced 'ma. Wetyn hal e lawr i'r llawr gan ddefnyddio'r rhaff 'ma. Fi fydd boi'r *latrines*. Wedi arfer yn yr armi, gw'boi.'

'Iawn.' Edrychodd Dylan o un i'r llall a theimlodd

dyndra yn ei frest. "Co ni off, 'te,' meddai cyn iddo newid ei feddwl.

Gwenodd y criw bach ar ei gilydd.

Bellach roedd Dylan wedi bod yn y goeden ers rhyw bymtheg awr.

'Ma'n well na Charchar Caerdydd, eniwe,' meddyliodd wrth wingo a chwilio am le cyfforddus i orwedd, a gwenodd wrth gofio am gwmni Brian a'i gomics.

Doedd Dylan ddim wedi cysgu rhyw lawer. Rhwng bod brigau bychain y dderwen yn crafu'i groen ac yn gwthio'u hunain i'w gefn wrth iddo bwyso 'nôl ar y boncyff, doedd hi ddim yn bosib ymlacio digon i wneud mwy na hepian. Ond er ei fod yn anghyfforddus, roedd 'na rywbeth swynol iawn am gael bod yma, penderfynodd Dylan. Lliw gwyrdd golau'r dail a'r haul yn disgleirio trwyddynt. Y mes bach yn eu capiau perffaith a chryfder y boncyff o dan ei goesau. Bwyd a diod a lle i orffwys. Dyna i gyd oedd eisiau, mewn gwirionedd, myfyriodd Dylan. Er, doedd hi ddim wedi bwrw eto. Doedd Dylan ddim am feddwl yn rhy galed am sut brofiad fyddai eistedd yma yn y glaw.

Bu'r robin goch yn ymwelydd cyson. Ac fe ddaeth y wiwer i fusnesa hefyd. Yn wir, teimlo'i thraed bach ffyslyd yn dringo dros ei goesau a ddeffrodd Dylan o'r mymryn o gwsg y llwyddodd i'w gael.

'Blydi diawl blewog,' meddyliodd, gan chwilio am rywbeth i'w daflu at y gynffon drwchus. Oedd golwg ddireidus ar yr wyneb bach llwyd wrth iddo edrych yn ôl ar Dylan?

'Miwn... a mas, miwn a mas. Jiw, ma hi'n dawel 'ma... O, brigyn yn... 'na well... symuda i'r glustog 'ma o dan 'y nhin i... ie, 'na fe... miwn a mas... miwn a mas...'

Dim ond sŵn anadlu anwastad Dylan ac ambell dylluan allan yn hela llygod oedd i'w glywed wrth iddo hepian a deffro, hepian a deffro, yn dychmygu bob dwy funud ei fod yn teimlo ôl traed bach yn dringo dros ei goesau unwaith eto. Roedd hi wedi bod yn noson hyfryd, ac yn syndod o fyr mewn gwirionedd, gan i'r wawr ddechrau torri am hanner awr wedi tri. Erbyn pedwar roedd hi'n hollol olau. Fesul un, dechreuodd y dryw bach a'r drudwy ar eu caneuon boreol. Ymunodd y sguthan a'r bioden yn y côr ac, yn araf, croesawodd trigolion y rhandir y dydd newydd. Gorweddodd Dylan yn ôl ar y boncyff, gan ryfeddu at hyfrydwch y bore bach.

Am hanner awr wedi saith, dringodd Beca'r ysgol yn dal fflasg o goffi a dwy frechdan gig moch.

'Wi'n siŵr bod isie twymo arnat ti, Dylan.'

Sythodd Dylan ei gefn a dylyfu gên cyn estyn i lawr i gymryd y fasged gan Beca. Gwenodd arni, gan deimlo'n swil yn sydyn. 'A gweud y gwir, Beca, rhwng carthen Miss H a sach gysgu Ifan o'n i'n berwi. Ma gwynt ffein ar y coffi 'ma.'

Tyfodd saib anghyfforddus rhyngddynt. Synhwyrodd Dylan fod Beca'n chwilio am eiriau. Dechreuodd fwyta un o'r brechdanau tra glynai Beca i dop yr ysgol. Roedd yna gôr rhyfeddol o adar yn canu o'u cwmpas nawr.

Yn y man, siaradodd Beca.

'Dylan… Sori… ddoe… o'n i'n… Ma hwn YN beth grêt… Ti'n… ti'n neud rhwbeth da fan hyn.'

'Hen bryd i fi neud rhwbeth yn iawn, on'd yw hi?'

'Odi, sbo.'

'Wi *yn* trio, Beca.'

'Wyt… wi'n gallu gweld 'ny.'

Gwenodd Beca arno am eiliad.

'Ocê, ddo i 'nôl â mwy o goffi i ti cyn bo hir. Ac o'n i'n meddwl neud pasta i gino…'

'Lyfli. Diolch, Beca.'

'Dylan!'

Safai Miss Huws o dan y goeden. 'Gwell i chi dwtio'ch hun. Mae'r cyfrynga ar eu ffordd.'

Eisteddai Gwen a Barbara yn Mimosa yn yfed *lattes* cryf.

'Priodi?'

'Ia – mae'r cyfan 'di drefnu. Bora Sadwrn yma. Ac maen nhw'n mynd ar *cruise* yn syth wedyn. Hedfan o Fanceinion.' Tasgodd Gwen ei choffi wrth daro'r cwpan cardbord lawr ar y bwrdd yn ei thymer. 'Sori.' Dechreuodd sychu'r sblashys coffi oddi ar fag llaw Barbara, oedd wedi derbyn cyflenwad go helaeth ohonynt.

'Paid â phoeni – hen beth bawlyd i gario sgripts yw e beth bynnag,' meddai Barbara. 'Smo fe'n bwysig. Cer mla'n – *cruise*? I lle?'

'Venice and the Seaports of the Eastern Mediterranean.'

'Wel, myn yffach i.'

Stwffodd Barbara Danish cyfan i fewn i'w cheg yn ei syndod.

'*Have you heard what he's done now*?'

'Pwy?'

'Dylan. Mae e 'di troi'n *tree hugger*!'

'Beth?!'

Roedd Meriel a'r *girls* yn bwyta *sushi* yng Nghyncoed.

'*It was on the news. I heard it in the car on the way here.* Mae e'n trio safio rhyw *allotment* neu rywbeth. Protest yn erbyn *wind farm*. Mae e 'di clymu ei hunan i goeden!'

Bu bron i Meriel dagu ar ei Perrier wrth glywed y newydd. Syllai mewn penbleth ar ei *sushi*. Roedd hi wedi methu ffeindio'r yder i fynd draw i weld Dylan ac wedi bod mewn gwewyr meddwl ers dyddiau. A nawr hyn. Canodd ei ffôn yn sydyn. Gwelodd enw Rhian yn y ffenest fach.

BETHAN RHYS RICHARDS: Nesa, at helynt y dyn maen nhw'n ei alw'n "Swampy" Cymru. Roedd Dylan Morgan yn fwy cyfarwydd i ni fel cynhyrchydd teledu llwyddiannus yn gwerthu rhaglenni i S4C ac o gwmpas y byd. Ond ddeunaw mis yn ôl fe'i dedfrydwyd i garchar am dwyll ariannol. Ers iddo ddod allan o'r carchar mae'n debyg bod Mr Morgan wedi bod yn gweithio fel garddwr ar randir Caer Ucha ar dopiau Cwm Tawe. Ond nawr mae'r cyngor lleol am werthu'r rhandir a chodi fferm wynt ar y safle. Dyma Siôn Tecwyn.

(RHANDIR CAER UCHA. MAE SIÔN TECWYN YN SEFYLL O FLAEN DERWEN FAWR.)

SIÔN TECWYN: Ers blynyddoedd, mae'r dderwen urddasol yma wedi bod yn gartre i'r wiwer lwyd a chnocell y coed. Ond mae 'na greadur newydd yn preswylio yno ers deuddydd, sef y protestiwr amgylcheddol a'r cyn-gynhyrchydd teledu Dylan Morgan. Fe ges i gyfle i siarad ag o bore 'ma ac fe ofynnais i iddo am faint yr oedd yn bwriadu aros yn y goeden.

DYLAN (WEDI EI GLYMU I FONCYFF Y DDERWEN): Hyd nes bod y rhandir wedi ei achub, Siôn.

SIÔN TECWYN (AR BEN YSGOL, YN EDRYCH FYMRYN YN ANGHYFFORDDUS): Sut dach chi'n bwriadu stopio'r adeiladwyr, Mr Morgan?

DYLAN: Bydd yn rhaid iddyn nhw dorri fi mas o'r goeden 'ma os odyn nhw am adeiladu ar y rhandir yma.

SIÔN TECWYN: Dach chi ddim yn meddwl bod eich agwedd chi'n fewnblyg a braidd yn hunanol? Ma isio swyddi newydd ac ynni glân ar y cwm 'ma ac mae hwn yn lle delfrydol i leoli fferm wynt.

DYLAN: Mae'r rhandir yma'n gartre i bob math o greaduriaid a phlanhigion. Mae'n rhan annatod o'r gymuned ac yn gwasanaethu'r gymdeithas hon yn uniongyrchol. Gwedwch wrth y *multinationals* 'na am stwffo'u ffermydd gwynt. Bydd dim ceiniog o elw na bendith yn dod i'r cwm 'ma os ddaw tyrbeins i Gaer Ucha.

Draw ym Mhontcanna roedd Huw a Rhian yn syllu ar y teledu'n syn.

'Wel myn uffach i, 'na'r unig beth teidi wedodd dy dad erio'd,' rhyfeddodd Huw.

'Ateb y ffôn, Mami…' Safai Rhian a'i ffôn symudol wrth ei chlust.

'Isie sylw ma fe, siŵr o fod,' ychwanegodd Huw. Canodd ei ffôn ef yn ei boced yn sydyn. 'Dal sownd, gwell i fi gymryd hwn. Gwaith. Hia… Odw, wi'n gwylio fe nawr… Wel, wel… Diddorol. Ocê, ddo i draw cynted galla i.'

Diffoddodd Huw y ffôn. Trodd at Rhian gyda golwg ddireidus yn ei lygaid.

'Wel, ma *Tarzan act* dy dad wedi corddi'r dyfroedd ma'n amlwg. Ti'n cofio'r achos 'na fues i'n gwitho arno fe yn y canolbarth haf d'wetha? Cyngor isie neud arian – gwerthu i gonsortiwm ynni? Wel, yr un lot sy wrthi fan hyn eto.'

'O Mami, o'r diwedd! Lle wyt ti? Ti 'di clywed am Dadi?'

Roedd Meriel wedi gadael y tŷ bwyta swnllyd erbyn hyn ac yn sefyll tu fas i'r drws ynghanol haid o smygwyr.

'Do, newydd glywed. Beth gododd arno fe, dweda?'

'Rhian, wi'n mynd. Welai di wedyn,' gwaeddodd Huw o'r cyntedd.

'Ocê.'

'Rhian?'

'O sori, siarad 'da Huw o'n i, Mami. Ma fe'n gweud taw rhyw *multinational* mawr sy'n bygwth y rhandir.'

'Ond dy dad?'

'Dim clem. Ond...'

'Beth?'

'Wel... whare teg iddo fe, ontyfe?'

Clywodd Meriel sŵn edmygedd yn llais ei merch. A theimlodd yn waeth nag erioed.

Adre yn ei fflat, edrychai Gwen ar y newyddion yn syn hefyd.

'Nefoedd, Waldo,' meddai wrth y gath fach ar ei chôl. 'Be mae o 'di gneud rŵan?'

Yno yn y dderwen fawr, wedi ei glymu'n dynn at y goeden, roedd Dylan. Wel, rhywun a oedd yn edrych fel Dylan, beth bynnag – doedd gan y Dylan yma ddim *highlights* euraid yn ei wallt gwyn ac roedd mwy o rychau ar ei wyneb nag yr oedd hi'n ei gofio. Ond Dylan oedd e. Doedd dim dwywaith am hynny.

Cerddodd y trombôn cyntaf draw at yr ail drombôn gan ddal cwpwl o *skinny cappuccinos.*

'Glywest ti beth ma'r diawl dwl 'na 'di gwneud nawr?'

'Do, weles i'r cwbwl ar y niws nithwr.'

'"Swampy" Cymru ma'n nhw'n 'i alw fe,' torrodd Barbara ar eu traws, ar ei ffordd i'r galeri.

'Ma'n nhw i gyd yn siarad amdano fe, Gwen,' meddai honno wrth eistedd ger ei ffrind.

'Alla i jyst ddim dychmygu Dylan yn cysgu mewn coeden,' atebodd Gwen. 'Ond mi oedd o'n edrych yn ddigon hapus ar y bwletin naw neithiwr.'

Daeth Llinos i fewn i'r galeri gan lanw'r lle gydag arogl cryf Mitsouko. 'Iawn 'ta, bawb, gawn ni siarad am Dylan a'i strancio ar ddiwadd yr ymarfer yma,' meddai'n frysiog. 'Gawn ni ddechra?'

Eisteddai Dylan ar foncyff y goeden yn edrych ar y dorf oedd wedi dechrau ymgynnull islaw, yn rhandirwyr, newyddiadurwyr a phobol oedd jyst yn busnesa.

'Dadi!'

Neidiodd calon Dylan wrth iddo weld Rhian yn gwthio drwy'r dorf tuag ato.

'Jiw jiw. Mae'n dda 'da fi dy weld di.'

'Ti'n ocê?'

Roedd golwg bryderus ar wyneb Rhian wrth iddi ddringo'r ysgol yn ofalus. Syllai ar ei thad yn gwenu arni drwy'r brigau uwch ei phen. Edrychai'n ddigon diogel wedi ei glymu'n dynn at y boncyffion.

'Odw, Rhian, wir i ti – wi'n joio lan fan hyn.'

Yn ôl ei arfer, roedd yna rywbeth yn yr olwg foddhaus ar wyneb ei thad a lwyddodd i godi gwrychyn Rhian. A doedd hi ddim yn hoffi'r teimlad o fod ar ben ysgol fregus o gwbwl chwaith. Daliodd yn dynn yn y ddau fwlyn metel ar dop yr ysgol a thriodd beidio ag edrych ar y tir islaw.

'Wyt ti o ddifri, Dadi?' gofynnodd yn blwmp ac yn blaen. 'Am y brotest 'ma?'

'Odw.' Daliodd ei thad i wenu arni.

'Ma Huw yn meddwl taw isie sylw 'yt ti,' aeth Rhian ymlaen yn gyhuddgar.

Tynnodd ei geiriau y sglein oddi ar y foment rywsut.

'Sdim lot o feddwl 'dag e ohona i, o's e?' meddai Dylan yn flinedig, gan rwbio'i lygaid.

'Na,' ategodd Rhian yn dawel.

'Wi'n trio neud rhwbeth teidi am unweth.' Ond roedd golwg fwy ansicr ar wyneb Dylan nawr wrth iddo drio esbonio'i deimladau. 'Ma'r rhandir 'ma wedi neud lot i fi. Cynnig lloches. Amser i feddwl. Isie talu'r gymwynas yn ôl ydw i. 'Na gyd.'

'Os ti'n gweud.'

'Rhian, wir i ti...'

Torrodd Huw ar eu traws yn sydyn. Roedd wedi dod i sefyll ar y twmpath glaswelltog o dan y goeden. 'Oi! Gwed wrth George of the Jungle 'mod i isie gair 'dag e!'

'Wi'n mynd, 'te. Ma Huw isie siarad 'da ti am yr ymgyrch. Ond Dadi...'

'Ie?'

'Paid â neud dim byd dwl.'

Roedd Dylan yn falch o weld golwg fwy caredig yn llygaid ei ferch o'r diwedd.

'Wna i ddim, wi'n addo.'

Hanner gwenodd Rhian ar ei thad cyn dringo i lawr y grisiau'n ofalus. A chyn bo hir gwelodd Dylan dop pen ei fab yng nghyfraith yn nesáu.

'Ocê i fi ddod lan yr ysgol, Dylan?'

'Odi, odi,' meddai Dylan yn wresog.

'Sdim gormod o amser 'da fi,' meddai Huw'n frysiog. 'Wi 'di bod yn neud bach o ymchwil. Wedi dod ar draws y consortiwm 'ma o'r bla'n. Ma lot o arian 'da nhw. A dylanwad hefyd. Bydd isie i ni fod yn ofalus wrth benderfynu ar y camau nesa.'

'Ni?' Edrychodd Dylan yn obeithiol ar Huw.

'Wi 'di bod mewn cysylltiad â Chyfeillion y Ddaear a chwpwl o fudiade eraill alle helpu. Meddwl bod hwn yn achos 'itha pwysig. *Test case*, ti'n gwbod. 'Se'r cyngor yn rhuthro hwn drwodd alle bod 'na *precedent* cyfreithiol anffodus. Ma 'da ni gyfle i greu achos pwysig iawn.'

Goleuodd wyneb Dylan. 'Ti'n meddwl?'

'Odw. Nawr, gai awgrymu shwd dylet ti siarad â'r wasg o hyn mla'n?'

'Wi'n gwrando. Ti yw'r arbenigwr.'

Yn hwyrach y prynhawn, ar ôl i Huw a Rhian fynd yn ôl i Gaerdydd, daeth Miss Huws at waelod y goeden â golwg braidd yn wyllt yn ei llygaid.

'Ma gin inna syniad hefyd,' meddai wrtho. 'Ylwch, dw i am neud tipyn o ymchwil. Ond ma isio manylion cyswllt Iolo Williams arna i…' Edrychodd yn ddisgwylgar ar Dylan.

Ystyriodd hwnnw am funud. Cysylltu â Gwen fyddai'r peth amlwg i'w wneud. Roedd ganddi rifau ffôn pawb yn y busnes. Sylweddolodd gyda phwl o euogrwydd sydyn nad oedd e wedi meddwl amdani ers misoedd. Gwyddai ei bod wedi mynd i weithio i Llinos (roedd wedi clywed hynny gan Beca, oedd wedi bod yn trafod Gwen gyda Meriel), ac roedd yn falch o hynny. Ond a fyddai hi wedi maddau iddo am fod mor anystyriol ohoni? Edrychodd i lawr ar Miss Huws.

'Yr unig beth alla i awgrymu yw 'ych bod chi'n ffonio Gwen, fy hen ysgrifenyddes. Ma hi'n gweithio i gwmni Telegraff nawr. Ma hi'n berson da… meddwl y gwnaiff hi helpu…' gorffennodd yn ansicr.

'Pont arall i'w hadeiladu?' gofynnodd Miss Huws yn garedig.

'Ie… do'dd hi ddim yn haeddu… fe fuodd hi'n…'

'Dw i'n dallt. Un cam ar y tro, yndê?' meddai Miss Huws yn frysiog, cyn bwrw 'mlaen. Doedd hi ddim eisiau bod yn angharedig ond doedd ganddi ddim amser i'w wastraffu. 'Tydw i ddim am ddeud gormod ar hyn o bryd, ond mi alla fo neud byd o wahaniaeth i'r achos. Yr hen robin goch drygionus 'na roth y syniad yn fy mhen.'

'Ie, ie, grêt. Ma popeth yn help, sbo.' Roedd Dylan wedi arfer â syniadau ecsentrig Miss Huws erbyn hyn.

'Reit 'ta. Fyddwch chi'n iawn 'ma heno eto, Dylan?'

Nodiodd Dylan ei ben.

'Ta-ta tan toc, 'ta.'

Brasgamodd Miss Huws i ffwrdd gan adael Dylan ar ei ben ei hun yn y goeden. Roedd pawb arall wedi mynd adre i'w cartrefi cyfforddus gan adael y dyn bach ar y boncyff yn edrych ymlaen at noson arall ymhlith y dail. Pwysodd Dylan yn ôl a meddwl am Gwen. Byddai'n rhaid iddo wneud mwy na chodi pontydd yn fan'na. Cofiodd yn sydyn ei fod wedi gweld ei henw hi ar lythyr Douglas yn y rhestr faith o bobol oedd wedi derbyn arian ganddo. Diolchodd am hynny – ond byddai'n rhaid iddo wneud yn siŵr ei bod wedi derbyn yr hyn oedd yn ddyledus iddi. Rhwbiodd ei lygaid ac ystwytho'i ysgwyddau gan ochneidio'n uchel. Roedd ganddo ffordd bell i fynd o hyd. Un cam ar y tro. Ocê.

Roedd yn barod i drio, beth bynnag.

Gwibiodd fflach o gochni cynnes heibio iddo a chofiodd Dylan am y fflasg dwym o goffi a'r brechdanau cig eidion oedd yn disgwyl amdano yn y fasged bicnic oedd wedi ei chlymu i'r brigau uwch ei ben. Estynnodd yn awchus amdanynt.

'Wel, diolch byth bod hwnna drosodd,' meddyliodd Gwen wrth gerdded i'w char, gan dynnu'r *fascinator* piws oddi ar ei phen a'i daflu i fŵt y car, ynghyd â'i hesgidiau sodlau uchel duon. Suddodd ei thraed yn ddiolchgar i bâr o *loafers* cyfforddus, taniodd yr injan, cliciodd ei gwregys diogelwch a dechreuodd y siwrnai hir i lawr i Gaerdydd.

Roedd ei thad ac Eiris newydd adael mewn tacsi ar eu

ffordd i Fanceinion, ar ôl brecwast priodas yn festri'r capel. Eiris oedd wedi paratoi'r bwyd ei hun – brechdanau ham a thomato, brechdanau wy, sgons caws, cacennau bach siocled a theisen briodas yn gyforiog o siwgwr eisin gwyn. Sillafwyd enwau Tegid ac Eiris ar ei phen mewn siwgwr eisin pinc.

Criw digon tila oedd yno i rannu hapusrwydd y diwrnod – cwpwl o gymdogion a chyfeillion o'r capel, y gweinidog ac ambell ddeiacon. A Gwen, wrth gwrs, yn gwenu'n ddewr wrth ddal y tusw o *carnations* pinc a roddwyd iddi gan Eiris y bore hwnnw, 'i ti gael edrach yn ddel, Gwen'. Teimlai fel sgrechen yn ei rhwystredigaeth a'i diflastod.

'O leia roedd Tada'n edrych yn hapus,' meddyliodd Gwen wrth i'w char lyncu'r milltiroedd tuag at y de.

Ac yn wir, ymddangosai Tegid ar ben ei ddigon, ei fraich yn syrthio'n naturiol dros ysgwyddau ei wraig newydd, a oedd yn bictiwr o lawenydd hefyd mewn siwt sidan binc, yr het ddu wedi ei thynnu, am unwaith, a *pillbox* lliw lafant yn ei lle.

Roedd yn rhaid i Gwen gyfadde bod ei thad yn edrych ddeng mlynedd yn iau yn ei siwt lwyd ('Eiris wedi ei phrynu, yn Marks cofia, Gwen') a bod ei araith fach ar ddiwedd y brecwast gyda gwydrau o sieri melys yn byrlymu gyda llawenydd. 'Mi rydw i wedi cael ail gyfle i fyw, a dw i am afael ynddo gyda fy nwy law,' cyhoeddodd Tegid, cyn cynnig llwncdestun i Eiris, 'yr angal ddoth i'm hachub'.

Roedd cyhyrau wyneb Gwen wedi blino'n lân ar ôl oriau o wenu ffug. Ac roedd hi'n ddiolchgar o'r diwedd bod ganddi gyfle i gyfadde, ym mhreifatrwydd ei char, gymaint o dreth fu'r diwrnod.

'Dyna fo. Mae o wedi digwydd. Ac mae o drosodd,' meddyliodd, gan edrych ar y cloc bach ar y *dashboard*. Byddai'n rhaid iddi frysio. Roedd wedi addo casglu Iolo Williams o orsaf Abertawe a'i dywys i'r rali fawr yng Nghaer Ucha y noson honno. O leia byddai hynny'n gorfodi iddi feddwl am rywbeth heblaw'r briodas fach ryfedd honno ym Mhenrhyndeudraeth.

Fe'i synnwyd hi pan dderbyniodd alwad Miss Huws. Roedd hi'n barod i helpu, wrth gwrs – hen bethau afiach oedd y ffermydd gwynt 'ma. Roedd yn gas gan Gwen weld tyrbeins yn llygru bryniau gwyrddion cefn gwlad Cymru. Ond doedd hi ddim wedi sylweddoli mor dyner oedd y briwiau a adawyd ar ôl gan frad Dylan. Mynnai Miss Huws fod Dylan yn ddyn gwahanol iawn erbyn hyn ac roedd Gwen yn falch o glywed hynny.

'Ond ydw i 'di maddau iddo fo?' meddyliodd. 'Mi fuodd o mor anystyriol ohona i. Ac ma gweithio i Llinos gymaint yn neisiach.'

Ochneidiodd, ac annerch y drych bach ar flaen y car yn geryddgar. 'Rêl *soft touch* wyt ti, Gwen Walters.' Pam roedd hi wedi cytuno i gasglu Iolo? Sut yn y byd roedd Miss Huws wedi dwyn perswâd arni?

Wel, roedd hi'n rhy hwyr rŵan beth bynnag. Ac o leia roedd hi'n mynd i gael gweld drosti hi ei hun a oedd gwir yn yr hanes am y newid mawr yn ei chyn-fòs.

Doedd diwrnod Dylan ddim wedi dechrau'n rhy wych chwaith, gan ei bod hi wedi bod yn bwrw drwy'r nos. Deffrodd pan deimlodd y lleithder yn treiddio drwy ei sach gysgu.

'O, blydi hel!' Lle'r oedd y bag plastig 'na? Tynnodd y sach gysgu'n gyflym a'i gosod ar foncyff cyfagos. Doedd ei drowsus ddim yn rhy wlyb, diolch byth, ac roedd y bag bìn plastig yn orchudd gwych. Penderfynodd eistedd ynddo er mwyn cadw'r glaw mas. Cododd ambarél uwch ei ben hefyd, er na wnaeth hwnnw lawer i'w amddiffyn rhag y gwyntoedd a oedd wedi dechrau chwyrlïo o gwmpas y goeden gan beri i'r glaw chwythu'n donnau gwlybion o bob cyfeiriad. Roedd hi'n gynnar o hyd a thriodd ei orau i hepian rhywfaint. Ond bu'n rhynnu yn y glaw am ddwyawr dda nes i Beca gyrraedd yn ei chot, gyda dillad sychion a choffi twym.

'Sori, newydd ddeffro – ers faint mae hi 'di bod yn bwrw? Dere â'r sach gysgu 'na i fi. O, ma ddi'n socan! Af i 'nôl un sych i ti nawr.'

Syllodd Dylan arni'n ddiolchgar, ei drwyn yn goch a'i wallt yn gynffonnau llygod wedi'u plastro dros ei ben.

'Ac fe ddof i â thywel i ti hefyd,' ychwanegodd Beca'n garedig. 'Meddwl bod y glaw 'ma'n stopio.' Estynnodd ei braich allan i fesur cwymp y dŵr.

'Shwd ma Tarzan bore 'ma?' Roedd Huw yn ei ôl, yn sych mewn cot drwchus ac yn llawn newyddion am y rali fawr oedd i'w chynnal y noson honno. 'Ma lot o'r cyfrynge'n dod, ma 'da ni sawl siaradwr ac ma 10 Mewn Bws yn mynd i whare i ni hefyd. Dyle hi fod yn noson wych, wi'n meddwl.'

Cododd Dylan ei aeliau tamp.

'Clyw, ti'n gwbod pam fod Miss Huws mor benderfynol o ga'l Iolo Williams 'ma?' Sibrydai Huw, er nad oedd neb yno ond nhw a'r glaw.

'Mynd i achub y rhandir, medde hi.'

'Ie, 'na beth wedodd hi wrtha i hefyd. Ddim am jincso'r cwbwl drwy weud wrth bawb cyn siarad â Iolo, medde hi.'

Roedd Dylan yn rhynnu. Yfodd y coffi'n ddiolchgar a theimlo'i hun yn dechrau cynhesu.

'Gwed 'tha i, Dylan. Odi'r fenyw'n llawn llathen?'

'Odi, yn rhyfedd iawn. Sai'n meddwl 'mod i'n nabod neb callach.'

Prysurodd y trefniadau ar gyfer y rali, a thra bod Gwen wrthi'n ffugio llawenydd ym mhriodas ei thad, roedd trigolion a chyfeillion rhandir Caer Ucha yn tywys cadeiriau, meicroffons, *generators*, baneri a phamffledi lan i ffosydd uchaf y gaer. Byddai honno'n creu llwyfan naturiol perffaith i'r siaradwyr fyddai'n annerch y dorf yn ystod y nos. Gwnaeth Beca frechdanau a phaneidiau di-rif i'r gwirfoddolwyr oedd wedi ymgynnull. A thua diwedd y prynhawn dechreuodd criwiau o brotestwyr o bob cwr o Gymru gyrraedd ar gyfer y rali, oedd i gychwyn am hanner awr wedi saith.

'Fyddi di'n ocê fan hyn ar ben dy hunan?' gofynnodd Arwyn, oedd wedi dod â swper a photel o gwrw i Dylan ar ei ffordd i'r rali. 'Mae'n siŵr glywi di beth ohono fe – ma 'da nhw *speakers* go fawr lan 'na.'

'Fydda i'n iawn,' atebodd Dylan yn fyr. Y gwir oedd ei fod wedi pwdu tamed bach. Roedd wedi gobeithio y byddai'r rali'n digwydd wrth droed y dderwen, ac yntau'n dipyn o seren ynghanol y cwbwl. Ond doedd dim digon o le yn y rhandir i dorf o unrhyw fath, a chan fod y gaer mor agos, penderfynwyd cynnal y rali yn y man hwnnw.

Galwodd Huw a Rhian heibio wrth gerdded i'r gaer, ac roedd Dylan yn falch bod pethau'n dechrau gwella rhyngddynt. Er bod Huw yn dal i'w fychanu a'i alw'n Tarzan neu Swampy mewn llais coeglyd, roedd Rhian wedi cynhesu tipyn tuag ato. A gorau oll, fe ddaeth hi ag Osian a Twm i waelod yr ysgol i godi llaw arno fe. Llonnodd wrth gofio'u hwynebau bychain brwdfrydig – er ei bod yn amlwg nad oedd clem ganddyn nhw ar bwy roedden nhw'n chwifio. Ond wedyn, roedd dwy flynedd wedi mynd heibio ers iddo'u gweld nhw'n iawn. Tristaodd wrth feddwl am yr holl amser yr oedd wedi ei wastraffu.

Gorweddodd yn ôl ac ystyried digwyddiadau'r prynhawn. Bu Ifan yn negesydd gwych, yn cynnig tameidiau doniol o newyddion. Hanner awr yn ôl roedd wedi rhedeg draw i gyhoeddi bod rhes o geir swyddogol eu golwg yn parcio o flaen y Mans.

'Ma'n nhw'n ddu i gyd ac ma fflag fach ar ffrynt un o'r ceir. A weles i ddyn â tsiaen toilet o gwmpas ei wddf yn dod mas o un o'r ceir.'

Ond nawr, a phawb yn y rali ar ben y bryn, teimlai Dylan yn unig a fymryn yn isel. A doedd e ddim yn edrych 'mlaen at noson arall yn y goeden. O leia roedd hi wedi stopio bwrw. Efallai y byddai tamed o gwrw'n gwella'i dymer.

Wrth iddo estyn am y teclyn i agor y botel, clywodd sŵn traed ar yr ysgol islaw.

'Helô?' Pwy allai fod yno? Roedd pawb yn y rali erbyn hyn.

'Dylan.'

Cafodd Dylan sioc ei fywyd. Yn gwenu arno o dop yr ysgol roedd Meriel.

Safai Huw ar ben y ffos ucha yn annerch y dorf. Er bod ei grys T diweddara ('Gwynt Teg ar ôl y Tyrbeins!') fymryn yn dynn dros ei fola, roedd yn siaradwr huawdl ac awdurdodol. Ac roedd e wedi rhedeg nifer fawr o gyfarfodydd tebyg o'r blaen.

'Cymdeithas Gymraeg ei hiaith arall yw hon, yn cael ei bygwth gan gwmnïau tramor – mae arian mawr yn dinistrio ac yn elwa o'r dinistr hwnnw.'

Edrychodd o gwmpas y dorf. Roedd tua cant a hanner o bobol yno, rhwng y rhandirwyr a'r grwpiau lobïo oedd wedi dod gyda Huw a'i griw. Roedd pobol o bob oedran yno, a theuluoedd cyfan hefyd. Safai'r rhan fwya ohonynt ar lawr y gaer, a thu ôl iddynt roedd bysedd haul yr hwyr yn goleuo ochrau'r ffosydd gwyrdd. Aeth Huw yn ei flaen,

'Ma ynni ffermydd gwynt yn wyrdd, odi, wrth gwrs. Ac, odi, ma'r gwynt yn chwythu'n rhad ac am ddim. Ond ystyriwch y gost, bobol! Y llygredd wrth greu'r tyrbeins ac wrth eu cludo yma. Ac o Tsieina ma'r rhan fwya ohonyn nhw'n dod. Meddyliwch am oblygiade hynny! Y milltiroedd o deithio, a hynny hefyd yn llygru'r amgylchedd! Y cemege di-rif sy'n llifo i afonydd Tsieina! Y trueiniaid sy'n diodde wrth weithio am nesa peth i ddim mewn amgylchiade peryglus!

'Ac ystyriwch hefyd i lle ma'r elw'n mynd! Weda i un peth wrthoch chi – fydd dim ceiniog ohono fe'n aros yn y cwm 'ma!'

Cafodd ymateb cadarnhaol gan y dorf a theimlai Huw fod y rhan fwya ohonynt yn bleidiol iddo erbyn iddo drosglwyddo'r meicroffon i Ianto Morris, y Maer, a oedd wedi mynnu cael cyfle i siarad yn y rali hefyd. Safai Elwyn Evans ar ei bwys, yn dal cot y Maer ac yn edrych mor ddiflas ag erioed.

'Ma'r olew'n rhedeg mas, bois!' taranodd Ianto. 'RHAID i ni ffrwyno egni'r byd naturiol. Allwn ni ddim bod yn hunanol. Byddwch yn onest, bobol. Chi'n gwbod y gallwn ni symud y rhandir – ma 'na ddigonedd o le iddo fe islaw yn y cwm, ond fan hyn ma'r gwynt, bois bach, fan hyn ma'r gwynt!'

Ond doedd yr ymgyrchwyr ddim yn barod i wrando'n dawel.

'Be am yr egni sy'n cael ei wastraffu i adeiladu'r tyrbeins 'ma yn y lle cynta?' Roedd llais Miss Huws yn glir a chadarn.

'Pris bach i'w dalu er mwyn cynllun ddaw â gwaith i'r cwm!' atebodd y Maer.

'Pa waith?' ategodd Beca.

'Bydd isie codi a gwarchod y tyrbeins, ac fe fydd y cyngor yn gallu gwerthu'r egni 'nôl i'r grid cenedlaethol, yn ein galluogi ni i ariannu rhai o'r adnodde sy'n amhosib eu cynnal ar hyn o bryd.'

'Be am y llygredd ddaw gin y loris fydd yn gyrru i fyny'r cwm 'ma?' Miss Huws oedd yno eto.

'Pwy sy bia'r cwmni gwynt? I lle fydd yr arian yn mynd?' gofynnodd Huw.

'Beth am effaith y llinell drydan fydd ei hangen i gario'r ynni ar yr amgylchedd, ac ar iechyd ein plant?' heriodd Arwyn.

'Dyw meline gwynt ddim yn cynhyrchu ynni os nad oes gwynt, chi'n gwpod,' gwaeddodd Tomi.

'Faint o gildwrn ges di i gefnogi hwn, Ianto?' Roedd Miss Huws yn nabod y Maer ers blynyddoedd ac edrychodd hwnnw arni'n ddu.

'Wi ddim yn mynd i gydnabod ensyniade di-sail, a ga i awgrymu'n garedig y byddaf yn gosod unrhyw sylwade tebyg yn nwylo fy nghyfreithiwr,' atebodd Ianto'n swta.

Cododd ton o ebychiadau yn sgil hyn ac fe gymerodd hi rai munudau i'r dorf ymdawelu.

'Eisie dod â gwaith ac arian i'r cwm 'ma y'n ni,' ymbiliodd Ianto o'r diwedd. 'Ydy hynny'n beth drwg i gyd?'

Ond mwy o fonllefau oedd ateb y dorf.

'Ma rhai o'r tyrbeins 'ma dros 400 troedfedd o daldra! Be wnawn nhw i'r adar?' Roedd Miss Huws wedi ffeindio bocs pren i sefyll arno ac fe siglodd hi ei dwrn yn fygythiol wrth weiddi.

'Ma hi'n wych, on'd yw hi?' meddai Arwyn wrth Beca.

'Ma hwn wedi rhoi modd i fyw iddi,' atebodd ei wraig. 'O't ti'n sylweddoli ei bod hi'n un o hoelion wyth Greenham?'

Er bod y dadlau bron yn llwyr yn erbyn y fferm wynt, sylwodd Huw fod Ianto Morris yn edrych yn eitha cyfforddus ar y llwyfan. Doedd y gweiddi a'r cecru ddim fel petaen nhw'n ei boeni o gwbwl.

'Mae e'n gwbod rhwbeth, Rhian,' sibrydodd Huw. 'Fetia i fod 'da nhw addewid am arian mawr o rywle – rhyw grant Ewropeaidd neu arian Americanaidd – y math o arian allwn ni ddim dadle yn ei erbyn.' Suddodd calon Huw yn sydyn. 'Diwedd y gân yw'r geiniog, myn uffach i,' meddyliodd yn drist. Byddai angen gwyrth i'w hachub nhw nawr.

'Gwen?'

'Iolo, diolch byth. Sut w't ti ers talwm iawn? Sticia dy fag yn y cefn.'

Bu Gwen yn disgwyl yn anniddig tu fas i'r orsaf yn Abertawe ers dros hanner awr, yn poeni am warden traffig busneslyd ocdd wedi dechrau dangos diddordeb yn ei char.

'Tsiampion, diolch i ti. Sori 'mod i'n hwyr. Rhyw lol am ddail ar y lein.'

'Duwcs, dim problem o gwbwl. Ond awn ni'n syth am y rali, ia?'

Taflodd Iolo ei gês i gefn y car bach a phlygu ei goesau hirion er mwyn eistedd yn y sedd flaen drws nesa i Gwen. Gwisgodd ei wregys a gwenu'n rhadlon arni.

'Ia wir, amsar yn dynn 'wan – diolch i'r blydi trên.'

'Reit 'ta, troed lawr fydd hi felly!'

Rhuthrodd y car bach allan o'r orsaf.

'Oes lle i fi ar y goeden 'ma, Dyl?'

'O's. Dere, gei di eistedd 'da fi fan hyn.'

Triodd Dylan guddio'i sioc o weld Meriel wrth brysuro i wneud lle iddi eistedd. Roedd hi'n edrych yn wych, a gwyddai Dylan ei fod yntau'n edrych yn wahanol iawn i'r tro diwetha y cwrddon nhw yn y llys ysgariad. Roedd Meriel hithau wedi cael tipyn o sioc hefyd, wrth weld gwallt gwyn ei chyn-ŵr a'r rhychau dyfnion ar ei wyneb. Ond o edrych arno'n ofalus, teimlai Meriel ei bod yn nabod y Dylan hwn yn well na'r creadur ffuantus hwnnw ddiflannodd gyda merch hanner ei oedran, a'i *highlights* bondigrybwyll a'i liw haul ffug. Am eiliad, syllodd y ddau ar ei gilydd, yn rhy swil i siarad.

'Dyw hi ddim yn ffôl 'ma.' Clymodd Meriel ei choesau hirion o gwmpas y boncyff.

'Nag yw.' Ceisiodd Dylan wenu, ond roedd ei feddwl yn

chwyrlïo a'i galon wedi dechrau curo'n wyllt. Yn sydyn, cafodd hi'n anodd i anadlu.

'Ti'n OK, Dyl?' Gwelodd Meriel fod Dylan wedi gwelwi'n sydyn.

'Rho… funud i fi.' Anadlodd Dylan yn ddwfn a chyfri i ddeg yn araf.

Syllai Meriel arno'n bryderus. Welodd hi mo Dylan fel hyn o'r blaen. Llifodd ton o euogrwydd drosti wrth iddi ei wylio'n araf bwyllo.

'Ma fe'n dda… dy weld di, Mer,' dywedodd Dylan o'r diwedd. Roedd tamaid o liw yn ôl yn ei fochau nawr. 'Ond… bach o sioc, ti'n gwbod.'

'Odw… sori.' Symudodd Meriel ei choesau gan esgus chwilio am fan mwy cyffordus, ond mewn gwirionedd i guddio'r ffaith ei bod hi'n methu edrych ar Dylan. Roedd gormod o gywilydd arni'n sydyn.

'Wi 'di bod yn meddwl lot amdanat ti'n ddiweddar.' Roedd Dylan bron yn sibrwd.

'Do fe?' Roedd llais Meriel yn gryg hefyd.

'Do. Sai'n gwbod. Meddwl am y gorffennol. Am y cawdel wi 'di neud o bethe. Sai'n gwbod lle i ddechre'n iawn…'

'Na finne.'

'Wi 'di bod yn *idiot* llwyr, Mer. I ti, i Astrid, Rhian…'

'Dylan?' Torrodd Meriel ar ei draws.

'Beth…? O…' Edrychodd Dylan ar wyneb Meriel ac mewn fflach, roedd yn gwybod. 'Ti halodd nhw.'

'Ie.' Roedd hi'n anodd clywed llais Meriel nawr.

Roedd sŵn areithio a bonllefau i'w glywed yn glir o gyfeiriad y gaer, tra eisteddai'r ddau'n dawel yn y goeden yn meddwl am oblygiadau cyfaddefiad Meriel. O'u cwmpas, sylwodd Dylan ar nifer o 'stlumod yn hedfan yn chwim, yn plethu'n osgeiddig gyda'r gwenoliaid oedd ar eu ffordd i glwydo yn y nythoedd ym mondo'r Mans. Methai weld llygaid Meriel, a oedd erbyn hyn yn eistedd yng nghysgod y dail uwch ei phen.

Ef oedd y cyntaf i siarad, o'r diwedd.

'Wi'n credu 'mod i'n gwbod ym mêr 'yn esgyrn taw ti wna'th o'r cychwyn.'

'Ni'n nabod 'yn gilydd yn rhy dda falle,' atebodd Meriel. 'Ond o'dd e'n beth ofnadwy...' Methodd orffen y frawddeg.

'Wel, gest ti dalcen digon caled 'da fi yn y blynyddo'dd diwetha...'

'Ond y carchar, colli dy arian...' Roedd hi am gyffesu pob dim nawr. 'O'n i moyn dy frifo di gyment. A'r llythyre 'na...'

Symudodd Meriel o gysgod y dail o'r diwedd a gwelodd Dylan ddagrau yn ei llygaid. Brysiodd i'w chysuro.

'Grynda – o'n i'n ffycin *idiot*. 'Mond nawr wi'n deall 'ny'n iawn. So wi'n meddwl bo ni'n *quits*.'

'Shwd 'ny?' Edrychodd Meriel yn syn arno.

'Wi 'di ca'l lot o amser i feddwl a... wel, o'n i'n haeddu'r cwbwl lot. Fihafies i'n ofnadwy. A ti'n gwbod beth? Wi'n falch.'

'Yn falch?'

'Odw. Sai'n credu 'mod i'n sylweddoli jyst mor ddrwg o'dd pethe arna i o'r bla'n. Wastod yn genfigennus. Isie mwy drwy'r amser. A nawr... Wel, nawr wi 'di sylweddoli bod dim isie lot ar rywun i fod yn hapus.'

'Ti'n swno'n siŵr iawn o dy bethe.' Roedd Dylan wedi glanio ar ei draed unwaith yn rhagor, meddyliodd Meriel gyda mymryn o chwerwder, tra ei bod hithau'n fwndel o euogrwydd a chenfigen.

'Dyw e ddim wedi bod yn rhwydd, a sdim clem 'da fi beth ddaw ohona i, ond odw, wi yn siŵr. A do's dim byd 'da ti i deimlo'n euog amdano fe, Mer. Oddefes di ddigon dros y blynyddo'dd.'

Edrychodd Dylan a Meriel ar ei gilydd yn iawn am y tro

cynta. Ac er mawr syndod iddi, cafodd Meriel ei hun yn gwenu wrth weld yr olwg o edmygedd yn llygaid ei chynŵr.

'Dyl…'

'Dere 'ma, wir.'

Pwysodd Meriel ei phen ar ysgwydd Dylan.

'Dyl?' Roedd hi'n sibrwd nawr.

'Beth?'

'Allwn ni'n dau fadde i'n gilydd, 'te?'

'Gallwn. Anghofia amdano fe, Mer. Wir i ti.'

Yn y pellter roedd llais Gwilym Bowen Rhys i'w glywed yn canu 'Wel Bachgen Ifanc Ydwyf', a nodau ei gitâr yn glir wrth i'r haul fachlud dros dopiau'r mynyddoedd cyfagos, yn belen fflamgoch fel bol robin.

Gofynnodd Meriel, 'Be nesa 'te, Dylan?'

'Wel…' Swniai Dylan yn llai hyderus nawr.

Gorffennodd y gân a chlywyd llais Huw yn areithio'n glir a chadarn.

'Ma fe'n gwbod ei stwff.'

'Odi, ma fe.'

'Wi'n 'itha lico fe nawr, Mer.'

'Fuodd e'n dda i fi. Wedi i ti fynd.'

'Wi'n gwbod.'

'Ddaw Astrid 'nôl, ti'n meddwl?'

'Mae 'di gofyn am ysgariad. Wi ddim yn 'i beio hi – wyt ti? Wel, byddet ti ddim, sbo.'

Chwarddodd y ddau'n lletchwith.

'Hei, drycha!'

Gwelodd Meriel fod Dylan yn pwyntio at gadno a'i deulu bach yn chwarae ac yn rholio yn y cyfnos. Syllodd y ddau'n dawel ar yr olygfa o'u blaenau.

Roedd Gwen yn ddiolchgar nad oedd llawer o draffig ar y ffordd fawr ac o'r diwedd roedd hi'n gyrru lan y cwm, heibio'r siopau caeedig a'r tai di-raen.

'Ma isio rhandir i godi calon mewn lle fel hyn,' meddai Iolo.

'Modd i fyw i rai,' cytunodd Gwen.

Daeth y Mans i'r golwg o'r diwedd.

'Dan ni yma, dw i'n meddwl,' meddai Gwen. 'Ddeudodd Miss Huws y dylan ni barcio o flaen y Mans a'i throi hi am y gaer ar y llwybr yn ymyl y tŷ.'

''Ma fo, 'li.' Roedd Iolo'n falch o gael bod allan o'r car bach a brasgamodd draw at y llwybr.

'Mr Iolo Williams!' Daeth llais cryf Leisa Huws o ben draw'r llwybr. 'Dowch yma rŵan. Gin i rwbath i ddangos i chi'n reit handi!'

'Wir, galwch fi'n Iolo,' meddai hwnnw, gan droi ei sylw at y lluniau ar ffôn Miss Huws. 'Waw,' chwibanodd Iolo'n isel. 'O lle ddoth rhain?'

'Wel, o'r hen adfail ar y rhandir 'cw.'

'Awn ni i weld?'

Roedd Iolo wedi cynhyrfu wrth i Miss Huws arwain y ffordd i fyny'r llwybr bach. Welon nhw mo Dylan a Meriel yn y goeden. Yn wir, roedd Miss Huws wedi cynhyrfu cymaint, roedd hi wedi llwyr anghofio bod Dylan yno.

'Yr hen robin goch atgoffodd fi, dach chi'n gweld,' esboniodd Miss Huws wrth iddyn nhw gerdded. 'Mi oedd o'n gwibio 'nôl ac ymlaen a finna'n methu dallt be o'dd yn 'i ben o. Ond wedyn mi gofis i am y 'stlumod.'

Brasgamai Iolo a'r hen wraig mor gyflym, roedd hi'n anodd i Gwen gadw lan â nhw. A doedd Miss Huws ddim yn pwff-pwffian o gwbwl. Aeth hi ymlaen i esbonio mewn llais cryf a chadarn,

'Do'n i ddim am wastraffu'ch amsar chi, wrth reswm, felly

dynnis i lunia a'u danfon i gyfaill i mi yn y brifysgol. Ac mi ges i gadarnhad ganddo. Ystlumod pedol lleia ydan nhw.'

'Wel, mae'n edrach felly,' cadarnhaodd Iolo. 'Gawn ni fynd i fewn i'r adfail?'

'Cawn siŵr, gen i mae'r goriad. Ylwch, welwch chi nhw'n hedfan? Mae'n amsar hela, wrth gwrs…'

Lan ar y bryn roedd y rali'n tynnu at ei therfyn. Safai Huw ar ymyl y llwyfan yn ystyried pa eiriau i'w defnyddio i gloi'r noson.

'O leia ry'n ni wedi cael cyfle i ddadle'n hachos,' meddai wrth Rhian. 'Af i lan i apelio nawr i bobol arwyddo'r ddeiseb er mwyn i ni gael dangos nerth yr achos i'r cyngor. Allwn ni benderfynu beth i'w neud nesa fory.'

Ond cyn iddo yngan gair ar y llwyfan, clywodd sgrech annaearol yn dod o fynedfa'r ffos.

'STOPIWCH!!!!'

Tu ôl i Miss Huws safai Iolo Williams yn chwerthin yn braf.

'Fedran nhw ddim adeiladu yn fa'ma!'

'Beth?' gwaeddodd Huw a Ianto.

Estynnodd Iolo am y meicroffon.

'Helô, bawb! Ylwch, mae'n dda gin i ddeud bod Miss Huws yn hollol gywir. Mae 'na 'stlumod prin iawn yn byw yn yr adfail yn y rhandir…'

'Diddorol iawn, wy'n siŵr. Safiwch e i'ch rhaglen nesa chi… Ni'n trafod cynllunie fferm wynt fan hyn,' sifflodd Ianto Morris yn ddiamynedd.

'Mae 'na reolau pendant yn diogelu'r 'stlumod hyn,' meddai Iolo gan wenu'n braf, 'a'r tir o'u cwmpas nhw. Fedar neb adeiladu fferm wynt fan hyn!'

Daeth cwmwl tu hwnt o ddiflas i dywyllu wyneb Elwyn Evans, oedd wedi dod i gefnogi'r Maer. Yn sgil y dirgelwch am ei dorrwr tyllau roedd e bron â danto'n barod. A nawr hyn. Byddai unrhyw ymchwiliad oedd yn ymwneud â'r asiantaethau natur yn cymryd misoedd, gwyddai hynny'n iawn. Ac roedd Ianto wedi gofyn iddo aros ymlaen nes bod mater y rhandir wedi'i setlo. Wedi ensynio'n gryf y byddai telerau ffafriol ei gytundeb ymddeol yn ddibynnol ar y setlo. Yr holl *perks* a gafodd eu haddo. Edrychai dyddiad ei ymddeoliad, a'r trip yr oedd wedi'i addo iddo'i hun ar hen injans stêm Hwngari a Bwlgaria, yn bellach nag erioed.

Gyda chalon drom, ymlwybrodd Elwyn Evans a Ianto Morris tuag at y car. Câi Elwyn whisgi mawr pan gyrhaeddai adre. A fore Llun, byddai'n archebu tyllwr newydd.

Bu dathlu mawr ymhlith y dorf wrth weld y swyddogion yn mynd. Dechreuodd 10 Mewn Bws ailchwarae, ac fe drodd y dathlu'n dwmpath anffurfiol. Gafaelodd Tomi yn Miss Huws a rhoi clamp o sws iddi, ac aeth honno'n reit binc wrth i bawb dyrru o'i chwmpas yn ei chanmol.

'Naci, nid fi wnaeth, y'chi – y robin bach 'cw sy'n haeddu'r clod i gyd.'

'Odych chi'n hollol siŵr am hyn?' Huw oedd yr unig un i fentro cwestiynu Iolo.

'O, yndw,' atebodd hwnnw gyda'i wên siriol arferol.

'Ddylen i 'di meddwl am hyn 'yn hunan!' Siglodd Huw law Iolo Williams yn foddhaus. 'Mae planhigion neu greaduriaid prin wastod yn *sure thing*!'

Roedd criw o wirfoddolwyr ifainc wedi bod yn casglu arian ymhlith y dorf ac wedi prynu cwrw yn Spar i bawb gael dathlu. Buont wrthi am awr go dda yn canu ac yn dawnsio, nes i Rhian ebychu'n sydyn a dweud,

'O'r nefoedd! O's rhywun wedi dweud wrth Dadi?'

Epilog

Llosgai selsig a byrgyrs yn braf ar y barbeciw mawr oedd wedi ei osod yng nghornel gardd y Mans. Tu ôl iddo roedd bwrdd hir ac arno salad a phwdinau o bob math. Safai Meriel tu ôl i'r bwrdd yn torri *quiche* caws gafr yn drionglau sgleiniog. Rasiodd Osian a Twm heibio iddi'n sydyn yn sgrechen yn wyllt wrth i Ifan ruo ar eu holau, yn chwifio'i *lightsaber* bondigrybwyll.

'Gwd,' meddyliodd. 'Ma Rhian a Huw wedi cyrraedd.'

O'i chwmpas safai torf fechan o randirwyr yn gwledda ac yn dathlu. Roedd nifer ohonynt wrthi'n llongyfarch Miss Huws am ei champ gyda'r 'stlumod, ac roedd hithau wedi diosg ei dillad milwrol arferol ac yn edrych yn syndod o barchus mewn ffrog flodeuog. Er, roedd rhaid cyfadde nad oedd y bŵts Dr Martens ar ei thraed yn gweddu'n union.

Gwenodd Meriel wrth weld bod Dylan wrth iet yr ardd yn gwylio'r dathlu hefyd, gyda golwg tamaid yn bwdlyd ar ei wyneb. Eisiau sylw oedd e, meddyliodd. Rywsut, roedd hi'n falch bod tamed o'r hen Ddylan ar ôl o hyd. Doedd e ddim yn berffaith. Ddim mwy nag oedd hithau.

'Hei, Tarzan, ti isie sosej? Drychwch bawb, mae "Swampy" Cymru wedi cyrraedd!' Huw oedd yno, wrth gwrs, yn gweiddi'n goeglyd wrth y barbeciw.

Synhwyrodd Meriel fod Dylan ar fin troi ar ei sawdl a mynd pan ddaeth Miss Huws ato a'i breichiau'n agored, ei llygaid gleision treiddgar yn deall i'r dim.

'Dylan! Ty'd yma 'ŵan. Dw i am lun ohonon ni'n dau.'

Meddalodd Dylan a mynd draw ati.

Ond yn hwyrach, ffeindiodd Meriel ef yn eistedd ar ei ben ei hun tu fas i'w sied yn y rhandir yn gwylio'r haul yn machlud.

'Ti'n OK?' gofynnodd.

Gwenodd Dylan yn llydan. 'Odw. Jyst yn meddwl. Dere i ishte.'

Eisteddodd Meriel ar ei bwys.

'Atebais ti byth mo 'nghwestiwn i.'

'Pa gwestiwn?'

'Be nesa 'te, Dyl?'

'O, hwnna.'

'Wel?'

Gwenodd Dylan arni.

'Ma digon o le yn y garafán i ddou, am wn i.'

'O's e wir?' Chwaraeai gwên ar wefusau Meriel hefyd.

Gosododd Dylan ei fraich o gwmpas ei hysgwyddau wrth i fysedd yr haul ddiflannu.

Draw yn yr ardd roedd Arwyn a Beca'n dawnsio.

'Newidiff e fyth, wnaiff e, Arwyn?' chwarddodd Beca. 'O'dd e wedi pwdu gynne achos bod pawb yn neud cyment o ffys o Miss Huws.'

'O, Beca, *come on.*'

'Wel, falle'i fod e wedi gwella tamed bach…'

'Ma Meriel yn meddwl 'ny, beth bynnag.'

'Wel, ma isie mesur ei phen hi, 'te.'

Ond roedd Beca'n chwerthin nawr. Gafaelodd Arwyn yn dynnach ynddi a chynnig gweddi fach slei cyn ymroi'n llwyr i'r ddawns.

'Waldo bach, ma bwyd 'da fi fan hyn i ti.'

Gosododd Gwen y fowlen ar y llawr gan wenu wrth deimlo

corff blewog y gath yn gwthio'n erbyn ei choesau. Aeth at y bwrdd lle'r oedd ei swper hithau'n disgwyl. Salad afocado a thomato a bowlen o basta a phesto. A gwydraid mawr o win coch.

'Wi'n haeddu hwn, Waldo,' meddai'n hapus, gan ddiolch am dangnefedd y fflat fach glyd ar ôl holl ddrama'r dyddiau blaenorol. Y briodas, wrth gwrs (doedd hi ddim am feddwl yn ormodol am honno) ac wedyn holl helynt y rhandir. A'r cyfarfod rhyfedd 'na gyda Dylan.

Fel mae'n digwydd, Gwen oedd yn sefyll agosa at y dderwen pan ddringodd Dylan i lawr i'r ddaear yn ofalus. Roedd Rhian a hithau wedi rhuthro draw pan sylweddolon nhw nad oedd neb wedi rhoi gwybod i Dylan am y fuddugoliaeth fawr.

A chafodd neb fwy o syndod na Gwen pan welodd hi Meriel yn dilyn Dylan i lawr o'r goeden. Am funud neu ddwy, safodd y pedwarawd bach yn rhythu ar ei gilydd.

Meriel dorrodd y tawelwch drwy ddechrau esbonio'r sefyllfa i'w merch, a diflannodd y ddwy'n swnllyd i gyfeiriad y gaer gan adael Gwen a Dylan ar ôl yn syllu ar ei gilydd mewn embaras llwyr.

Dechreuodd Dylan ymddiheuro'n daer wrth Gwen. Ond wrth iddo barablu, sylweddolodd hi gyda syndod nad oedd hi am wrando. Doedd hi ddim wedi maddau iddo, wedi'r cyfan. Cododd ei llaw ac ymdawelodd Dylan yn syth.

'Na,' meddai'n benderfynol wrtho. 'Diolch i ti am ymddiheuro ac am yr arian oedd yn ddyledus i mi. Ond wsti, Dylan, tydw i ddim isio clywed gair arall gen ti.'

'Ond, Gwen…' Roedd Dylan eisiau ei maddeuant hi'n sydyn.

'Na, Dylan. Ddim y tro 'ma. Dw i'n mynd 'wan. Pob lwc i ti, ond tydw i ddim am dy weld di eto.'

A throdd Gwen ar ei sawdl a mynd. A duwcs, roedd o'n teimlo'n dda!

Yng Nghaerdydd, gafaelodd yn ei gwydr gwin a chynnig llwncdestun.

'I'r dyfodol, Waldo,' meddai'n hapus, 'ac at ddysgu deud "na" o'r diwedd!'

Cymerodd lymaid o win coch wrth i Waldo ganu grwndi ar ei glin.

Yng nghornel y rhandir, pwysodd Tomi ar ei raw. Cyneuodd sigarét a thynnu arni'n ddwfn. Ar foncyff cyfagos safai'r robin goch.

Nodiodd Tomi ei ben tuag ato.

''Na ni wedi cwpla 'te, robin.'

Safodd y ddau ohonynt yn gwylio'r sêr yn ymddangos fesul un yn yr awyr felfedaidd.

'Tonic o nofel! Wedi chwerthin yn uchel ond yn agos at ddagrau weithiau hefyd.' **BETHAN GWANAS**

SIONED WILIAM

Dal i Fynd

y Lolfa

£8.95

CARYL LEWIS

Y BWTHYN

'*Mae Caryl Lewis ar ei gorau
yn y nofel rymus hon.*'

MANON STEFFAN ROS

y Lolfa

£8.99

BETHAN GWANAS

I BOTANY BAY

y Lolfa

£8.99